“十三五”普通高等教育规划教材

初级财务会计

主　编　湛忠灿　李　佳
副主编　高　静

中国财经出版传媒集团
中国财政经济出版社

图书在版编目（CIP）数据

初级财务会计/湛忠灿，李佳主编．—北京：中国财政经济出版社，2018.12
(2021.12 重印)
“十三五”普通高等教育规划教材
ISBN 978-7-5095-8687-7

Ⅰ.①初… Ⅱ.①湛… ②李… Ⅲ.①财务会计-高等学校-教材 Ⅳ.①F234.4

中国版本图书馆 CIP 数据核字（2018）第 281893 号

责任编辑：蔡　宾　田明晖　　　　　　责任校对：徐艳丽
封面设计：陈宇琰

中国财政经济出版社 出版
URL：http：//www.cfeph.cn
E-mail：cfeph @ cfeph.cn

社址：北京市海淀区阜成路甲 28 号　邮政编码：100142
营销中心电话：010-88191537　北京财经书店电话：64033436　84041336
北京富生印刷厂印刷　各地新华书店经销
787×1092 毫米　16 开　17 印张　405 000 字
2018 年 12 月第 1 版　2021 年 12 月北京第 3 次印刷
定价：42.00 元
ISBN 978-7-5095-8687-7
（图书出现印装问题，本社负责调换）
本社质量投诉电话：010-88190744
打击盗版举报热线：010-88191661　QQ：2242791300

前言

经济越发展，会计越重要。会计工作是经济管理工作的重要组成部分。随着我国社会主义市场经济的迅猛发展，我国的会计理论研究和会计改革也在不断深化。本教材依据《中华人民共和国会计法》《会计基础工作规范》和《企业会计准则》等法规制度，系统地阐述了会计的基本理论、基本方法和基本操作技术。按照应用型人才的培养目标，以会计确认、计量和报告为主线，由浅入深、循序渐进地安排总体结构和各章内容，尽量用通俗易懂的语言介绍账户设置、复式记账、填制和审核凭证、登记账簿、成本计算、财产清查和编制会计报表等会计核算方法。

《初级财务会计》内容共设13章，其主要内容包括总论、会计要素与会计等式、会计核算基础、会计科目、账户与复式记账、制造企业主要经济业务的核算、账户的分类、成本计算、会计凭证、会计账簿、财产清查、财务报告、会计循环与会计核算组织程序、会计规范与会计工作组织等。

本书由湖南理工学院湛忠灿、岳阳职业技术学院李佳担任主编，安阳学院高静担任副主编，湖南城市学院陈芳、陈佳参加编写。具体分工如下：湛忠灿编写第一章、第四章、第五章、第十一章，并负责全书总纂；李佳编写第三章、第八章、第九章；高静编写第二章、第六章、第七章、第十章、陈芳编写第十二章、陈佳编写第十三章。

本书是为了满足高等院校会计学、财务管理学以及其他经济、管理类专业开设"初级财务会计学""会计学"等课程的教学需要而编写的教材，可作为在校本科、专科生学习会计知识的启蒙教科书，也可供从事会计、财务管理和其他经济管理工作人员自学、培训之用。

在本书的编写过程中，我们得到了兄弟院校同仁和有关实践部门的大力支持与帮助，湖南理工学院财务会计教研室各位专业老师为本书的编写提出了许多宝贵建议，谨此一并致谢。

由于时间仓促，加之我们水平有限，书中难免存在错误和疏漏之处，恳请读者和同行批评指正，以便再版时修订。

编者

2018年10月

目录

第一章

总　　论

【学习目标】

本章为全书的概括说明，主要阐述什么是会计，以及会计的职能、目标、任务和方法等一些基本概念。通过本章的学习，使学生理解会计的含义，了解会计具有哪些基本功能，它应该向谁提供信息，以及应提供哪些信息等问题，重点掌握会计核算方法体系的内容。

第一节

会计的产生与发展

一、会计的产生

（一）会计的产生是适应生产活动发展的需要

生产活动是人类赖以生存和发展的基础，也是人类最基本的实践活动，它决定着人类所进行的其他一切活动。在生产活动中，既能够创造出物质财富，取得一定的劳动成果；同时，也必然会发生劳动耗费，其中包括人力、物力以及财力的耗费。若劳动成果少于劳动耗费，则生产自然逐步萎缩，社会就会倒退；若劳动成果等于劳动耗费，则只能进行简单再生产，社会发展停滞不前；若劳动成果多于劳动耗费，则可以进行扩大再生产，社会方可不断进步。生产发展、社会进步是一切社会形态中人们所追求的共同目标，因此，无论在何种社会形态中，人们都必然会关心劳动成果和劳动耗费，并对它们进行比较，以便科学、合理地管理生产活动，提高经济效益。在对劳动成果和劳动耗费进行比较的过程中，产生了原始的计量、计算、记录行为。这种原始的计量、计算、记录行为中蕴含着会计思想、会计行为的萌芽。会计在其产生初期还只是“生产职能的附带部分”，也就是说，会计在产生初期是生产职能的一个组成部分，是人们在生产活动以外，附带地把劳动成果和劳动耗费以及发生的日期进行计量和记录，当时会计还不是一项独立的工作。随着社会生产的发展，生产规模的日益扩大和复杂，对劳动成果和劳动耗费及其比较，仅仅靠人们劳动过程中附带地进行计量、计算和记录，难以满足生产发展规模日益扩大、日渐复杂的需要，为了满足生产发展需要，与适应对劳动成果和劳动耗费进行管理的要求，会计逐渐从生产职能中分离出来。可见，会计是适应生产活动发展的需要而产生的，对生产活动进行科学、合理的管理是其产生的根本动因。

（二）会计是生产活动发展到一定阶段的产物

生产活动的发生是会计产生的前提条件。若没有生产活动的发生，便不会有会计思想、会计行为的产生。但这并不意味着生产活动一发生，就产生了会计思想、会计行为。会计史学者的考古结果表明，只有当人类的生产活动发展到一定阶段，生产所得能够大体上保障人类生存和繁衍的需要时，人们才会关心劳动成果与劳动耗费的比较，特别是劳动成果有了剩余时，原始的计量、记录行为才具备了产生的条件，会计也因此而进入了萌芽阶段。这一时期经历了漫长的过程。据考证，从旧石器时代中、晚期到奴隶社会这一时期被称之为会计萌芽阶段，也即会计原始计量与记录时代。由此可见，会计并不是在生产活动发生伊始就产生的，它是生产发展到一定程度，当劳动成果有了剩余以后，人们开始关心劳动成果和劳动耗费的比较，更关心对剩余劳动成果的管理和分配的时候，需要对其进行计量、计算和记录，才产生了会计思想，有了会计萌芽。由此可见，会计是生产活动发展到一定阶段的产物，也将随着生产活动的发展而不断完善。

二、会计的发展

会计发展至今，经历了一个漫长的发展历程。

（一）萌芽阶段

从严格意义上讲，自旧石器时代中、晚期开始，到奴隶社会繁盛时期为止，在这一漫长历史时期中产生的最原始的计量、记录行为并不是单纯的、真正意义上的会计行为和会计方法。那时，所谓的会计还不是一项独立的工作，而只是生产职能的附带部分，是在生产时间之外，附带地把劳动成果、劳动耗费等事项记载下来。在会计的发展史上，这一时期被称之为会计的萌芽阶段，或者称之为原始计量与记录时代。

（二）古代会计阶段

严格独立意义上的会计特征，是到奴隶社会的繁盛时期才表现出来的。随着社会的发展，劳动生产力的不断提高，生产活动的结果除了能够补偿劳动耗费之外还有了剩余产品。剩余产品与私有制的结合，私人财富得到积累，进而导致了受托责任会计的产生，会计逐渐从生产职能中分离出来，成为特殊的、专门委托当事人的独立的职能。这些都要求采用较先进、科学的计量与记录方法，从而导致了原始计量、记录行为向单式簿记体系的演变。从奴隶社会的繁盛时期到15世纪末，单式簿记应运产生并且得到了发展。一般将这一时期的会计称之为古代会计。

（三）近代会计阶段

1494 年，意大利数学家卢卡·帕乔利的著作《算术、几何、比及比例概要》问世，标志着近代会计的开端。在随后漫长的历史时期内，人们在古代单式簿记的基础上，创建了复式簿记，复式簿记在意大利迅速得到普及并不断发展和完善，随着美洲大陆的发现和东西方贸易的进行，加之各国建立了统一货币制度、阿拉伯数字取代了罗马数字、纸张的普遍使用等等促使复式簿记传遍整个欧洲，后又传遍世界各国，即使是现在，我们仍然采用复式簿记的方法，并最终完成了复式簿记的方法体系乃至理论体系的建设。在会计的发展史上，一般将卢卡·帕乔利复式簿记著作的出版和会计职业的出现视为近代会计史中的两个里程碑。

19 世纪 30 年代末期，簿记工作开始向会计工作演变，簿记学开始向会计学演变。这些都标志着会计发展史上的簿记时代已经结束，人类进入了现代会计的发展时期。在这一时期中，随着社会生产力的进一步提高和科学技术的迅猛发展，作为一门适应性学科的会计也发生了相应的变化，主要表现为：①会计学基础理论的创立；②会计理论和方法逐渐分化成财务会计和管理会计两大领域；③审计基本理论的创立；④会计信息系统的产生、应用与完善。

（四）我国会计的发展

早在原始公社制时代，人们已用“刻记记数”和“结绳记事”等方法，反映渔猎收获数量及其他收支。这是最原始的会计活动。

到奴隶制时代，随着社会经济的发展和国家的建立。为适应统治阶级管理经济的需要，官厅会计部门产生并得到初步发展。

随着封建经济关系的产生、发展，中国会计有了长足的发展。战国至秦汉时期，官厅财计组织从中央到地方已初步构成一个经济管理系统。以“编户制度”“上计制度”以及国家财政收支和皇室收支分别管理制为主干的财计制度的建立，以及秦汉御史监察制度的建立，是封建国家经济集权的重要体现。秦汉时，还随着商品货币经济的发展，采用了以“收、付”为记账符号，以上收下付为基本特征的单式收付记账法，并对一部分收支以钱币为计量单位进行核算。这是中式会计获得初步发展的重要标志。

隋唐至宋代时期是中国封建经济发展的兴盛时期。会计、审计和国库组织发展到较为完备的程度。会计与出纳、会计与国库、现金出纳与实物出纳、签证单位与财物发放单位，以及审计与会计之间都有了明确的分工，各由专门的机构或人员负责。

明清时期，是中国单式簿记的持续发展和复式簿记产生的时期。

1840 年鸦片战争后，中国会计出现了中式会计的改良和借贷复式簿记的引进同时并存的局面。

中华人民共和国成立后，中国会计进入到一个新的发展时期。

会计产生和发展的历史表明，会计是适应生产活动发展的需要而产生的，并随着生产的发展而发展。经济越发展，会计越重要。

第二节

会计的含义

会计的内涵是什么？尽管会计从产生到现在已有几千年的历史，但对于这一基本问题，古今中外尚无明确、统一的说法。究其原因，关键在于人们对会计本质的认识存在着不同的看法，而不同的会计本质观对应着不同的会计涵义。

一、两种主要观点

针对会计本质问题所展开的理论研究，是 20 世纪以来会计理论研究中争论最集中且分歧最大的一个方面，至今仍众说不一，无法定论。以下我们将回顾中外会计学界针对会计本质问题所形成的两种主流学派并阐明本教材的观点，以便在此基础上给出会计的定义。

（一）会计信息系统论

会计信息系统论把会计的本质理解为是一个经济信息系统。具体来说，会计信息系统是指在企业或其他组织范围内，旨在反映和控制其各种（类）经济活动，而由若干具有内在联系的程序、方法和技术所组成，由会计人员加以管理，用以处理经济数据、提供财务信息和其他有关经济信息的有机整体。

会计信息系统论的思想最早起源于美国会计学家 A·C·利特尔顿。他在 1953 年出版的《会计理论结构》一书中指出："会计是一种特殊门类的信息服务"，"会计的显著目的在于对一家企业的经济活动提供某种有意义的信息"。

20 世纪 60 年代后期，随着信息论、系统论和控制论的发展，美国的会计学界和会计职业界开始倾向于将会计的本质定义为会计信息系统。

我国较早接受"会计是一个信息系统"的会计学家是余绪缨教授。他于 1980 年在《要从发展的观点看会计学的科学属性》一文中首先提出了这一观点。

我国会计界对"信息系统论"具有代表性的提法是由葛家澍、唐予华教授于 1983 年提出的。他们认为："会计是为提高企业和各单位的经济效益，加强经济管理而建立的一个以提供财务信息为主的经济信息系统"。

（二）会计管理活动论

会计管理活动论认为会计的本质是一种经济管理活动。它继承了会计管理工具论的合理内核，吸收了最新的管理科学思想，从而成为在当前国际国内会计学界中具有重要影响的观点。

将会计作为一种管理活动并使用"会计管理"这一概念在西方管理理论学派中早已存在。"古典管理理论"学派的代表人物法约尔把会计活动列为经营的六种职能活动之一；美国人卢瑟·古利克则把会计管理列为管理化功能之一；20 世纪 60 年代后出现的"管理经济会计学派"则认为进行经济分析和建立管理会计制度就是管理。

我国最早提出会计管理活动论的是杨纪琬、阎达五教授。1980 年，在中国会计学会成立大会上，他们做了题为《开展我国会计理论研究的几点意见——兼论会计学的科学属性》的报告。在报告中指出，无论从理论上还是从实践上看，会计不仅仅是管理经济的工具，它本身就具有管理的职能，是人们从事管理的一种活动。

自从会计学界提出“会计信息系统论”和“会计管理活动论”之后，这两种学术观点就展开了尖锐的交锋。然而，这场论战的本身就存在问题。前者将会计视为一种方法予以论证；而后者则将会计视为一种工作，从而视为一种管理活动来加以论证。我们认为，讨论会计的本质，首先应明确“会计”是指什么？是指“会计学”“会计工作”还是“会计方法”？若不明确界定这一前提，则必将引起一场不必要的或者是无结果的辩论。在本书中，我们将“会计”界定为“会计工作”。基于这一前提，我们认为“会计管理活动论”的观点代表了我国会计改革的思路与方向，是对会计本质问题的科学论断，因此，我们倾向于选择“会计管理活动论”。在“会计管理活动论”前提下，我们完全有理由认为会计是经济管理的重要组成部分。它是以货币为主要计量单位，以提供经济信息、提高经济效益为目的，采用一系列专门的程序和方法，对社会再生产过程中的资金运动进行反映和监督的一种管理活动。

综上所述，会计是以货币作为主要计量单位，对企业、机关、事业单位或其他经济组织的经济活动进行连续、系统、全面地反映和监督的一项经济管理活动。

二、会计的属性

会计的属性是指会计的性质。从会计产生和发展的历史过程中可以看出，会计所涉及的内容，既同生产力相联系，又与生产关系和上层建筑相联系，从而使会计既有技术性，又有社会性。

会计的技术性主要表现在会计的某些方法反映了生产力的技术与组织的要求。会计是在社会实践中，适应管理生产过程的需要而产生的，生产过程是一种分工协作的集体化大生产，它包括劳动者、劳动资料和劳动对象的结合，这种结合的基础是生产技术。因此，会计为了全面地、综合地反映和监督生产过程，促使生产活动达到人们的预期效果，会计的技术方法和理论知识必然要随着生产技术日益复杂、生产规模日益扩大而扩大，它经历了由简单到复杂，由低级到高级的发展过程。多年来，人们总结了对经济活动记录、反映、分析、检查等一套会计专门的科学方法，这是人类劳动和智慧的结晶。借助会计的“技术性”，能系统、真实地反映客观实际情况，用于管理生产，可以促进生产的发展。

会计的社会性是指会计作为一种经济管理活动，它是企业管理的一个重要组成部分，必然牵涉到企业所有者、债权人、政府、企业管理当局、潜在投资者等一系列的外部和内部利益主体，各利益主体从各自利益驱动出发，自然要求会计工作符合自身利益需求，以期达到有利于自己的经济成果。因而，会计工作就要协调各方面的利益需求，最终在各利益主体之间做出最优的权衡决策，满足不同利益主体的要求。这种协调最明显的例子就是会计准则的制定。会计准则的制定过程往往不仅仅是技术的研究过程，同时还是政治经济等多方面协调的过程，究竟是规则导向、原则导向还是目标导向，对准则的制定与修订完善有着相当程度的影响。

三、会计学及其分支

会计学是人们对会计实践进行科学总结而形成的知识体系。

尽管会计实践出现得较早，但是，会计学的出现却相对较晚。我国第一部论及会计业务的会计著作是唐代李吉甫于公元807年撰写的《元和国计簿》，西方会计论著的出现要更晚一些，1494年出版的意大利数学家卢卡·帕乔利的著作《算术、几何、比及比例概要》是西方的第一部会计著作。然而，此时的会计学还仅仅停留在“簿记学”阶段。直到20世纪初，英国出版了劳伦斯·狄克西的《高等会计学》（1903年）和乔治·利司尔的《会计学全书》（1903年），才标志着真正意义上的会计学的产生。

会计实践是不断发展的，会计实践的发展推动了会计学理论的发展和完善。随着会计学研究的深入发展，会计学产生许多分支，每一分支都形成了一个独立的学科。这些学科相互促进、相互补充，构成了一个完整的会计学科体系，其内容大致如图1－1所示。

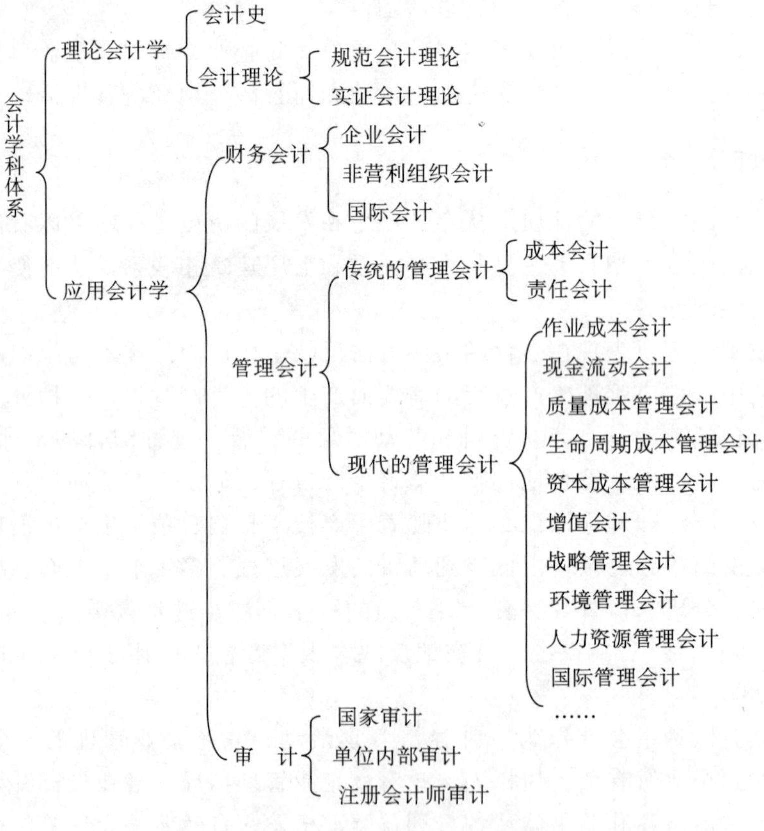

图1－1 会计学科体系示意图

会计学是经济管理科学的一个分支，属于应用管理学，会计学研究的对象是全部会计工作，既包括会计理论研究工作，又包括会计实践工作。按会计学研究的内容划分，其分支有初级财务会计、中级财务会计学、高级财务会计学、管理会计学、成本会计学、会计史学等；按会计主体来划分，其分支有宏观会计学和微观会计学。宏观会计学包括总预算会计、社会会计、国际会计等，微观会计学包括企业会计、非营利组织会计等。

研究会计学及其分支，对于了解会计研究的内容，把握会计研究的方向，掌握每个分支学科在整个会计学科中的地位，都具有十分重要的现实意义，也可以为今后科学地学习和研究会计学奠定基础。

第三节

会计的职能与目标

一、会计的职能

会计的职能是指会计在经济管理中所具有的职责和功能。具体来说，就是会计是用来做什么的。对于这个问题，马克思曾有过精辟的论述，他把会计的基本职能归纳为“观念总结”和“过程控制”。

马克思的这一论述是十分准确的。现代会计的基本职能应当归纳为反映和监督，而且，为了达到反映与监督的目的，现代会计在发展中逐步构建了两大工作系统，即会计的信息系统和会计的控制系统。

（一）会计的反映职能与会计的信息系统

反映的内涵是反照、映衬，会计的反映职能是指会计能够按照公认会计准则的要求，通过一定的程序和方法，全面、系统、及时、准确地将一个会计主体所发生的会计事项表现出来，以达到揭示会计事项的本质、为经营管理提供经济信息的目的。会计的反映职能具有以下几个特征：

其一，会计是以货币为主要计量单位。会计反映主要是从价值量方面反映各单位的经济活动情况。会计在对各单位经济活动进行反映时，主要是从数量而不是从质的方面进行反映。如企业对固定资产进行反映时，只记录其数量、成本、折旧等数量变化，而并不反映其技术水平、运行状况等。会计在反映各单位经济活动时主要使用货币量度，实物量单位、其他指标及其文字说明等都处于附属地位。因为货币是衡量各种商品的价值尺度，而且企业最初的投资总是用货币度量的，因此，对这些投资使用的追踪记录也只能使用货币度量。

其二，会计是反映过去已经发生的经济活动。会计反映经济活动就是要反映其事实，探索并说明其真相。因此，只有在每项经济业务发生或完成以后，才能取得该项经济业务完整的书面凭证，这种凭证具有可验证性，据以记录账簿，才能保证会计所提供的信息真实可靠。因此，会计反映必须是在经济业务已经发生或完成之后。虽然管理会计等具有预测职能，其核算的范围可能扩大到未来的经济活动，但从编制会计报表，对外提供会计信息来看仍然是面向过去的。

其三，会计反映具有连续性、系统性和全面性。会计反映的连续性，是指对经济业务的记录是连续的，逐日逐笔，不能间断；会计反映的系统性，是指对会计对象要按科学的方法进行分类，进而系统地加工、整理和汇总，以便提供管理所需要的各类信息；会计反映的全面性，是指对每个会计主体所发生的全部经济业务都应该进行记录和反映，不能有任何遗漏。

会计的反映职能在客观上体现为通过会计的信息系统对会计信息进行优化。这一过程又具体体现为记账、算账和报账三个阶段。记账就是将一个会计主体所发生的全部经济业务运用一定的程序和方法在账簿上予以记载；算账就是在记账的基础上，运用一定的程序和方法来计算该会计主体在生产经营过程中的资产、负债、所有者权益、收入、费用以及损益情况；报账就是在记账和算账的基础上，通过编制会计报表等方式将该会计主体的财务状况、经营成果、现金流变动以及所有者权益变动等情况向会计信息使用者报出。

反映职能是核算会计工作的基础。通过会计信息系统所提供的信息，既服务于国家的宏观调控部门，又服务于会计主体的外部投资者和内部管理者等会计信息使用者。

（二）会计的监督（控制）职能与会计的控制系统

监督的内涵是监察、督促，而会计的监督职能是指会计按照一定的目的和要求，利用会计信息系统所提供的信息，对会计主体的经济活动进行控制，使之达到预期的目标。会计的监督职能就是监督经济活动按照有关的法规和计划进行。会计监督职能具有以下几个特征：

其一，会计监督具有强制性和严肃性。会计监督是依据国家的财经法规和财经纪律来进行的，会计法不仅赋予会计机构和会计人员实行监督的权利，而且规定了监督者的法律责任。放弃监督，听之任之，情节严重的，给予行政处分；给公共财产造成重大损失，构成犯罪的依法追究刑事责任。因此，会计监督是以国家的财经法规和财经纪律为准绳，具有强制性和严肃性。

其二，会计监督具有连续性。社会再生产过程不间断，会计反映就要不断地进行下去，在这整个持续过程中，始终离不了会计监督，各会计主体每发生一笔经济业务，都要通过会计进行反映，同时审查其是否符合法律、制度、规定和计划。会计反映的“连续性”，决定了会计监督具有连续性。

其三，会计监督具有完整性。会计监督不仅体现在已经发生或已经完成的业务方面，还体现在业务发生过程中及尚未发生之前，包括事前监督、事中监督和事后监督。事前监督是指会计部门或会计人员在参与制定各种决策以及相关的各项计划或费用预算时，依据有关政策、法规、准则等的规定对各项经济活动的可行性、合理性、合法性和有效性等进行审查，它是对未来经济活动的指导；事中监督是指在日常会计工作中，随时审查所发生的经济业务，一旦发现问题，及时提出建议或改进意见，促使有关部门或人员采取措施予以改正；事后监督是指以事先制定的目标、标准和要求为依据，利用会计反映取得的资料对已经完成的经济活动进行考核、分析和评价。会计事后监督可以为制定下期计划、预算提供资料，也可以预测今后经济活动的发展趋势。

监督职能在会计行为实施之前就发挥作用，同时又是会计工作的落脚点。它通过会计信息系统与会计控制系统的有机结合，突出地表现了会计在企业单位经营管理中的能动性作用，体现了“会计管理活动论”的基本思想。

(三) 会计两大基本职能的关系

反映职能是监督职能的基础，没有反映职能提供的信息，就不可能进行会计监督，因为若没有会计反映提供可靠、完整的会计资料，会计监督就没有客观依据，也就无法进行会计监督。监督职能又是反映职能的保证，没有监督职能进行控制，提供有力的保证，就不可能提供真实可靠的会计信息，也就不能发挥会计管理的能动作用，会计反映也就失去了存在的意义。

因此，会计的反映职能和监督职能是密不可分、相辅相成的。

二、会计的目标

(一) 会计目标的含义

会计产生和发展的历史告诉我们，人类在社会实践中运用会计的目的是要借助会计对经济活动进行反映和监督，为经营管理提供财务信息，并考核评价经营责任，从而取得最大的经济效益。这是由商品个别劳动时间和社会必要劳动时间的不同，以及人力、物力资源的有限等之间的基本矛盾所决定的。不同经济主体为了追求经济利益，无不利用会计管理该项经济工作。那么，会计能提供些什么信息？这就要明确会计的目标是什么。会计目标，总体而言是设置会计的目的与要求，具体而言是对会计自身所提供经济信息的内容、种类、时间、方式及其质量等方面的要求。也就是说，会计目标是要回答会计应干些什么的问题，即：明确其所从事的工作应符合何时以何种方式提供何种质量的何种信息。

会计目标指明了会计实践活动的目的和方向，同时也明确了会计在经济管理活动中的使命，成为会计发展的导向。制定科学的会计目标，对于把握会计发展的趋势，确定会计未来发展的步骤和措施，调动从事会计工作的积极性和创造性，促使会计工作规范化、标准化、系统化，更好地为社会主义市场经济服务等都具有重要的作用。

(二) 关于会计目标的两种学术观点

1. 决策有用观

持这种观点的学者认为，财务会计的目标就是向信息使用者提供对其进行决策有用的信息，主要包括两方面内容：一是关于企业现金流量的信息；二是关于经济业绩及资源变动的信息。决策有用观适用所有权与经营权分离，并且资源的分配是通过资本市场进行的经济环境，也就是说，委托方与受托方的关系并未直接建立起来，而是通过资本市场建立的，这导致了委托方与受托方二者关系的模糊。

2. 受托责任观

受托责任的含义可以从三个方面来理解：①资源的受托方接受委托，管理委托方所交付的资源，受托方承担有效地管理与应用受托资源，并使其保值增值的责任；②资源的受托方承担如实地向委托方报告受托责任履行过程及其结果的义务；③资源受托方的管理当局负有重要的社会责任，如保持企业所处社区的良好环境、培养人力资源等。由此可见，受托责任产生的原因在于所有权与经营权的分离，而且必须有明确的委托受托关系存在。委托方与受托方中任何一方的模糊或缺位，都将影响受托责任的履行，因此，要求委托方和受托方处在直接接触的位置上。

这两种观点适用的经济环境不同，受托责任观要求两权分离是直接进行的，所有者与经营者都十分明确，二者直接建立委托受托关系，没有模糊和缺位的现象；决策有用观要求两权分离必须通过资本市场进行，二者不能直接交流，委托者在资本市场上以一个群体出现，从而二者的委托关系变得模糊。

（三）会计目标与会计目的、会计任务

会计目标与会计目的不同，会计目的是相对于会计实践活动而主观提出的，它不属于会计信息系统，是在该系统以外回答人们利用会计信息来干些什么的；而会计目标则属于会计信息系统的组成部分，它一经明确，作为其具体化的会计职能就确定了。

会计目标主要是表明会计信息使用者及其所要求的信息和信息范围，其实质是在总体上规范会计信息的需求量，旨在界定提供会计信息量的多与少。

会计目标与会计任务不同。会计目标尽管也是人们主观提出来的，但是，它是构成会计信息系统的组成部分，是有客观依据的，它主要是就会计提供什么数量、质量的信息所明确的目的与要求，不是对整个会计工作提出的目的与要求。会计任务是人们主观提出的，它是就会计工作而言的，是进行会计工作之前的一种设想，即进行会计工作应该达到什么目的与要求。应该注意会计目标、会计目的与会计任务之间的区别与联系。

第四节

会计的方法

一、会计方法体系

会计的方法是用来反映和监督会计对象，完成会计任务的手段。研究和运用会计方法是为了实现会计的目标，更好地完成会计任务。

会计方法主要是用来反映会计对象的，而会计对象是资金运动，资金运动是一个动态过程，它是由各个具体的经济活动来体现的，会计为了反映资金运动过程，使其按照人们预期的目标运行，必须首先具备提供已经发生或已经完成经济活动（即历史会计信息）的方法体系；会计要利用经济活动的历史信息，预测未来、分析和检查过去，因而，会计还要具备条件提供反映预计发生的经济活动情况（即未来会计信息）的方法体系；为了检查和保证历史信息和未来信息的质量，并对检查结果做出评价，会计还必须具备检查的方法体系。长期以来，人们把评价历史信息的方法归结为会计分析的方法。因此，会计对经济活动的管理是通过会计核算、会计分析以及会计检查等方法来进行的。

会计核算方法是对各单位已经发生的经济活动进行连续、系统、完整的反映和监督所应用的方法。

会计分析方法主要是利用会计核算的资料，考核并说明各单位经济活动的效果，在分析过去的基础上，提出指导未来经济活动的计划、预算和备选方案，并对它们的报告结果进行分析和评价。

会计检查方法，亦称审计，主要是根据会计核算，检查各单位的经济活动是否合理合法，会计核算资料是否真实正确，根据会计核算资料编制的未来时期的计划、预算是否可行、有效等等。

上述各种会计方法紧密联系、相辅相成，形成了一个完整的会计方法体系。其中，会计核算方法是基础，会计分析方法是会计核算方法的继续和发展，会计检查方法是会计核算方法和会计分析方法的保证。

作为广义的会计方法，它们既相互联系，又有相对的独立性。它们所应用的具体方法各不相同，并有各自的工作和研究对象，形成了较独立的学科。学习会计首先应从基础开始，即要从掌握会计核算方法入手。通常所说的会计方法，一般是指狭义的会计方法，即会计核算的方法，本书主要对会计核算的方法进行阐述。

二、会计核算方法

会计核算方法，是指会计对企业、机关和事业单位已经发生的经济活动进行连续、系统和全面地反映和监督所采用的方法。会计核算方法是用来反映和监督会计对象的，由于会计对象的多样性和复杂性，就决定了用来对其进行反映和监督的会计核算方法不能采用单一的方法形式，而应该采用方法体系的模式，因此，会计核算方法由设置账户、复式记账、填制和审核凭证、登记账簿、成本计算、财产清查和编制财务会计报告等具体方法构成。这 7 种方法构成了一个完整的、科学的方法体系。

（一）设置账户

账户是依据会计对象的具体内容，按其不同的特点和经济管理的需要，分门别类地进行反映的项目。设置账户就是根据会计对象的特点和经济管理的要求，来科学地确定这些项目的过程。进行会计核算之前，首先应将多种多样、错综复杂的会计对象的具体内容进行科学分类，通过分类进行反映和监督，才能提供管理所需要的各种指标。每个会计账户只能反映一定的经济内容，将会计对象的具体内容划分为若干项目，即设置若干个会计账户，就可以使所设置的账户既有分工，又有联系地反映整个会计对象的内容，提供管理所需要的各种信息。

（二）复式记账

复式记账就是对每笔经济业务，都以相等的金额在相互关联的两个或两个以上有关账户中进行登记的一种专门方法。复式记账有着明显的特点，即它对每项经济业务都必须以相等的金额，在相互关联的两个或两个以上账户中进行登记，使每项经济业务所涉及的两个或两个以上的账户之间产生对应关系；同时，在对应账户中所记录的金额又平行相等；通过账户的对应关系，可以了解经济业务的内容；通过账户的平行关系，可以检查有关经济业务的记录是否正确。复式记账可以相互联系地反映经济业务的全貌，也便于检查账簿记录是否正确。例如，到银行提取 500 元现金。该笔经济业务，一方面要在“库存现金”账户中记增加 500 元；另一方面又要在“银行存款”账户中记减少 500 元。使“库存现金”账户和“银行存款”账户相互联系地分别记入 500 元。这样既可以了解该笔经济业务具体内容，又可以反映该项经济活动的来龙去脉，完整、系统地记录资金运动的过程和结果。

（三）填制和审核凭证

填制和审核凭证是指为了审查经济业务是否合理合法，保证账簿记录正确、完整而采用的一种专门方法。会计凭证是记录经济业务，明确经济责任的书面证明，是登记账簿的重要依据。经济业务是否发生、执行和完成，关键看是否取得或填制了会计凭证，取得或填制了会计凭证，就证明该项经济业务已经发生或完成。对已经完成的经济业务还要经过会计部门、会计人员的严格审核，在保证符合有关法律、制度、规定而又正确无误的情况下，才能据以登记账簿。填制和审核凭证可以为经济管理提供真实可靠的会计信息。

（四）登记账簿

登记账簿亦称记账，就是把所有的经济业务按其发生的顺序，分门别类地记入有关账簿。账簿是用来全面、连续、系统地记录各项经济业务的簿籍，也是保存会计信息的重要工具。它具有一定的结构、格式，应该根据审核无误的会计凭证序时、分类地进行登记。在账簿中应该开设相应的账户，把所有的经济业务记入账簿中的账户里后，还应定期计算和累计各项核算指标，并定期结账和对账，使账证之间、账账之间、账实之间保持一致。账簿所提供的各种信息是编制会计报表的主要依据。

（五）成本计算

成本计算是指归集一定计算对象上的全部费用，借以确定该对象的总成本和单位成本的一种专门方法。它通常是指对制造企业产品进行的成本计算。例如，按制造企业供应、生产和销售三个过程分别归集经营所发生的费用，并分别与其采购、生产和销售材料、产品的品种、数量联系起来，计算它们的总成本和单位成本。通过成本计算，可以考核和监督企业经营过程中所发生的各项费用是否节约，以便采取措施，降低成本，提高经济效益。成本计算还具有确定生产补偿尺度，正确计算和分配国民收入，确定价格政策等重要作用。

（六）财产清查

财产清查是通过盘点实物、核对账目来查明各项财产物资和货币资金等的实有数，并查明实有数与账存数是否相符的一种专门方法。在日常会计核算过程中，为了保证会计信息真实正确，必须定期或不定期地对各项财产物资、货币资金和往来款项进行清查、盘点和核对。在清查中，若发现账实不符，应查明原因，调整账簿记录，使账存数额同实存数额保持一致，做到账实相符。通过财产清查，还可以查明各项财产物资的保管和使用情况，以便采取措施挖掘物资潜力和加速资金周转。总之，财产清查对于保证会计核算资料的正确性和监督财产的安全与合理使用等都具有重要作用。它是会计核算必不可少的方法之一。

（七）编制财务会计报告

财务会计报告是指企业对外提供的反映企业某一特定日期财务状况和某一会计期间经营成果、现金流量和所有者权益变动情况等的文件。编制财务会计报告是对日常会计核算资料的总结，就是将账簿记录的内容定期地加以分类、整理和汇总，形成会计信息使用者所需要的各种指标，再报送给会计信息使用者，以便据此进行决策。财务会计报告所提供的一系列核算指标，是考核和分析财务计划和预算执行情况以及编制下期财务计划和预算的重要依据，也是进行国民经济综合平衡所必不可少的资料。编制完成财务会计报告，就意味着这一期间会计核算工作的结束。

上述会计核算的各种方法是相互联系，密切配合的，在会计对经济业务进行记录和反映的过程中，不论是采用手工处理方式，还是使用计算机数据处理系统，对于日常所发生的经济业务，首先要取得合法的凭证，按照所设置的账户，进行复式记账，再根据账簿的记录，进行成本计算，然后在财产清查、账实相符的基础上编制财务会计报告。会计核算的这 7 种方法相互联系，缺一不可，形成一个完整的方法体系。

习题与案例

一、单项选择题

1. 会计的管理活动论认为（ ）。

A. 会计是一种经济管理活动

B. 会计是一个经济信息系统

C. 会计是一项管理经济的工具

D. 会计是以提供经济信息，提高经济效益为目的的一种管理活动

2. 会计的基本职能是（ ）。

A. 控制与监督　　B. 反映与监督

C. 反映与核算　　D. 反映与分析

3. 下列不属于会计核算专门方法的是（ ）。

A. 成本计算与复式记账　　B. 错账更正与评估预测

C. 设置账户与填制、审核会计凭证　　D. 编制报表与登记账簿

4. 会计方法体系中，其基本环节是（ ）。

A. 会计核算方法　　B. 会计分析方法

C. 会计监督方法　　D. 会计决策方法

5. 近代会计史中的两个里程碑是（ ）。

A. 帕乔利复式簿记著作的出版和会计职业的出现

B. 生产活动中出现了剩余产品和会计萌芽阶段的产生

C. 会计学基础理论的创立和会计理论与方法的逐渐分化

D. 首次出现“会计”二字构词连用和设置了“司会”官职

6. 会计在反映各单位经济活动时主要使用（ ）。

A. 货币量度和劳动量度　　B. 劳动量度和实物量度

C. 实物量度和其他量度　　D. 货币量度和实物量度

7. 会计目标主要有两种学术观点（ ）。

A. 决策有用观与受托责任观　　B. 决策有用观与信息系统观

C. 信息系统观与管理活动观　　D. 管理活动观与决策有用观

8. 会计具有双重属性，即（ ）。

A. 社会性与综合性　　B. 综合性与系统性

C. 系统性与技术性　　D. 技术性与社会性

二、多项选择题

1. 下列说法正确的有（　　）。

A. 会计是适应生产活动发展的需要而产生的

B. 会计是生产活动发展到一定阶段的产物

C. 会计从产生、发展到现在经历了一个漫长的发展历史

D. 近代会计史，将复式簿记著作的出版和会计职业的出现视为两个里程碑

E. 经济越发展，会计越重要

2. 会计反映职能一般特征的有（　　）。

A. 具有客观性　　B. 以货币为主要计量单位

C. 具有连续性、系统性、全面性　　D. 体现在记账、算账、报账三个阶段上

E. 包括事前反映、事中反映、事后反映

3. 会计监督职能的显著特征有（　　）。

A. 谨慎性和及时性　　B. 强制性和严肃性

C. 连续性和具体性　　D. 完整性和连续性

E. 及时性和具体性

4. 会计核算方法包括（　　）。

A. 成本计算和财产清查　　B. 设置会计科目和复式记账

C. 填制和审核会计凭证　　D. 登记账簿和编制会计报表

E. 试算平衡

5. 有关会计属性，下列说法正确的有（　　）。

A. 会计具有技术性和社会性双重属性

B. 会计的技术性体现了同生产力相联系的自然属性

C. 会计的社会性体现了同生产关系相联系的社会属性

D. 会计的技术性集中表现在某些方法反映了生产力的技术与组织的要求

E. 会计的社会性集中表现在会计作为一种经济管理活动上

6. 有关会计基本职能的关系，正确说法的有（　　）。

A. 反映职能是监督职能的基础

B. 监督职能是反映职能的保证

C. 没有反映职能提供可靠的信息，监督职能就没有客观依据

D. 没有监督职能进行控制，也不可能提供真实可靠的会计信息

E. 两大职能是紧密结合，辩证统一的

三、案例分析题

你能够用400元（人民币）或不足400元成功地创办一家企业吗？不管你相信与否，你的确能够做到。刘月娟是北京一所著名美术学院的学生，和其他大学生一样，她也常常为了补贴日常花销而不得不去挣一些零用。现在她正为欲购买一台具有特别设计功能的计算机而烦恼。尽管她目前手头仅有400元，可决心还是促使她决定于2016年12月开始创办一个美术培训部。她支出了120元在一家餐厅请朋友坐一坐，帮她出出

主意，又根据她曾经在一家美术培训班服务兼讲课的经验，她首先向她的一个师姐借款4 000元，以备租房等使用。她购置了一些讲课所必备的书籍、静物，并支出一部分钱用于装修画室。她为她的美术培训部取名为“周围”。刘月娟支出100元印制了500份广告传单，用100元购置了信封、邮票等。8天后她已经有了17名学员，规定每人每月学费1 800元，并且找到了一位能力较强的同学做合伙人。她与合伙人分别为“周围”的发展担当着不同的角色（合伙人兼作“周围”的会计和讲课教师）并获取一定的报酬。至2017年1月末，她们已经招收了50个学员，除了归还师姐的借款本金和利息计5 000元、抵销各项必需的费用外，各获得讲课、服务等净收入30 000元和22 000元。她们用该笔钱又继续租房，扩大了画室面积，为了扩大招收学员的数量，她们甚至聘请了非常有经验的教授、留学归国学者免费作了两次讲座，为下一步“周围”的发展奠定了非常好的基础。

4个月下来，她们的“周围”平均每月招收学员39位，获取收入计24 000元。她们还以每小时200元的讲课报酬请了4位同学做兼职教师。至此，她们核算了一下，除去房租等各项费用共获利67 800元。该笔钱足够她们各自购买一台非常喜欢的计算机并且还有一笔不小的节余。但更重要的是，她们通过4个月来的锻炼，明确了许多营销的技巧，也懂得了应该怎样与人合作和打交道，学到了不少有关财务上的知识，获得了比财富更为宝贵的工作经验。

分析要求：

（1）会计在此处扮演了什么样的角色？

（2）从中你获得了哪些与会计相关的专业术语？

第二章

会计要素与会计等式

【学习目标】

会计要素是会计对象的具体化。会计等式是各项会计要素之间关系的数学表达式，同时也是会计上设置账户、复式记账和编制财务会计报告的理论基石。本章主要从会计对象入手，来阐述会计要素和会计等式的具体内容。通过本章的学习，使学生理解资金运动的含义，重点掌握各项会计要素的定义，以及会计等式的具体内容。

第一节 会计对象

会计对象是指会计所要反映和监督的内容，是会计反映和监督的客体。在社会主义制度下，就是社会再生产过程中的资金运动。

任何单位要从事经营活动，必须拥有一定的物质基础，如制造企业若想生产产品，必须拥有厂房、建筑物、机器设备、材料物资，将这些劳动资料、劳动对象和劳动者相结合后，才能生产出劳动产品。可见，这些物质基础是进行生产经营活动的前提。在市场经济条件下，这些物资又都属于商品，有商品就要有衡量商品价值的尺度，即商品价值一般等价物——货币。当各项财产物资用货币来计量其价值时，我们就取得一个会计概念，即资金。资金是社会再生产过程中各项财产物资的货币表现以及货币本身。也就是说，进行生产经营活动的前提是首先必须拥有资金。

单位所拥有的资金并非闲置不动，而是随着物资流的变化而不断地运动、变化的。例如，制造企业进行生产经营活动，首先要用货币资金去购买材料物资为生产过程做准备；生产产品时，再到仓库领取材料物资；生产完成后，对外出售产品并收回货币资金。这样，制造企业的资金就陆续经过供应过程、生产过程和销售过程。资金的形态也在发生变化，用货币购买材料物资时，货币资金转化为储备资金（材料物资等所占用的资金）；车间生产产品领用材料物资时，储备资金又转化为生产资金（生产过程中各种在产品所占用的资金）；将车间加工完毕的产品验收入库后，此时，生产资金又转化为成品资金（待售产成品或自制半成品占用的资金，简称成品资金）；将产成品出售又收回货币资金时，成品资金又转化为货币资金。我们把资金从货币形态开始，依次经过储备资金、生产资金、成品资金，最后又回到货币资金，这一运动过程叫做资金循环，周而复始的资金循环叫做资金周转。制造企业的资金是不断循环周转的，具体情况如图2－1所示。

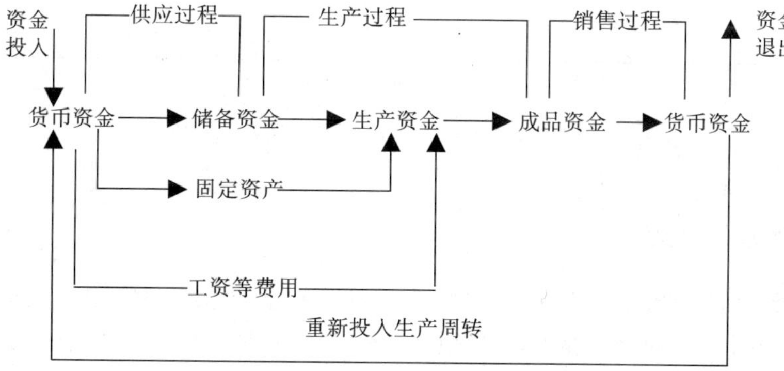

图2－1　资金循环周转示意图

上述资金循环和周转过程，也可以划分为三个具体阶段，即供应过程、生产过程和销售过程。制造企业的资金在供、产、销三个阶段不断地循环周转，这些资金在空间序列上同时并存，在时间序列上依次继起。上述只是资金在企业内部的循环周转，就整个资金运动而言，还应包括资金的投入和资金的退出。

资金的投入包括所有者的资金投入和债权人的资金投入。前者构成了企业的所有者权益，后者形成了企业的债权人权益，即企业的负债。

资金的退出包括按法定程序返回投资者的投资、偿还各项债务及向所有者分配利润等内容，这使一部分资金离开企业，游离企业资金运动以外。

综上所述，制造企业因资金的投入、循环周转和资金的退出等经济活动而引起的各项资源的增减变化、各项成本费用的形成、各项收入的取得以及损益的发生、实现和分配，共同构成了会计对象的内容。

商品流通企业的经营过程分为商品购进和商品销售两个过程。在前一个过程中，主要是采购商品，此时货币资金转换为商品资金；在后一个过程中，主要是销售商品，此时资金又由商品资金转换为货币资金。在商业企业经营过程中，也要消耗一定的人力、物力和财力，它们表现为商品流通费用。在销售过程中，也会获得销售收入和实现经营成果。因此，商业企业的资金是沿着“货币资金——商品资金——货币资金”的方式运动。

行政、事业单位为完成国家赋予的任务，同样需要一定数量的资金，但其资金来源主要是国家财政拨款。行政、事业单位在正常业务活动过程中，所消耗的人力、物力和财力的货币表现，即为行政费用和业务费用。一般来说，行政、事业单位没有或只有很少一部分业务收入，因为费用开支主要是靠国家财政预算拨款。因此，行政、事业单位的经济活动，一方面按预算向国家财政取得拨入资金；另一方面又按预算以货币资金支付各项费用，其资金运动的形式就是：资金拨入——资金付出。因此，行政、事业单位会计对象的内容就是预算资金及其收支。

综上可见，不论是制造企业、商品流通企业，还是行政、事业单位，都是社会再生产过程中的基层单位，会计反映和监督的对象都是资金及其运动过程，因此，可以将会计对象概括为社会再生产过程中的资金运动。

第二节

会计要素

一、会计要素的含义

会计的对象是社会再生产过程中的资金运动。在会计实践中，为了进行分类核算，从而提供各种分门别类的会计信息，必须对会计对象的具体内容进行进一步分类。

会计要素是对会计对象的进一步分类，是会计对象的具体化，是反映会计主体的财务状况和经营成果的基本单位。

我国的《企业会计准则——基本准则》严格定义了资产、负债、所有者权益、收入、费用和利润这六大会计要素。又可分为反映财务状况的会计要素（又称资产负债表要素或静态要素）和反映经营成果的会计要素（又称利润表要素或动态要素）两大类。其中，反映财务状况的会计要素包括资产、负债和所有者权益；反映经营成果的会计要素包括收入、费用和利润。

二、会计要素的内容

（一）资产

1. 资产的定义与特征

资产是指由过去的交易或者事项形成的，由企业拥有或者控制的、预期会给企业带来经济利益的资源。资产具有以下几个基本特征：

（1）是由过去的交易或事项所形成的现时权利。“过去发生”原则在资产的定义中占有举足轻重的地位。资产应当由企业过去的交易或者事项所形成，过去的交易或者事项包括购买、生产、建造行为或者其他交易或事项。换句话说，只有过去的交易或者事项才能产生资产，企业预期在未来发生的交易或者事项不形成资产。例如，企业有购买某存货的意愿或者计划，但是购买行为尚未发生，不符合资产的定义，不能确认为存货资产。

（2）必须为某一特定主体所拥有或者控制。会计并不计量所有的资源，而仅计量在某一会计主体控制之下的资源。因此，会计中所计量的资产就必须归属于某一特定的主体，即具有排他性。资产作为一项资源，应当由企业拥有或者控制，具体是指企业享有某项资源的所有权，或者虽然不享有某项资源的所有权，但该资源能被企业所控制。企业享有资产的所有权，通常表明企业能够排他性地从资产中获取经济利益。在某些情况下，资产虽然不为企业所拥有，即企业并不享有其所有权，但企业控制了这些资产，同样表明企业能够从资产中获取经济利益，符合会计上对资产的定义。若企业既不拥有也不控制资产所能带来的经济利益，就不能将其作为企业的资产予以确认。

（3）预期会为企业带来经济利益。资产预期能否会为企业带来经济利益是资产的重要特征。即资产单独或与企业的其他要素结合起来，能够在未来直接或间接地产生净现金流入量。按照这一特征，判断一个项目是否构成资产，一定要看它是否潜存着未来的经济利益。例如，企业可以将采购的原材料、购置的固定资产等用于生产经营过程，制造商品或者提供劳务，对外出售后收回货款，货款即为企业所获得的经济利益。若某一项目预期不能给企业带来经济利益，则不能将其确认为企业的资产。前期已经确认为资产的项目，若不能继续为企业带来经济利益的，也不能继续确认为企业的资产。例如企业盘点中发现前期购买的存货已经发生毁损，由于该存货预期不能为企业带来经济利益，因此，不符合资产的定义，因此不应再确认为一项资产。

2. 资产的确认条件

将一项资源确认为资产，需要符合资产的定义，还应同时满足以下两个条件：

（1）与该资源有关的经济利益很可能流入企业。从资产的定义可以看到，能否带来经济利益是资产的一个本质特征，但在现实生活中，由于经济环境瞬息万变，与资源有关的经济利益能否流入企业或者能够流入多少，实际上带有不确定性。因此，资产的确认还应与经济利益流入的不确定性程度的判断结合起来。若根据编制财务报表时所取得的证据，与资源有关的经济利益很可能流入企业，则应当将其作为资产予以确认；反之不能确认为资产。例如，某企业赊销一批商品给某一客户，从而形成了对该客户的应收账款，由于企业最终收到款项与销售实现之间有时间差，而且收款又在未来期间，因此带有一定的不确定性，若企业在销售时判断未来很可能收到款项或者能够确定收到款项，企业就应当将该应收账款确认为一项资产；若企业判断在通常情况下很可能部分或者全部无法收回，表明该部分或者全部应收账款已经不符合资产的确认条件，应当计提坏账准备，减少资产的价值。

（2）该资源的成本或者价值能够可靠地计量。财务会计系统是一个确认、计量和报告的系统。其中，计量起着枢纽作用，可计量性是所有会计要素确认的重要前提，资产的确认也是如此。只有当有关资源的成本或者价值能够可靠地计量时，资产才能予以确认。在会计实务中，企业取得的许多资产都是发生了实际成本的，例如，企业购买或者生产的存货，企业购置的厂房或者设备等，对于这些资产，只要实际发生的购买成本或者生产成本能够可靠计量，就视为符合了资产确认的可计量条件。在某些情况下，企业取得的资产没有发生实际成本或者发生的实际成本很小，例如，企业持有的某些衍生金融工具形成的资产，尽管没有实际成本或者发生的实际成本很小，但是，若其公允价值能够可靠计量，也被认为符合资产“可计量性”的确认条件。

3. 资产的分类

资产按其流动性的不同可以划分为流动资产和非流动资产。

(1) 流动资产是指可以在1年或者超过1年的一个营业周期内变现或者耗用的资产，主要包括库存现金、银行存款、交易性金融资产、应收及预付款项、存货等。其中：①库存现金是指企业持有的现款，也称“现金”。库存现金主要用于支付日常发生的小额、零星的费用或支出。②银行存款是指企业存入银行或其他金融机构的各种款项。企业的银行存款主要来自于投资者投入资本的款项、负债融入的款项、销售商品的货款等。③交易性金融资产是指企业以交易为目的而持有的债券投资、股票投资、基金投资等。此类资产一般的持有目的主要是为了近期内出售，获得短期利益。④应收及预付款项是指企业在日常生产经营过程中发生的各项债权，包括应收款项（应收票据、应收账款、应收利息、应收股利、其他应收款等）和预付账款等。⑤存货是指企业在日常生产经营过程中持有以备出售，或者仍然处在生产过程中将要消耗，或者在生产或提供劳务过程中将要耗用的各种材料或物料，包括库存商品、半成品、在产品以及各类材料等。

(2) 非流动资产是指不能在1年或者超过1年的一个营业周期内变现或者耗用的资产，主要包括可供出售金融资产、持有至到期投资、长期应收款、长期股权投资、固定资产、无形资产等。其中：①可供出售金融资产是指初始确认时即被指定为可供出售的非衍生金融资产。②持有至到期投资是指到期日固定、回收金额固定或可确定，且企业有明确意图和能力持有至到期的非衍生金融资产。③长期应收款是指收款期超过1年或一个会计年度的应收款项，包括融资租赁产生的长期应收款项，以及采用递延方式具有融资性质的销售商品和提供劳务等产生的长期应收款项等。④长期股权投资是指持有时间超过1年（不含1年）、不能变现或不准备随时变现的股票和其他投资。企业进行长期股权投资的目的，是为了获得较为稳定的投资收益或者对被投资企业实施控制或影响。⑤固定资产是指企业为生产商品、提供劳务、出租或经营管理而持有的、使用寿命超过一个会计年度的有形资产。主要包括企业使用年限超过1年的房屋、建筑物、机器、机械、运输工具以及其他与生产、经营有关的设备、器具、工具等。⑥无形资产是指企业拥有或者控制的没有实物形态的可辨认非货币性资产。无形资产包括专利权、非专利技术、商标权、著作权、特许使用权等。

(二) 负债

1. 负债的定义与特征

负债是指由过去的交易或事项所形成的、预期会导致经济利益流出企业的现时义务。负债具有如下特征：

(1) 负债是由企业过去的交易或者事项所形成。只有过去的交易或者事项才形成负债，企业将在未来发生的承诺、签订的合同等交易或者事项，不形成负债。例如，企业向银行借款1 000万元，即属于过去的交易或者事项所形成的负债。企业同时还与银行达成了两个月后借入2 000万元的借款意向书，该交易就不属于过去的交易或者事项，不应形成企业的负债。

(2) 负债是企业承担的现时义务。负债必须是企业承担的现时义务，它是负债的一个基本特征。现时义务是指企业在现行条件下已承担的义务。未来发生的交易或者事项形成的义务，不属于现时义务，不应当确认为负债。此处所指的义务可以是法定义务，也可以是推定义务。其中法定义务是指具有约束力的合同或者法律法规规定的义务，通常在法律意义上需要强制执行。例如，企业购买原材料形成应付账款，企业向银行贷入款项形成借款，企业按照税法规定应当交纳的税款等，均属于企业承担的法定义务，需要依法予以偿还。推定义务是指根据企业多年来的习惯做法、公开的承诺或者公开宣布的政策而导致企业将承担的责任，这些责任也使有关各方形成了企业将履行义务解脱责任的合理预期。例如，某企业多年来制定有一项销售政策，对于售出商品提供一定期限内的售后保修服务，预期将为售出商品提供的保修服务就属于推定义务，应当将其确认为一项负债。

（3）负债预期会导致经济利益流出企业。与形成负债的现实义务有关的经济利益很可能流出企业，而且在未来会流出企业。预期会导致经济利益流出企业也是负债的一个本质特征，只有企业在履行义务时会导致经济利益流出企业的，才符合负债的定义；若不会导致企业经济利益流出的，就不符合负债的定义。在履行现时义务清偿负债时，导致经济利益流出企业的形式多种多样。例如，用现金偿还或以实物资产形式偿还；以提供劳务形式偿还；部分转移资产、部分提供劳务形式偿还；将负债转为资本等。

2. 负债的确认条件

将一项现时义务确认为负债，需要符合负债的定义，还需要同时满足以下两个条件：

（1）与该义务有关的经济利益很可能流出企业。从负债的定义可以看到，预期会导致经济利益流出企业是负债的一个本质特征。在实务中，履行义务所需流出的经济利益带有不确定性，尤其是与推定义务相关的经济利益通常需要依赖于大量的估计。因此，负债的确认应当与经济利益流出的不确定性程度的判断结合起来，若有确凿证据表明，与该义务有关的经济利益流出企业的可能性大于50%，就应当将其作为负债予以确认；反之，若企业承担了现时义务，但是会导致企业经济利益流出的可能性很小，就不符合负债的确认条件，不应将其作为负债予以确认。

（2）未来流出的经济利益的金额能够可靠地计量。负债的确认在考虑经济利益流出企业的同时，对于未来流出的经济利益的金额应当能够可靠计量。对于与法定义务有关的经济利益流出金额，通常可以根据合同或者法律规定的金额予以确定，考虑到经济利益流出的金额通常在未来期间，有时未来期间较长，有关金额的计量需要考虑货币时间价值等因素的影响。对于与推定义务有关的经济利益流出金额，企业应当根据履行相关义务所需支出的最佳估计数进行估计，并综合考虑有关货币时间价值、风险等因素的影响。

3. 负债的分类

负债按照其流动性，可以分为流动负债和非流动负债。

（1）流动负债是指将在1年（含1年）或者超过1年的一个营业周期内偿还的债务，包括短期借款、应付及预收款项等。其中：①短期借款是指企业从银行或其他金融机构借入的期限在1年以下的各种借款。如企业从银行取得的、用来补充流动资金不足的临时性借款。②应付及预收款项是指企业在日常生产经营过程中发生的各项债务，包括应付款项（应付票据、应付账款、应付职工薪酬、应交税费、应付股利、应付利息、其他应付款等）和预收账款等。

（2）非流动负债是指偿还期在1年或者超过1年的一个营业周期以上的债务，包括长期借款、应付债券、长期应付款等。其中：①长期借款是指企业从银行或其他金融机构借入的期限在1年以上的各项借款。②应付债券是指企业为筹集长期资金而实际发行的长期债券。③长期应付款是指除长期借款和应付债券以外的其他长期应付款项，包括应付引进设备款、融资租入固定资产应付款等。

（三）所有者权益

1. 所有者权益的定义

所有者权益也称股东权益，是指企业资产扣除负债后由所有者享有的剩余权益。它在数值上等于企业全部资产减去全部负债后的余额。其实质是企业从投资者手中所吸收的投入资本及其增值，同时也是企业进行经济活动的“本钱”。

2. 所有者权益的内容

所有者权益包括所有者投入的资本、直接计入所有者权益的利得和损失、留存收益等。

（1）所有者投入的资本包括实收资本和资本公积。企业的实收资本是指投资者按照企业章程，或合同、协议的约定，实际投入企业的资本。它是企业注册成立的基本条件之一，也是企业承担民事责任的财力保证。企业资本公积也称准资本，主要来源于资本在投入过程中所产生的溢价。

（2）直接计入所有者权益的利得和损失。利得是指由企业非日常活动所形成的、会导致所有者权益增加的、与所有者投入资本无关的经济利益的流入；损失是指由企业非日常活动所发生的、会导致所有者权益减少的、与所有者分配利润无关的经济利益的流出。

（3）留存收益是企业历年实现的净利润留存于企业的部分，一般包括盈余公积和未分配利润。盈余公积又分为：①法定盈余公积，指企业按照《公司法》规定的比例从净利润中提取的盈余公积金；②任意盈余公积，指企业经股东大会或类似机构批准后按照规定的比例从净利润中提取的盈余公积金。企业的盈余公积可以用于弥补亏损、转增资本（股本）。符合规定条件的企业，也可以用盈余公积分派现金股利。未分配利润是指企业留待以后年度分配的利润。

3. 所有者权益与负债的区别

所有者权益和负债虽然都体现企业的资金来源，但两者之间却有着本质的不同，具体表现为：

（1）负债是企业对债权人所承担的经济责任，企业负有偿还的义务；所有者权益是企业对投资人所承担的经济责任，一般情况下不需要归还给投资者。

（2）债权人只享有按期收回利息和债务本金的权利，无权参与企业的利润分配和经营管理；投资人既可以参与企业的利润分配，也可以参与企业的经营管理。

（3）在企业清算时，负债拥有优先求偿权；所有者权益只能在企业清偿完所有负债后，才有要求权。

（四）收入

1. 收入的定义与特征

收入是指企业在日常活动中形成的、会导致所有者权益增加的、与所有者投入资本无关的经济利益的总流入。收入的实质是企业经济活动的产出过程，即企业生产经营活动的结果。收入只有在经济利益很可能流入从而导致企业资产增加或者负债减少，而且经济利益的流入额能够可靠计量时才能予以确认。收入具有以下特征：

（1）日常活动中产生。日常活动是指企业为完成其经营目标所从事的经常性活动以及与之相关的活动。例如，制造企业制造并销售产品、商业企业销售商品、保险公司签发保单、咨询公司提供咨询服务、软件企业为客户开发软件、安装公司提供安装服务、商业银行对外贷款、租赁公司出租资产等，均属于企业的日常活动。明确界定日常活动是为了将收入与利得相区分，因为企业非日常活动所形成的经济利益的流入不能确认为收入，而应当计入利得。

（2）与所有者投入资本无关。收入应当会导致经济利益的流入，从而导致资产的增加。例如，企业销售商品，应当收到现金或者在未来有权收到现金，才表明该交易符合收入的定义。但是在实务中，经济利益的流入有时是所有者投入资本的增加所导致的，所有者投入资本的增加不应当确认为收入，应当将其直接确认为所有者权益。

（3）最终能导致企业所有者权益的增加。与收入相关的经济利益的流入可能表现为企业资产的增加，也可能表现为企业负债的减少，或者二者兼而有之。但是，最终的结果都应当导致所有者权益的增加，不会导致所有者权益增加的经济利益流入，不应确认为收入。例如，企业向银行借入款项，尽管也导致了企业经济利益的流入，但该流入并不导致所有者权益的增加，反而使企业承担了一项现时义务，应当确认一项负债。再例如，企业为第三方或客户代收的款项，虽然有经济利益流入企业，但并不能增加所有者权益，不能确认为收入。

2. 收入的确认

收入的确认除了应当符合定义外，也应当满足严格的条件。企业应当在履行了合同中的履约义务，即在客户取得相关商品控制权时确认收入。取得相关商品控制权，是指能够主导该商品的使用并从中获得几乎全部的经济利益。

《企业会计准则第 14 号——收入（财会［2017］22 号）》第二章第五条规定：当企业与客户之间的合同同时满足下列条件时，企业应当在客户取得相关商品控制权时确认收入：（一）合同各方已批准该合同并承诺将履行各自义务；（二）该合同明确了合同各方与所转让商品或提供劳务（以下简称“转让商品”）相关的权利和义务；（三）该合同有明确的与所转让商品相关的支付条款；（四）该合同具有商业实质，即履行该合同将改变企业未来现金流量的风险、时间分布或金额；（五）企业因向客户转让商品而有权取得的对价很可能收回。

在合同开始日即满足前款条件的合同，企业在后续期间无需对其进行重新评估，除非有迹象表明相关事实和情况发生重大变化。合同开始日通常是指合同生效日。

3. 收入的分类

收入可以分为主营业务收入、其他业务收入和投资收益等。

（1）主营业务收入，是指企业在其基本业务活动中所获得的收入。如工商企业的商品销售收入、服务业的劳务收入。

（2）其他业务收入，是指企业其他业务活动所获得的收入。如制造企业的出租资产、销售材料等实现的收入。

（3）投资收益是指企业对外投资所取得的收益减去发生的投资损失后的净额。

需要强调的是，准则中的收入是指狭义的收入。广义的收入还包括“利得”，即营业外收入。营业外收入是指企业发生的与其生产经营活动无直接关系的各项经济利益流入，包括处置固定资产净收益、处置无形资产净收益等。

（五）费用

1. 费用的定义与特征

费用是指企业在日常活动中发生的、会导致所有者权益减少的、与向所有者分配利润无关的经济利益的总流出。费用具有如下特征：

（1）日常活动中形成。费用必须是企业在其日常活动中所形成的，这些日常活动的界定与收入定义中涉及的日常活动的界定相一致。因日常活动所产生的费用通常包括销售成本（营业成本）、职工薪酬、折旧费、无形资产摊销费等。将费用界定为日常活动所形成的，目的是为了将其与损失相区分，企业非日常活动所形成的经济利益的流出不能确认为费用，而应当计入损失。

（2）与向所有者分配利润无关。费用的发生应当会导致经济利益的流出，从而导致资产的减少或者负债的增加（最终也会导致资产的减少）。其表现形式包括现金或者现金等价物的流出，存货、固定资产和无形资产等的流出或者消耗等。鉴于企业向所有者分配利润也会导致经济利益的流出，而该经济利益的流出显然属于所有者权益的抵减项目，不应确认为费用，应当将其排除在费用的定义之外。

（3）会导致所有者权益的减少。费用相关的经济利益流出可能表现为资产的减少，也可能表现为负债的增加，或者二者兼而有之，但最终应当会导致所有者权益的减少，不会导致所有者权益减少的经济利益的流出不符合费用的定义，不应确认为费用。例如，企业购买原材料的行为虽然导致企业经济利益流出，但并不会导致企业所有者权益的减少，它使企业增加了另外一项资产（存货），在这种情况下，就不应当将该经济利益的流出确认为费用。同理，企业发生的偿还负债行为导致企业经济利益流出，但是该流出没有导致企业所有者权益的减少，而是使企业负债（应付账款）减少了，因此不应将该经济利益的流出作为费用予以确认。

2. 费用的确认条件

费用的确认除了应当符合定义外，也应当满足严格的条件，费用的确认至少应当符合以下条件：一是与费用相关的经济利益应当很可能流出企业；二是经济利益流出企业的结果会导致所有者权益的减少；三是经济利益的流出额能够可靠计量。

3. 费用的构成

此处所说的费用其实包括两方面内容，即成本和费用。

（1）成本是指企业为生产产品、提供劳务而发生的各种耗费，包括为生产产品、提供劳务而发生的直接材料费用、直接人工费用和各种间接费用。企业应当在确认收入时，将已销售产品或已提供劳务的成本等从当期收入中扣除即计入当期损益。

（2）费用一般是指企业在日常活动中发生的期间费用、税金及附加和资产减值损失。

①税金及附加，是指企业营业活动应当负担的各种税费，如消费税、城建税和教育费附加等。

②期间费用包括销售费用、管理费用和财务费用。

销售费用是指企业在销售商品的过程中发生的各项费用，包括企业在销售商品的过程中发生的运输费、装卸费、包装费、保险费、展览费和广告费，以及为销售本企业的商品而专设的销售机构（含销售网点、售后服务网点等）的职工薪酬等经营费用。

管理费用是指企业为组织和管理生产经营活动而发生的各项费用，包括企业的董事会和行政管理部门的职工薪酬、修理费、办公费和差旅费等公司经费，以及聘请中介机构费、咨询费（含顾问费）、业务招待费等费用。管理费用的受益对象是整个企业，而不是企业的某个部门。

财务费用是指企业为筹集生产经营所需资金而发生的各项费用，包括应当作为期间费用的利息支出（减利息收入）、汇兑损失（减汇兑收益）以及相关的手续费等。

③资产减值损失是指企业计提的坏账准备、存货跌价准备和固定资产减值准备等所形成的损失。

费用与成本既有联系又有区别。费用是和期间相联系的，而成本是和产品相联系的；成本要有实物承担者，而费用一般没有实物承担者。但二者都反映资金的耗费，都意味着企业经济利益的减少，也都是由过去已经发生的经济活动引起或形成的。

上面所定义的费用亦是狭义上的概念。广义的费用还包括“损失”即营业外支出和所得税费用。其中：

营业外支出是指企业发生的与其生产经营活动无直接关系的各项支出，包括固定资产盘亏、处置固定资产净损失、处置无形资产净损失、罚款支出、捐赠支出和非常损失等。

所得税费用是指企业按税法规定向国家缴纳的所得税。

值得注意的是，费用只有在经济利益很可能流出企业，而且流出额能够可靠计量时才能予以确认。

（六）利润

1. 利润的定义与特征

利润是指企业在一定会计期间的经营成果，包括收入减去费用后的净额、直接计入当期利润的利得和损失等。利润的实现，相应地表现为资产的增加或负债的减少，其结果是所有者权益的增值。

2. 利润的构成

利润具体指营业利润、利润总额和净利润。

（1）营业利润是指主营业务收入加上其他业务收入，减去主营业务成本、其他业务成本、税金及附加、销售费用、管理费用、财务费用、资产减值损失，加上投资净损益、公允价值变动净损益等金额。它是狭义收入与狭义费用配比后的结果。

（2）利润总额是指营业利润加上营业外收入，减去营业外支出后的金额。

（3）净利润是指利润总额减去所得税后的金额。它是广义收入与广义费用配比后的结果。

第三节

会计等式

一、会计等式的含义

各会计要素之间不是孤立的，而是存在一定的数量关系。这种数量关系表现为会计等式。会计等式也称为会计平衡公式，它是表明各会计要素之间基本关系的恒等式。会计对象可概括为资金运动，具体表现为会计要素，每发生一笔经济业务，都是资金运动的一个具体过程，每一资金运动过程都必然涉及相应的会计要素，从而使全部资金运动所涉及的会计要素之间就存在一定的相互联系，会计要素之间的这种内在关系，就可以通过会计平衡等式表现出来，这种平衡等式就叫会计平衡公式。表示静态要素之间关系的会计等式为：

资产 = 负债 + 所有者权益　①

这是最基本的会计等式，也称为第一会计等式。它是设置账户、复式记账和编制资产负债表的理论依据。

众所周知，企业要从事生产经营活动，一方面，必须拥有一定数量的资产。这些资产以各种不同的形态分布于企业生产经营活动的各个阶段，成为企业生产经营活动的基础。另一方面，这些资产要么来源于债权人，从而形成企业的负债；要么来源于投资者，从而形成企业的所有者权益。由此可见，资产与负债和所有者权益，实际上是同一价值运动的两个方面。一个是“来龙”，一个是“去脉”。因此，这两方面之间必然存在着恒等关系。一定数额的资产必然对应着相同数额的负债与所有者权益，而一定数额的负债与所有者权益也必然对应着相同数额的资产。

表示动态要素之间关系的等式为：

收入 - 费用 = 利润　②

若“利润”为正，则为盈利；反之，则为亏损。

二、经济业务发生对会计等式的影响

1. 经济业务的类型

企业在生产经营过程中，不断地发生各种经济业务。这些经济业务的发生会对有关的会计要素产生影响，但是不会破坏上述等式的恒等关系（本教材以等式①为例进行分析）。企业的经济业务虽然数量多、花样繁，但归纳起来不外乎以下 9 种类型：

（1）经济业务的发生，导致资产项目此增彼减，增减金额相等，故等式保持平衡。

（2）经济业务的发生，导致负债项目此增彼减，增减金额相等，故等式保持平衡。

（3）经济业务的发生，导致所有者权益项目此增彼减，增减金额相等，故等式保持平衡。

（4）经济业务的发生，导致负债项目增加和所有者权益项目减少，增减金额相等，故等式保持平衡。

（5）经济业务的发生，导致所有者权益项目增加和负债项目减少，增减金额相等，故等式保持平衡。

（6）经济业务的发生，导致资产项目增加，同时负债项目增加，金额相同，故等式保持平衡。

（7）经济业务的发生，导致资产项目增加，同时所有者权益项目增加，金额相同，故等式保持平衡。

（8）经济业务的发生，导致资产项目减少，同时负债项目减少，金额相同，故等式保持平衡。

（9）经济业务的发生，导致资产项目减少，同时所有者权益项目减少，金额相同，故等式保持平衡。

2. 各类经济业务对基本会计等式的影响

通过以上分析，我们可以得出如下结论：

（1）一项经济业务的发生，可能仅涉及资产与负债和所有者权益中的一方，也可能涉及双方，但无论如何，结果一定是基本会计等式的恒等关系保持不变。

（2）一项经济业务的发生，若仅涉及资产与负债和所有者权益中的一方，则既不会影响到双方的恒等关系，也不会使双方的总额发生变动。

（3）一项经济业务的发生，若涉及资产与负债和所有者权益中的双方，则虽然不会影响到双方的恒等关系，但会使双方的总额发生同增或同减变动。

三、扩展的会计等式

综合考虑6个会计要素，则基本会计等式就会演变为：

资产＝负债＋所有者权益＋（收入－费用）　③

若将等式③右边的费用项目移至等式左边，则会计等式更能形象地说明其“资金占用＝资金来源”的内涵，如等式④所示：

资产＋费用＝负债＋所有者权益＋收入　④

习题与案例

一、单项选择题

1. 企业的原材料属于会计要素中的（　　）。

A. 资产　　B. 负债

C. 所有者权益　　D. 权益

2. 企业收入的发生往往会引起（　　）。

A. 负债增加　　B. 资产减少

C. 资产增加　　D. 所有者权益减少

3. 一家企业的资产总额与所有者权益总额（　　）。

A. 必然相等　　B. 有时相等

C. 不会相等　　D. 只有在期末时相等

4. 一项资产增加，一项负债增加的经济业务发生后，都会使资产与权益原来的总额（　　）。

A. 发生同增的变动　　B. 发生同减的变动

C. 不会变动　　D. 发生不等额的变动

5. 经济业务发生仅涉及资产这一会计要素时，只引起该要素中某些项目发生（　　）。

A. 同增变动　　B. 同减变动

C. 一增一减变动　　D. 不变动

6. 引起资产和权益同时减少的业务是（　　）。

A. 用银行存款偿还应付账款　　B. 向银行借款直接偿还应付账款

C. 购买材料货款暂未支付　　D. 工资计入产品成本但暂未支付

二、多项选择题

1. 下列内容属于流动资产的内容有（　　）。

A. 存放在银行的存款　　B. 存放在仓库的材料

C. 厂房和机器　　D. 企业的办公楼

E. 企业的办公用品

2. 企业的收入具体表现为一定期间（　　）。

A. 现金的流入　　B. 银行存款的流入

C. 企业其他资产的增加　　D. 企业负债的增加

E. 企业负债的减少

3. 企业的费用具体表现为一定期间（　　）。

A. 现金的流出　　B. 企业其他资产的减少

C. 企业负债的增加　　D. 银行存款的流出

E. 企业负债的减少

4. 属于引起会计等式左右两边会计要素变动的经济业务有（　　）。

A. 收到某单位前欠货款 20 000 元存入银行　B. 以银行存款偿还银行借款

C. 收到某单位投来机器一台，价值 80 万元　D. 以银行存款偿还前欠货款 10 万元

E. 购买材料 8 000 元以银行存款支付货款

5. 属于只引起会计等式左边会计要素变动的经济业务有（　　）。

A. 购买材料 800 元，货款暂欠　　B. 银行提取现金 500 元

C. 购买机器一台，以存款支付 10 万元货款　D. 接受国家投资 200 万元

E. 收到某外商捐赠货物一批，价值 80 万元

6. 下列经济业务中，会引起会计等式右边会计要素发生增减变动的业务有（　　）。

A. 以银行存款偿还前欠贷款

B. 某企业将本企业所欠贷款转作投入资本

C. 将资本公积转增资本

D. 向银行借款，存入银行

E. 投资者追加对本企业的投资

三、业务处理题

1. 目的：练习对会计要素进行分类，并熟练掌握它们之间的相互关系。

资料：财东公司某月末各项目余额如下：

（1）出纳员处存放现金 1 700 元；

（2）存入银行的存款 2 939 300 元；

（3）投资者投入的资本金 13 130 000 元；

（4）向银行借入三年期的借款 500 000 元；

（5）向银行借入半年期的借款 300 000 元；

（6）原材料库存 417 000 元；

（7）生产车间正在加工的产品 584 000 元；

（8）产成品库存 520 000 元；

（9）应收外单位产品货款 43 000 元；

（10）应付外单位材料货款 45 000 元；

（11）对外短期投资 60 000 元；

（12）公司办公楼价值 5 700 000 元；

（13）公司机器设备价值 4 200 000 元；

（14）公司运输设备价值 530000 元；

（15）公司的资本公积金共 960 000 元；

（16）盈余公积金共 440 000 元；

（17）外欠某企业设备款 200 000 元；

（18）拥有某企业发行的三年期公司债券 650 000 元；

（19）上年尚未分配的利润 70 000 元。

要求：（1）划分各项目的类别（资产、负债或所有者权益），并将各项目金额填入下表中。（2）计算资产、负债、所有者权益各要素金额合计。

单位：元

项目序号	金额		
	资产	负债	所有者权益
合计			

2. 目的：熟练掌握会计等式。

资料：财东公司 2017 年资产总额与负债总额的期初、期末资料如下：

	期初	期末
资产	700 000 元	800 000 元
负债	200 000 元	100 000 元

要求：根据下列三种情况，分别计算该公司本年度的有关数据：

（1）本年股东投资不变，营业费用为 140 000 元，请问本年度利润和营业收入各是多少？

（2）年度中增加投资 70 000 元，利润是多少？

（3）年度中曾收回投资 20 000 元，但对另一企业又增加投资 30 000 元，其利润是多少？

3. 目的：练习经济业务的类型。

资料：举例说明下列各类经济业务：

（1）资产增加，负债增加；

（2）资产增加，所有者权益增加；

（3）资产类项目此增彼减；

（4）资产减少，所有者权益减少；

（5）资产减少，负债减少；

（6）费用增加，负债增加；

（7）费用增加，资产减少；

（8）收益增加，资产增加；

（9）收益增加，负债减少。

4. 目的：练习会计要素之间的相互关系。

资料：假设某企业 12 月 31 日的资产、负债和所有者权益的情况如下表所示：

资产	金额	负债及所有者权益	金额
库存现金	1 000	短期借款	10 000
银行存款	27 000	应付账款	32 000
应收账款	35 000	应交税费	9 000
原材料	52 000	长期借款	B
长期股权投资	A	实收资本	240 000
固定资产	200 000	资本公积	23 000
合计	375 000	合计	C

要求：（1）计算表中的 A、B、C；

（2）计算该企业的流动资产总额；

（3）计算该企业的流动负债总额；

（4）计算该企业的净资产总额。

5. 目的：练习经济业务的简单处理。

资料：企业 1 月份有如下业务：

（1）以银行存款支付材料款 2 000 元；

（2）购进并入库原材料 30 000 元，货款尚未支付；

（3）取得短期借款 9 000 元，存入银行；

（4）以银行存款偿还上月的原材料价款 6 000 元；

（5）向银行取现金 8 000 元；
（6）以银行存款 50 000 元购入机器设备；
（7）投资人向企业投资 40 000 元存入银行。
要求：根据资料完成下列表格。

企业的财务状况及增减变动表

项目	期初余额	本月增加额	本月减少额	期末余额
库存现金	1 000			
银行存款	70 000			
原材料	20 000			
固定资产	270 000			
应付账款	6 000			
短期借款	5 000			
实收资本	350 000			

6. 目的：练习与掌握经济业务的类型及对会计等式的影响。

资料：财东公司 2017 年 5 月 31 日的资产负债表显示资产总计 375 000 元，负债总计 112 000 元，该公司 2017 年 6 月发生如下经济业务：

（1）用银行存款购入全新机器一台，价值 30 000 元；
（2）投资人投入原材料，价值 10 000 元；
（3）以银行存款偿还所欠供应单位账款 8 000 元；
（4）收到供应单位所欠账款 8 000 元，收存银行；
（5）将一笔长期负债 50 000 元转为对企业的投资；
（6）按规定将 20 000 元资本公积金转为实收资本。

要求：
（1）根据 6 月份发生的经济业务，说明经济业务对会计要素的影响；
（2）计算 6 月末财东公司的资产总额、负债总额和所有者权益总额。

第三章

会计核算基础

【学习目标】

通过本章的学习，使学生理解各项会计假设和会计信息质量特征的基本含义，了解会计实务中实质重于形式和谨慎性的具体应用形式，能够运用权责发生制和收付实现制对企业发生的收入、费用及利润进行简单的分析和计算，重点掌握会计要素确认与计量的基本要求。

第一节 会计假设

会计核算的对象是资金运动，在市场经济条件下，经济活动的复杂性决定了资金运动也是一个复杂过程。因此，面对变化不定的经济环境，必须首先解决摆在会计人员面前的一系列问题，例如会计核算的范围有多大，会计为谁核算，给谁记账；会计核算的资金运动能否持续不断地进行下去；会计应该在什么时候记账、算账、报账；会计在核算过程中应该采用什么计量手段等等。这些都是进行会计核算的前提条件，即会计假设。

一、会计假设的含义

会计假设即会计核算的基本前提，是指为了保证会计工作的正常进行和会计信息的质量，对会计核算的范围、内容、基本程序和方法所做的基本假定。会计假设，是人们在长期的会计实践中逐步认识和总结形成的。结合我国实际情况，企业在组织会计核算时，应遵循的会计假设包括：会计主体、持续经营、会计分期和货币计量等4个假设。

二、会计假设的内容

（一）会计主体假设

《企业会计准则——基本准则》第五条指出："企业应当对其本身发生的交易或者事项进行会计确认、计量和报告。"

会计主体是会计工作为其服务的特定单位或组织。会计主体假设是指会计核算应当以特定主体发生的各项经济业务为对象，记录和反映主体本身的各项经济活动。尽管企业本身的经济活动总是与其他企业、单位或个人的经济活动相联系，但对于会计来说，其核算的范围既不包括企业所有者本人，也不包括其他企业的经济活动。会计主体假设明确了会计工作的空间范围。

会计主体与法律主体不是同一概念。一般来说，法律主体必然是会计主体，但会计主体不一定就是法律主体。会计主体可以是一个有法人资格的企业，也可以是由若干家企业通过控股关系组织起来的集团公司，还可以是企业、单位下属的二级核算单位。独资、合伙形式的企业都可以作为会计主体，但都不是法人。

（二）持续经营假设

《企业会计准则——基本准则》第六条指出："企业会计确认、计量和报告应当以持续经营为前提。"

持续经营，是指在可以预见的将来，会计主体将会按当前的规模和状态继续经营下去，不会因破产、清算、解散等而不复存在。持续经营假设是指会计核算应当以企业持续、正常的生产经营活动为前提，在此前提下选择会计程序及会计处理方法，进行会计核算。尽管客观上企业会由于市场经济的竞争而面临被淘汰的危险，但只有假定作为会计主体的企业是持续、正常经营的，会计原则和会计程序及方法才有可能建立在非清算的基础之上，不采用破产清算的一套处理方法，这样才能保持会计信息处理的一致性和稳定性。持续经营假设明确了会计工作的时间范围。

会计核算所使用的一系列方法和遵循的有关要求都是建立在会计主体持续经营的基础之上的。明确这个基本假设，就意味着会计主体将按照既定用途使用资产，按照既定的合约条件清偿债务，会计人员就可以在此基础上选择会计原则和会计方法。若判断企业会持续经营，就可以假定企业的固定资产会在持续经营的生产经营过程中长期发挥作用，并服务于生产经营过程，固定资产就可以根据历史成本进行记录，并采用折旧的方法，将历史成本分摊到各个会计期间或相关产品的成本中。若判断企业不会持续经营，固定资产就不应采用历史成本进行记录并且按期计提折旧。

（三）会计分期假设

《企业会计准则——基本准则》第七条指出："企业应当划分会计期间，分期结算账目和编制财务会计报告。会计期间分为年度和中期。中期是指短于一个完整的会计年度的报告期间。"

会计分期是指将企业持续不断的生产经营过程人为地划分为较短的等距的会计期

间。会计分期假设的目的在于通过会计期间的划分，分期结算账目，按期编制财务报告，从而及时地向有关方面提供反映财务状况和经营成果的会计信息，满足有关方面的需要。从理论上说，在企业持续经营情况下，要反映企业的财务状况和经营成果，只有等到企业所有的生产经营活动结束后，才能通过收入和费用的归集与比较，进行准确的计算，但此时提供的会计信息已经失去了应有的作用，因此，必须人为地将全过程划分为较短的会计期间。

会计分期假设是对会计工作时间范围的具体划分，主要是确定会计年度。中外各国所采用的会计年度一般都与本国的财政年度相同。我国以公历年度作为会计年度，即从每年的1月1日至12月31日为一个会计年度。会计年度确定后，一般按日历确定会计半年度、会计季度和会计月度。其中，短于一个完整的会计年度的报告期间均称为中期。

会计分期假设有着重要的意义。有了会计分期，才可以区分本期与非本期，才产生收付实现制、权责发生制和配比原则，才能够划分收益性支出和资本性支出等。只有正确地划分会计期间，才能准确地提供财务状况和经营成果的资料，进行会计信息的对比。

（四）货币计量假设

《企业会计准则——基本准则》第八条指出："企业会计应当以货币计量。"

货币计量是指会计主体在会计核算过程中应采用货币作为主要计量单位，记录、反映会计主体的经营情况。企业使用的计量单位较多时，为了全面、综合的反映企业的生产经营活动，会计核算客观上需要一种统一的计量单位作为计量尺度。货币作为商品的一般等价物，能用以计量一切资产、负债和所有者权益，以及收入、费用和利润，也便于综合。因此，会计必须以货币计量为前提。需要说明的是，其他计量单位，如实物、劳动工时等，在会计核算中也要使用，但不占主要地位。

在我国，要求企业对所有经济业务采用同一种货币作为统一尺度来进行计量。若企业的经济业务涉及两种或两种以上的货币计量，应该选用一种作为基准，称为记账本位币。记账本位币以外的货币则称为外币。我国有关会计法规规定，企业会计核算以人民币为记账本位币。业务收支以外币为主的企业，也可以选定某种外币作为记账本位币，但编制的会计报表应当折算为人民币反映。

货币本身也有价值，它是通过货币的购买力或物价水平表现出来的。在市场经济条件下，货币的价值在发生变动，币值有时候不稳定，甚至有些国家出现比较恶性的通货膨胀，对货币计量提出了挑战。因此，一方面，我们在确定货币计量假设时，必须同时确立币值稳定附带假设，假设币值是稳定的，不会有大的波动，或前后波动能够相互抵消。另一方面，若发生恶性通货膨胀，则需要采用特殊的会计原则如物价变动会计原则处理有关的经济业务。

综上所述，会计假设虽然是人为确定的，但完全是出于客观的需要，有充分的必然性。离开会计假设，会计核算工作就无法进行。以上4项会计假设缺一不可，既有联系也有区别，共同为会计核算工作的开展奠定了基础。

第二节

会计信息质量要求

会计作为一项管理活动，要向企业的利益相关者提供反映经营者受托责任和供投资者决策有用的会计信息，就必须要求会计信息具有一定的质量要求。根据《企业会计准则——基本准则》的规定，会计信息质量要求包括以下 8 项：可靠性、相关性、可理解性、可比性、实质重于形式、重要性、谨慎性和及时性。

一、可靠性

可靠性是指企业应当以实际发生的交易或者事项为依据进行会计确认、计量和报告，如实反映符合确认和计量要求的各项会计要素及其他相关信息，保证会计信息内容完整，真实可靠。

可靠性，也称客观性、真实性，是对会计信息质量的一项基本要求。会计所提供的会计信息是投资者、债权人、政府及其有关部门和社会公众的决策依据，若会计数据不能客观、真实地反映企业经济活动的实际情况，势必无法满足各有关方面了解企业财务状况和经营成果以进行决策的需要，甚至可能导致错误的决策。可靠性要求包括会计确认、计量、记录和报告在内的各阶段的会计核算，必须力求真实客观，必须以实际发生的经济活动及表明经济业务发生的合法凭证为依据。

在会计实务中，有些数据只能根据会计人员的经验或对未来的预计予以计算，例如对固定资产折旧年限的估计、对各种费用分配方法的选择等，都会受到一定程度的个人主观意志的影响。不同会计人员对同一经济业务的处理出现不同的计量结果是在所难免的，但是，会计人员应在统一标准的条件下，将可能发生的误差降低到最低程度，以保证会计核算提供的会计资料真实可靠。

二、相关性

相关性也称有用性，是指企业提供的会计信息应当与财务会计报告使用者的经济决策需要相关，有助于财务会计报告使用者对企业过去、现在或者未来的情况作出评价或者预测。

相关性也是会计信息质量的一项基本要求。信息要有用，就必须与使用者的决策需要相关。当信息通过帮助使用者评估过去、现在或未来的事项或者通过确证或纠正使用者过去的评价，影响到使用者的经济决策时，信息就具有相关性。

三、可理解性

可理解性是指企业提供的会计信息应当清晰明了，简单易懂，便于财务会计报告使用者理解和使用。

可理解性，也称明晰性，是对会计信息质量的一项重要要求。提供会计信息的目的在于使用，要使用就必须了解会计信息的内涵，明确会计信息的内容，若无法做到这一点，就谈不上对决策有用。信息是否被使用者所理解，取决于信息本身是否易懂，也取决于使用者理解信息的能力。可理解性是决策者与决策有用性的连接点。如果信息不能被决策者所理解，那么这种信息毫无用处。

四、可比性

可比性是指企业提供的会计信息应当相互可比。

为了明确企业财务状况和经营业绩的变化趋势，使用者必须能够比较企业不同时期的财务报表。为了评估不同企业的财务状况、经营业绩和现金流量，使用者还必须能够比较不同企业的财务报表。因此，对整个企业及其不同时点以及对不同企业而言，同类交易或其他事项的计量和报告，都必须采用一致的方法。

可比性也是会计信息质量的一项重要要求。它包括两个方面的含义，即同一企业在不同时期的纵向可比，不同企业在同一时期的横向可比。同一企业不同时期发生的相同或者相似的交易或者事项，应当采用一致的会计政策，不得随意变更。确需变更的，应当在附注中说明。不同企业发生的相同或者相似的交易或者事项，应当采用规定的会计政策，确保会计信息口径一致、相互可比。

五、实质重于形式

实质重于形式是指企业应当按照交易或者事项的经济实质进行会计确认、计量和报告，不应仅以法律形式为依据。

企业发生的交易或事项在多数情况下，其经济实质和法律形式是一致的。但在有些情况下会出现不一致，例如以融资租赁方式租入的资产，虽然从法律形式来讲企业并不拥有其所有权，但是由于租赁合同中规定的租赁期相当长，接近于该资产的使用寿命；租赁期结束时承租企业有优先购买该资产的选择权；在租赁期内承租企业有权支配资产并从中受益等，因此，从其经济实质来看，企业能够控制融资租入资产所创造的未来经济利益，在会计确认、计量和报告上就应当将以融资租赁方式租入的资产视为企业的资产，列入企业的资产负债表。又如，企业按照销售合同销售商品但又签订了售后回购协议，虽然从法律形式上实现了收入，但若企业没有将商品所有权上的主要风险和报酬转移给购货方，没有满足收入确认的各项条件，即使签订了商品销售合同或者已将商品交付给购货方，也不应当确认销售收入。

实质重于形式就是要求在对会计要素进行确认和计量时，应重视交易的实质，而不管其采用何种形式。

六、重要性

重要性是指企业提供的会计信息应当反映与企业财务状况、经营成果和现金流量等有关的所有重要交易或者事项。

企业在全面反映企业的财务状况和经营成果的同时，应当区别经济业务的重要程度，采用不同的会计处理程序和方法。具体来说，对于重要的经济业务，应单独核算、分项反映，力求准确，并在财务报告中做重点说明；对于不重要的经济业务，在不影响会计信息真实性的情况下，可适当简化会计核算或合并反映，以便集中精力抓好关键。

重要性的意义在于：对会计信息使用者来说，对经营决策有重要影响的会计信息是最需要的，若会计信息不分主次，反而会有损于使用，甚至影响决策。而且，对不重要的经济业务简化核算或合并反映，可以节省人力、物力和财力，符合成本效益原则。

需要明确的是，重要性具有相对性，并不是同样的业务对不同的企业都是重要或不重要的事项。对某项会计事项判断其重要性，在很大程度上取决于会计人员的职业判断。一般来说，重要性可以从质和量两个方面进行判断。从性质方面来说，若某会计事项发生可能对决策产生重大影响，则该事项属于具有重要性的事项；从数量方面来说，若某会计事项的发生达到一定数量或比例可能对决策产生重大影响，则该事项属于具有重要性的事项。

七、谨慎性

谨慎性，又称稳健性，是指在处理不确定性经济业务时应持谨慎态度，若一项经济业务有多种处理方法可供选择时，应选择不导致夸大资产、虚增利润的方法。在进行会计核算时，应当合理预计可能发生的损失和费用，而不应预计可能发生的收入和过高估计资产的价值。

谨慎性的要求体现于会计核算的全过程，应用广泛。例如，对应收账款提取坏账准备，就是对预计不能收回的货款先行作为本期费用，计入当期损益，以后确实无法收回时冲销坏账准备；固定资产采用加速折旧法等。

遵循谨慎性能够对企业存在的经营风险加以合理估计，对防范风险起到预警作用，有利于企业做出正确的经营决策，有利于保护投资者和债权人的利益，有利于提高企业在市场上的竞争能力。

八、及时性

及时性是指企业对于已经发生的交易或者事项，应当及时进行会计确认、计量和报告，不得提前或者延后。

信息若不及时报告，就可能失去其相关性。当然，及时提供可能会损坏可靠性，企业可能需要权衡及时报告与提供可靠信息的优缺点。为了及时提供信息，在没有全面了解某一交易或其他事项的信息之前做出报告，这就会损害可靠性。相反，若推迟到了解所有方面之后再报告，信息可能极为可靠，但是对于必须在事中决策的使用者来说，用处可能很小。要在相关性和可靠性之间达到平衡，决定性的问题是如何最佳地满足使用者的经济决策需要。

上述 8 项会计信息的质量要求，在会计实务中，常常需要在各特征之间权衡或取舍。其目的一般是为了达到质量要求之间的适当平衡，以便实现财务报告的目标。质量要求在不同情况下的相对重要性，属于会计人员的职业判断问题。

第三节

会计要素的确认与计量

会计信息的载体是财务报告，财务报告由会计要素组成，对会计要素进行报告之前必须进行会计要素的确认与计量，在对会计要素进行确认与计量时，必须遵循一定的要求。

一、会计要素的确认

确认是指决定将交易或事项中的某一项目作为一项会计要素加以记录和列入财务报告的过程，是财务会计的一项重要程序。确认主要解决某一个项目应否确认、如何确认和何时确认3个问题，它包括在会计记录中的初始确认和在财务报表中的最终确认。

凡是确认必须具备一定的条件。我国《企业会计准则——基本准则》中规定了会计要素的确认条件：

1. 初始确认条件

会计要素的确认条件主要包括：

（1）符合要素的定义。有关经济业务确认为一项要素，首先必须符合该要素的定义。

（2）有关的经济利益很可能流入或流出企业。此处的“很可能”表示经济利益流入或流出的可能性在50%以上。

（3）有关的价值以及流入或流出的经济利益能够可靠地计量。若不能可靠计量，确认就没有意义。

2. 在报表中列示的条件

经过确认、计量之后，会计要素应该在报表中列示。资产、负债和所有者权益在资产负债表中列示，收入、费用和利润在利润表中列示。

根据准则规定，在报表中列示的条件是：符合要素定义和要素确认条件的项目，才能列示在报表中，仅仅符合要素定义而不符合要素确认条件的项目，不能在报表中列示。

二、会计要素的计量

企业在将符合确认条件的会计要素登记入账并列报于会计报表及其附注时，应当按照规定的会计计量属性进行计量，确认金额。从本质上说，会计计量是基于金额的确认。会计计量属性主要包括：

1. 历史成本

历史成本又称为实际成本，是指取得或制造某项财产物资时实际支付的现金或者其他等价物。在历史成本计量下，资产按照购置时支付的现金或者现金等价物的金额，或者按照购置资产时所付出对价的公允价值计量。负债按照因承担现时义务而实际收到的款项或者资产的金额，或者承担现时义务的合同金额，或者按照日常活动中为偿还负债预期需要支付的现金或现金等价物的金额计量。

2. 重置成本

重置成本又称现行成本，是指按照当前市场条件，重新取得同样一项资产所需支付的现金或现金等价物金额。在重置成本计量下，资产按照现在购买相同或者相似资产所需支付的现金或者现金等价物的金额计量。负债按照现在偿付该项债务所需支付的现金或者现金等价物的金额计量。

3. 可变现净值

可变现净值，是指在正常生产经营过程中，以预计售价减去进一步加工成本和销售所必需的预计税金、费用后的净值。在可变现净值计量下，资产按照其正常对外销售所能收到现金或者现金等价物的金额扣减该资产至完工时估计将要发生的成本、估计的销售费用以及相关税费后的金额计量。

4. 现值

现值是指对未来现金流量以恰当的折现率进行折现后的价值，是考虑货币时间价值因素等的一种计量属性。在现值计量下，资产按照预计从其持续使用和最终处置中所产生的未来净现金流入量的折现金额计量。负债按照预计期限内需要偿还的未来净现金流出量的折现金额计量。

5. 公允价值

公允价值是指市场参与者在计量日发生的有序交易中，出售一项资产所能收到或者转移一项负债所需支付的价格。

如何更好理解这些定义，以资产为例，实际上可以这样理解：在某一个时点上对资产进行计量时，历史成本是该项资产取得时的公允价值；重置成本是这个时点上取得该项资产的公允价值；可变现净值是这个时点上出售该项资产的公允价值；现值是这个时点上，不重新购买，也不出售，继续持有会带来的经济利益的公允价值；公允价值是在任何时候只要是公平交易中双方愿意收到或支付的价值。

对 5 种计量属性的理解列示见表 3 -1：

表 3 -1　　5 种计量属性的理解

计量属性	对资产的计量	对负债的计量
历史成本	按照购置时的金额	按照承担现时义务时的金额
重置成本	按照现在购买时的金额	按照现在偿还时的金额
可变现净值	按照现在销售时的金额	—
现值	按照将来时的金额折现	
公允价值	是指市场参与者在计量日发生的有序交易中，出售一项资产所能收到或者转移一项负债所需支付的价格	

《企业会计准则——基本准则》第四十三条规定：“企业在对会计要素进行计量时，一般应当采用历史成本，采用重置成本、可变现净值、现值、公允价值计量的，应当保证所确定的会计要素金额能够取得并可靠计量。”这是对会计计量属性选择的一种限定

性条件，一般应当采用历史成本，若要用其他计量属性，必须保证金额能够取得并可靠计量。

第四节

收付实现制与权责发生制

收付实现制与权责发生制是确定收入和费用的两种不同的会计处理基础。

企业生产经营活动在时间上是持续不断的，不断地取得收入，不断地发生各种成本、费用，将收入和相关的费用相配比，就可以计算和确定企业生产经营活动所产生的利润（或亏损）。由于企业生产经营活动是连续的，而会计期间是人为划分的，导致一部分收入和费用的收支期间和归属期间不相一致。在处理该类经济业务时，可供选择的会计处理基础包括收付实现制和权责发生制两种。

一、收付实现制

收付实现制亦称现收现付制，是以款项实际收到或付出作为确定本期收入和费用的标准的一种会计处理基础。凡是本期实际收到的款项，不论其是否属于本期实现的收入，都作为本期的收入处理；凡是本期付出的款项，不论其是否属于本期负担的费用，都作为本期的费用处理。反之，凡本期没有实际收到款项和付出款项，即使应归属于本期，但也不作为本期收入和费用处理。

以下举例说明收付实现制下会计处理的特点。

[例 3－1] 企业于 7 月 10 日销售商品一批，7 月 25 日收到货款，存入银行。

分析：该笔销售收入由于在 7 月份收到了货款，按照收付实现制的处理标准，应作为 7 月份的收入入账。

[例 3－2] 企业于 7 月 10 日销售商品一批，8 月 10 日收到货款，存入银行。

分析：该笔销售收入虽然属于 7 月份销售的商品，但由于是在 8 月份收到货款，按照收付实现制的处理标准，则应将其作为 8 月份的收入入账。

[例 3－3] 企业于 7 月 10 日收到某购货单位一笔货款，存入银行，但按合同规定于 9 月份交付商品。

分析：该笔货款虽然属于 9 月份销售的商品，但由于是在 7 月份收到款项，按照收付实现制的处理标准，则应将其作为 7 月份的收入入账。

[例 3－4] 企业于 12 月 30 日以银行存款预付下一年度全年的保险费。

分析：该笔款项由于在本年 12 月份支付款项，按照收付实现制的处理标准，应将其作为本年 12 月份的费用入账。

[例 3－5] 企业于 12 月 30 日购入办公用品一批，但款项在下一年的 3 月份支付。

分析：该项支出由于款项是在下年 3 月份实际支付款项，按照收付实现制的处理标准，应将其作为来年 3 月份的费用入账。

[例 3－6] 企业于 12 月 30 日用银行存款支付本月水电费。

分析：该笔费用由于在本年12月份付款，按照收付实现制的处理标准，应作为本年12月份的费用入账。

从以上举例可以看出，无论收入的权利和支出的义务归属于哪一会计期间，只要款项的收付在本期，就应确认为本期的收入和费用，不考虑预收收入和预付费用，以及应计收入和应计费用的存在。到会计期末根据账簿记录确定本期的收入和费用，因为实际收到和付出的款项，必然已经登记入账，因此不存在期末调整账簿记录的问题。这种会计处理基础核算手续简单，但强调财务状况的切实性，不同时期缺乏可比性，主要适用于行政、事业单位。

二、权责发生制

《企业会计准则——基本准则》第九条指出："企业应当以权责发生制为基础进行会计确认、计量和报告。"

权责发生制亦称应收应付制，是指企业以收入的权利和支出的义务是否归属于本期为标准来确认收入、费用的一种会计处理基础。即：以应收应付为标准而不是以款项的实际收付为标准来确认本期的收入和费用。在权责发生制下，凡是属于本期实现的收入和发生的费用，不论款项是否实际收到或实际付出，都应作为本期的收入和费用入账；凡是不属于本期的收入和费用，即使款项在本期收到或付出，也不作为本期的收入和费用处理。由于它不考虑款项的收付，而以收入和费用是否归属本期为准，因此又称为应计制。

沿用上文所举例子加以说明：

在权责发生制下，[例3-1]与[例3-6]中收入与费用的归属期和款项的实际收付同属相同的会计期间，确认的收入与费用与收付实现制相同。

[例3-2]因为收款的权利在7月份就实现了，因此应作为7月份的收入；[例3-3]中情况因为7月份仅仅收到款项，并没有取得收款的权利，因此应作为9月份的收入。

[例3-4]因为付款的义务应在第二年，因此应作为第二年的费用。

[例3-5]因为12月份已经发生了付款的义务，因此应作为本年12月份的费用。

对于以上6种典型情况，在两种会计处理基础下的具体比较见表3-2。

表3-2 权责发生制与收付实现制的比较

	举例	权责发生制	收付实现制
例3-1情况	出租房屋的租金收入，1月份一次收讫上半年的租金	1月份：租金收入为半年收入的1/6；其余部分在1月份来看为预收收入	全部作为1月份的收入
例3-2情况	1月份把全年的报刊费一次付讫	1月份：报刊费仅为整笔支出的1/12；其余部分在1月份来看为预付费用	全部作为1月份的费用
例3-3情况	与购货单位签订合同，分别在1、2、3月份销售三批产品，货款于3月末一次结清	分别作为1、2、3月份的收入；1、2月份应收而未收的收入为应计收入	全部作为3月份的收入

续表

	举例	权责发生制	收付实现制
例 3-4 情况	1 月份向银行借入为期 3 个月的借款，利息到期即 3 月份一次偿还	分别作为 1、2、3 月份的费用；1、2 月份应付而未付的费用为应计费用	全部作为 3 月份的费用
例 3-5 情况	本期内收到的款项就是本期应获得的收入，本期内支付的款项就是本期应负担的费用，则按权责发生制和收付实现制确认收入和费用的结果是完全相同的		

习题与案例

一、单项选择题

1. 确定会计核算工作空间范围的前提条件是（　　）。

A. 会计主体　　B. 持续经营

C. 会计分期　　D. 货币计量

2. 企业的会计期间是（　　）。

A. 自然形成的　　B. 人为划分的

C. 一个周转过程　　D. 营业年度

3. 会计对各单位经济活动进行核算时，选作统一计量标准的是（　　）。

A. 劳动量度　　B. 货币量度

C. 实物量度　　D. 其他量度

4. 进行会计核算提供的信息应当以实际发生的经济业务为依据，如实反映财务状况和经营成果，这符合（　　）。

A. 历史成本原则　　B. 配比原则

C. 可靠性原则　　D. 可比性原则

5. 各企业单位处理会计业务的方法和程序在不同会计期间要保持前后一致，不得随意变更，这符合（　　）。

A. 相关性原则　　B. 可比性原则

C. 可理解性原则　　D. 重要性原则

6. 对应收账款在会计期末提取坏账准备金这一做法体现的原则是（　　）。

A. 配比原则　　B. 重要性原则

C. 谨慎性原则　　D. 可靠性原则

7. 按照收付实现制的要求，确定各项收入和费用归属期的标准是（　　）。

A. 实际发生的收支　　B. 实际收付的业务

C. 实际款项的收付　　D. 实现的经营成果

8. 企业于 4 月初用银行存款 1 200 元支付第二季度房租，4 月末仅将其中的 400 元计入本月费用，这符合（　　）。

A. 配比原则　　B. 权责发生制原则

C. 收付实现制原则　　D. 历史成本计价原则

二、多项选择题

1. 会计核算的基本前提包括（　　）。
A. 会计主体　　B. 持续经营
C. 会计分期　　D. 货币计量
E. 记账本位币

2. 会计主体前提条件解决并确定了（　　）。
A. 会计核算的空间范围　　B. 会计核算的时间范围
C. 会计核算的计量问题　　D. 会计为谁记账问题
E. 会计核算的标准质量问题

3. 下列属于保证会计信息质量要求的原则有（　　）。
A. 可靠性原则　　B. 可比性原则
C. 可理解性原则　　D. 谨慎性原则
E. 及时性原则

4. 按权责发生制原则要求，下列收入或费用应归属本期的有（　　）。
A. 对方暂欠的本期销售产品的收入　　B. 预付明年的保险费
C. 本月收回的上月销售产品的货款　　D. 尚未付款的本月借款利息
E. 摊销以前期已付款的报刊费

5. 可比性原则强调的一致包括（　　）。
A. 会计处理方法一致　　B. 企业前后期一致
C. 会计指标计算口径一致　　D. 横向企业间一致
E. 收入和费用一致

6. 按照收付实现制原则的要求，下列收入或费用应计入本期的有（　　）。
A. 本期提供劳务已收款　　B. 本期提供劳务未收款
C. 本期欠付的费用　　D. 本期预付后期的费用
E. 本期支付上期的费用

7. 会计确认的条件有（　　）。
A. 符合要素的定义　　B. 经济利益很可能流出或流入企业
C. 金额能够可靠计量　　D. 经济业务发生一定能带来经济利益
E. 必须能用公允价值计量

8. 会计计量的属性主要有（　　）。
A. 历史成本　　B. 公允价值
C. 可变现净值　　D. 现值
E. 重置成本

三、业务处理题

根据下列经济业务内容按权责发生制和收付实现制原则计算企业本月（7 月份）的收入和费用，填入下表中。

(1) 销售产品5 000元，货款存入银行；

(2) 销售产品10 000元，货款尚未收到；

(3) 付7～12月份的租金3 000元；

(4) 收到6月份应收的销货款8 000元；

(5) 收到购货单位预付货款4 000元，下月交货；

(6) 本月应付水电费400元，下月支付。

收入与费用的确认与计量

业务号	权责发生制		收付实现制	
	收 入	费 用	收 入	费 用
1				
2				
3				
4				
5				
6				

四、案例分析题

资料：某会计师事务所是由张新、李安合伙创建的，最近发生了下列经济业务，并由会计做了相应的处理：

1. 6月10日，张新从事务所出纳处拿了380元现金给自己的孩子购买玩具，会计将380元记为事务所的办公费支出，理由是：张新是事务所的合伙人，事务所的钱也有张新的一部分。

2. 6月15日，会计将6月1日至15日的收入、费用汇总后计算出半个月的利润，并编制了财务报表。

3. 6月20日，事务所收到某外资企业支付的业务咨询费2 000美元，会计没有将其折算为人民币反映，而直接记到美元账户中。

4. 6月30日，计提固定资产折旧，采用年数总和法，而本月前计提折旧均采用直线法。

5. 6月30日，事务所购买了一台电脑，价值12 000元，为了少计利润，少缴税，将12 000元一次性全部记入当期管理费用。

6. 6月30日，收到达成公司的预付审计费用3 000元，会计将其作为6月份的收入处理。

7. 6月30日，在事务所编制的对外报表中显示“应收账款”60 000元，但没有“坏账准备”项目。

8. 6月30日，预付下季度报刊费300元，会计将其作为6月份的管理费用处理。

要求：根据上述资料，分析该事务所的会计在处理这些经济业务时是否完全正确，若有错误，主要是违背了哪项会计假设或会计原则。

第四章

会计科目、账户与复式记账

【学习目标】

本章主要阐述会计核算方法体系中的设置会计科目与账户和复式记账重要核算方法。通过本章学习，使学生了解账户的基本结构、账户与会计科目的关系，以及企业常用会计科目的内容，理解复式记账的基本原理，能够运用借贷记账法处理简单的经济业务，重点掌握借贷记账法下记账符号的含义、账户的结构、记账规则等内容，以及总分类账户与明细分类账户平行登记的要点。

第一节 会计科目

一、会计科目的含义

会计科目是对会计要素的具体内容进行分类核算的项目，是会计要素的具体化。在开展会计核算工作之前，必须设置会计科目。

为了记录经济业务，提供会计信息，需要对会计对象按照一定的标志将其划分为若干个项目，称之为会计要素。这是对会计对象的第一次分类，也是最基本的分类。按照会计要素分类核算提供的资料，仍然难以满足会计信息使用者的需要。需要在会计要素的基础上进行再分类，以便分门别类的核算，提供信息使用者所需的会计信息。会计科目就是在会计对象划分为 6 大会计要素的基础上，对会计要素的具体内容所做的进一步分类。

二、设置会计科目的原则

由于会计科目在会计核算中具有重要作用，设置会计科目时必须遵循以下原则：

1. 统一性与实用性相结合原则

会计科目作为对会计对象具体内容即会计要素进行分类核算的项目，其设置应能保证全面、系统地反映会计要素的全部内容，不能有任何遗漏。同时，会计科目的设置还必须反映会计要素的特点。各会计主体除了需要设置各行各业的共性会计科目外，还应根据本单位经营活动的特点，设置相应的会计科目。例如，制造企业的主要经营活动是制造产品，因而需要设置反映生产耗费的会计科目。“生产成本”“制造费用”等会计科目，就是为适应这一特点而设置的。

2. 相关性原则

企业会计核算资料应能满足各方面的需要，满足政府部门加强宏观调控、制定方针政策的需要；满足投资者、债权人及有关方面对企业经营业绩和财务状况做出准确判断的需要；满足企业内部加强经营管理的需要。因此，在设置会计科目时要兼顾对外报告和企业内部经营管理的需要，并根据需要数据的详细程度，分设总分类会计科目和明细分类会计科目。总分类会计科目是对会计对象具体内容进行总括分类核算的会计科目，如“固定资产”“实收资本”等会计科目。它提供的是总括性指标，这些指标基本上能满足企业外部有关方面的需要。明细分类会计科目是对总分类会计科目的进一步分类，如在“库存商品”总分类会计科目下按照商品的类别或品名分设的明细分类会计科目，它提供的明细核算资料，主要为企业内部管理服务。

3. 灵活性与稳定性相结合原则

会计科目的设置，要适应社会经济环境的变化和本单位业务发展的需要。例如，随着商业信用的发展，为了核算和监督商品交易中的提前付款或延期交货而形成的债权债务关系，核算中应单独设置“预付账款”和“预收账款”账户，即把预收、预付货款的核算从“应收账款”和“应付账款”账户中分离出来。再如，随着投资性房地产市场的形成和发展，对企业用于出租的房地产和土地使用权以及持有以备增值后转让的土地使用权，有必要专设“投资性房地产”会计科目予以反映。但是，会计科目的设置应保持相对稳定，以便在一定范围内综合汇总和在不同时期对比分析其所提供的核算指标。

4. 明晰性原则

每个会计科目都应有特定的核算内容，各会计科目之间既有联系，又要有明确的界限，不能含糊不清。因此，在设置会计科目时，对每一个会计科目的特定核算内容必须严格地、明确地界定。总分类会计科目的名称应与国家有关会计制度的规定相一致，明细分类会计科目的名称也要涵义明确，通俗易懂。会计科目的数量和详略程度应根据企业规模的大小、业务的繁简和管理的需要而定。

三、会计科目的分类

（一）会计科目按经济业务内容分类

会计科目按经济内容的分类，有助于了解和掌握各会计科目核算的内容以及会计科目的性质，为以后正确运用会计账户反映经济业务引起会计要素的增减变化奠定基础。会计科目按经济内容分类分为资产类、负债类、共同类、所有者权益类、成本类和损益类。

资产类科目是指用于核算资产增减变化，提供资产类项目会计信息的会计科目，根据资产的流动性分为流动资产科目和非流动资产科目。

负债类科目是指用于核算负债增减变化，提供负债类项目会计信息的会计科目，根据负债的偿还期限分为流动负债科目和长期负债科目。

共同类科目是指可能具有资产的性质，也可能具有负债的性质的科目，其性质取决于科目核算的结果：当核算结果出现借方余额，就作为资产类科目；如果核算结果出现贷方余额，则作为负债类科目。

所有者权益类科目是指用于核算所有者权益增减变化，提供所有者权益项目会计信息的会计科目。

成本类科目是核算成本的发生和归集情况，提供成本相关会计信息的会计科目。

损益类科目是核算收入、费用的发生和归集，提供一定期间损益相关会计信息的会计科目，分为收入类科目和费用类科目。

现将制造企业的常用会计科目列示见表4－1。

（二）会计科目按提供核算指标的详细程度分类

1. 总分类科目

总分类科目亦称一级科目或总账科目。它是对会计要素的具体内容进行总括分类的账户名称，是进行总分类核算的依据，提供总括指标。总分类科目原则上由国家财政部统一制定，以会计核算制度的形式颁布实施。

2. 明细分类科目

明细分类科目是对总分类科目所含内容再作详细分类的会计科目。提供更加详细具体的指标。如在“应付账款”总分类科目下再按具体单位分设明细科目，具体反映应付单位的货款。

为了适应管理上的需要，当总分类科目下设置的明细科目太多时，可在总分类科目与明细分类科目之间增设二级科目（也称子目）。二级科目所提供指标的详细程度介于总分类科目和明细分类科目之间。例如，在“原材料”总分类科目下，可按材料的类别设置二级科目：“原料及主要材料”“辅助材料”“燃料”等。

综上所述，会计科目按提供指标详细程度，一般地讲分为三级，一级科目（总分类科目）、二级科目（子目）、三级科目（明细科目也称细目），总分类科目统辖下属若干个明细分类科目。现以“原材料”“生产成本”两个科目为例，将会计科目按其提供指标详细程度的分类列示见表4－2。

3. 总分类核算与明细分类核算

在实际工作中，为满足会计信息使用者的不同需求，各会计主体应分别按总分类科目开设总分类账户，按明细分类科目开设明细分类账户。总分类账户提供的是总括分类核算指标，因而一般只用货币计量；明细分类账户提供的是明细分类核算指标，因而，除用货币量度外有的还需要用实物量度（如吨、千克、件、台等），甚至有时候还需要区分不同的项目进行详细核算。对经济业务通过总分类账户进行的核算，称为总分类核算；通过有关明细分类账户进行的核算，称为明细分类核算。

表 4－1　　会计科目表

编　号	会计科目	编　号	会计科目
	一、资产类	2205	预收账款
1001	库存现金	2211	应付职工薪酬
1002	银行存款	2221	应交税费
1101	交易性金融资产	2231	应付利息
1121	应收票据	2232	应付股利
1122	应收账款	2241	其他应付款
1123	预付账款	2501	长期借款
1131	应收股利	2502	应付债券
1132	应收利息	2701	长期应付款
1221	其他应收款	2801	预计负债
1231	坏账准备		三、所有者权益类
1401	材料采购	4001	实收资本
1402	在途物资	4002	资本公积
1403	原材料	4003	其他综合收益
1404	材料成本差异	4101	盈余公积
1405	库存商品	4103	本年利润
1406	周转物资	4104	利润分配
1471	存货跌价准备		四、成本类
1511	长期股权投资	5001	生产成本
1512	长期股权投资减值准备	5101	制造费用
1501	持有至到期投资		五、损益类
1502	持有至到期投资减值准备	6001	主营业务收入
1503	可供出售金融资产	6051	其他业务收入
1601	固定资产	6101	公允价值变动损益
1602	累计折旧	6111	投资收益
1603	固定资产减值准备	6301	营业外收入
1604	在建工程	6401	主营业务成本
1606	固定资产清理	6402	其他业务成本
1701	无形资产	6403	税金及附加
1702	累计摊销	6601	销售费用
1703	无形资产减值准备	6602	管理费用
1801	长期待摊费用	6603	财务费用
1901	待处理财产损溢	6701	资产减值损失
	二、负债类	6711	营业外支出
2001	短期借款	6801	所得税费用
2201	应付票据	6901	以前年度损益调整
2202	应付账款		

表 4-2　　会计科目按提供指标详细程度的分类

总分类科目（一级科目）	明细分类科目	
	二级科目（子目）	明细科目（细目、三级科目）
原材料	原料及主要材料	圆钢 生铁
	辅助材料	润滑油 防锈剂
	燃料	汽油 柴油
生产成本	第一车间	甲产品 乙产品
	第二车间	丙产品 丁产品

第二节
会计账户

一、会计账户的含义

会计账户（以下简称账户）是指根据会计科目设置的，具有一定结构和格式，用来分类记录会计要素增减变动情况及其结果的载体。

依据会计科目设置账户，可以分类地、连续地记录经济业务增减变动情况，再通过整理和汇总等方法，反映会计要素的增减变动及其结果，从而提供各种有用的数据和信息。例如，为了核算和监督各项资产的增减变动，需要设置“库存现金”“银行存款”“原材料”“固定资产”等账户；为了核算和监督负债及所有者权益的增减变动，需要设置“短期借款”“应付账款”“长期借款”“实收资本”“资本公积”“盈余公积”等账户；为了核算和监督收入、费用和利润的增减变动，需要设置“主营业务收入”“生产成本”“管理费用”“本年利润”“利润分配”等账户。正确地设置和运用账户，可以将各种经济业务的发生情况，以及由此而引起的资产、负债、所有者权益、收入、费用和利润各要素的变化，系统地、分门别类地进行反映和监督，进而向会计信息使用者提供各种会计信息，这对于加强宏观、微观经济管理具有重要意义。

二、账户与会计科目的关系

账户与会计科目两者之间既有联系又有区别。会计科目与账户的共同点：都是分门别类地反映某项经济内容，即二者所反映的经济内容是相同的；账户是根据会计科目开设的，账户的名称就是会计科目。

会计科目与账户主要有以下两个方面的区别。第一，会计科目通常由国家统一规定，是各单位设置账户、处理账务所必须遵循的依据，而账户则由各会计主体自行设置，是会计核算的一个重要工具。第二，会计科目只表明某项经济内容，而账户不仅表明相同的经济内容，还具有一定的结构格式，并通过账户的结构反映某项经济内容的增减变动情况，即会计科目仅仅是会计要素具体内容进行分类的项目名称，而账户还具有一定的结构、格式。

由于账户是根据会计科目设置的，并按照会计科目命名，也就是说会计科目是账户的名称，两者的称谓及核算内容完全一致，因而在实际工作中，会计科目与账户常被作为同义语来理解，互相通用，不加区别。[①]

三、会计账户的分类

由于会计科目的名称就是账户的名称，会计科目规定的核算内容即为账户应记录和反映的经济内容，因而账户应该根据会计科目的分类相应地设置，即会计科目的分类同样适用于账户的分类。

按照账户核算的经济内容可将账户分为资产类账户、负债类账户、共同类账户、所有者权益类账户、成本类账户和损益类账户。注意，所有者权益类账户包含利润类账户，损益类账户则可分为收入类账户与费用类账户。

按照账户提供核算信息的详略程度可将账户分为总分类账户和明细分类账户，以便于分类、归集、总括和具体、详细地核算数据。相关内容可参照会计科目分类的相关内容。

四、账户的基本结构

如前所述，账户是用来记录经济业务，反映会计要素的具体内容增减变化及其结果的。因此，随着会计主体的经济业务不断发生，会计要素的具体内容也必然随之发生变化。但是这种变化不管多么错综复杂，从数量上看，不外乎增加和减少两种情况。因此，用来积累企业在某一会计期间内各种有关数据的账户，在结构上就对应可以分为两方，通常分为左方和右方。一方登记增加数，另一方则登记减少数。至于哪一方登记增加，哪一方登记减少，则由所采用的记账方法和所记录的经济内容而决定。这是账户的基本结构。

对于一个完整的账户而言，除了必须有反映增加数和减少数之外，还应包括其他栏目，以反映其他相关内容。即一个完整的账户结构应包括：

（1）账户名称，即会计科目；

（2）日期，即经济业务发生的时间；

（3）凭证字号，即账户记录的来源和依据；

（4）摘要，概括说明经济业务的内容；

（5）金额：即账户增加与减少的金额；

（6）余额方向：即余额所在的记账方向；

---

① 本教材对会计科目和账户概念的使用有时也并不严格加以区分。

（7）余额：说明账户在某一会计期间增减变化的结果。

账户的基本结构见表 4－3。

表 4－3 账户名称

年		凭证字号	摘要	增加金额	减少金额	余额方向	余额
月	日						

为了教学的方便，我们通常用一条水平线及其一条平分的垂直线来表示账户，称为“T”型账户（亦称丁字账户）。其简化结构如下：

账户名称(会计科目)

左方	右方

每个账户一般有 4 个金额要素，即期初余额、本期增加发生额、本期减少发生额和期末余额。账户如有期初余额，正常情况下，首先应在记录增加额的那一方登记，会计事项发生后，要将增减内容记录在相应的栏内。一定期间记录到账户增加方的数额合计，称为增加发生额；记录到账户减少方的数额合计，称为减少发生额。

因账户性质不同，其增加或减少金额记入不同的方向，分别列示两种基本简化结构如下：

第一种基本简化结构：

账户名称(会计科目)

左方	右方
期初余额 本期增加发生额	本期减少发生额
期末余额	

第二种基本简化结构：

账户名称(会计科目)

左方	右方
本期减少发生额	期初余额 本期增加发生额
	期末余额

以上两种结构的“T”形账户中，4 个金额之间的关系如下：

期末余额＝期初余额＋本期增加发生额－本期减少发生额

账户本期的期末余额转入下期，即为下期的期初余额。每个账户的本期发生额反映的是该类经济内容在本期内变动的情况，而期末余额则反映变动的结果。例如，某企业在某一期间“银行存款”账户的记录如下：

左方	账户名称（会计科目）		右方
期初余额	20 000		
本期增加额	12 000	本期减少额	21 000
	13 000		17 000
本期增加发生额合计	25 000	本期减少发生额合计	38 000
期末余额	7 000		

根据上述账户的记录，可知企业期初的银行存款为 20 000 元，本期增加了 25 000 元，本期减少了 38 000 元，期末企业银行存款的余额为 7 000 元，自然形成下期的期初余额。

第三节

复式记账原理

一、记账方法概述

为了有效反映和监督会计要素，各会计主体除了要按照规定的会计科目设置账户外，还应采用一定的记账方法。

记账方法是指按照一定的规则，使用一定的符号，在账户中登记各项经济业务的技术方法。记账方法经历了由单式记账法演变为复式记账法的过程。

（一）单式记账法

单式记账法是一种比较简单、不完整的记账方法。这种方法的主要特征是：对于每项经济业务，通常只登记库存现金和银行存款的收付，以及应收、应付款的结算，而不登记实物的收付；除了对于有关应收、应付款的现金收付业务需要在两个或两个以上账户中各自进行登记外，其他业务只在一个账户中登记或不予登记。例如，企业以库存现金 500 元支付办公费用。在单式记账法下，仅在库存现金账户中作减少 500 元的登记，至于费用的发生情况，则不予反映。又如，企业向某厂购入一批材料计价 1 000 元，货已收到，款尚未支付。在单式记账法下，也仅在结算债务账户中作增加 1 000 元的登记，对于增加的材料，不予登记。

采用单式记账法，对于有关应收、应付款的现金收付业务，虽然在登记现金账的同时也登记往来账，但现金账与往来账是各自单独反映，彼此没有直接的联系。

显然，单式记账法的优点是记账手续比较简单。但由于其账户的设置是不完整的，各个账户之间又互不联系，因此无法全面反映各项经济业务的来龙去脉，也不能正确核算成本和盈亏，更不便于检查账户记录的正确性。因此，这种记账方法只适用于经济业务简单的单位，目前已很少采用。

（二）复式记账法

复式记账法是指对任何一项经济业务，都必须以相等的金额在两个或两个以上相互联系的账户中进行登记，反映会计对象具体内容增减变化的一种记账方法。承上文，若企业以库存现金500元支付办公费用。在复式记账法下，除了必须在有关的库存现金账户中作减少500元的登记外，还需要同时在有关费用账户中作增加500元的记录。同理，若企业向某厂购入一批材料计价1 000元，货已收到，款尚未支付。在复式记账法下，除了必须在结算债务账户中作增加1 000元的登记外，还需要同时在有关的材料账户中作增加1 000元的记录。这种“复式”登记的结果，使经济业务的来龙去脉一目了然。

复式记账法的主要特征是：需要设置完整的账户体系，除了库存现金、银行存款账户等外，还需要设置实物性资产以及收入、费用和各种权益类账户；不仅记录货币资金的收付和债权债务的发生，而且要对所有财产和全部权益的增减变化，以及经营过程中所发生的费用和获得的收入做全面、系统的反映；对每项经济业务，都要在两个或两个以上的账户中进行等额双重或多重记录；根据会计等式的平衡关系，可以对一定时期所发生的全部经济业务的会计记录进行综合试算，以检查账户记录是否正确。

二、复式记账的理论依据和基本原则

（一）复式记账的理论依据

企业发生的所有经济业务无外乎涉及资金增加和减少两个方面，并且某项资金在量上的增加或减少，一定与另一项资金在量上的增加或减少相伴而生。换言之，在资金运动中，一部分资金的减少或增加，总是有另一部分资金的增减变动作为其变化的原因。因此，会计在记账时，必须要把每项经济业务所涉及的资金增减变化的原因和结果都记录下来，从而完整、全面地反映经济业务所引起的资金运动的来龙去脉。复式记账方法把每一项经济业务所涉及的资金在量上的增减变化，通过两个或两个以上账户的记录予以全面反映，适应了资金运动的这一规律性的客观要求。可见，资金运动的内在规律性是复式记账的理论依据。

（二）复式记账的基本原则

第一，以会计等式作为记账基础。会计等式是将会计对象的具体内容即会计要素之间的相互关系，运用数学方程式的原理进行描述而形成的。它是客观存在的必然经济现象，同时也是资金运动规律的具体化。为了揭示资金运动的内在规律性，复式记账必须以会计等式作为其记账基础。

第二，对每项经济业务，必须在两个或两个以上相互联系的账户中进行等额记录。经济业务的发生，必然要引起资金的增减变动，这种变动势必导致会计等式中至少有两个要素或同一要素中至少两个项目发生等量变动。为反映这种等量变动关系，会计上就必须在两个或两个以上账户中进行等额双重记录。

第三，必须按经济业务对会计等式的影响类型进行记录。尽管企业单位发生的经济业务复杂多样，但对会计等式的影响无外乎两种类型：一类是影响会计等式等号两边会计要素同时发生变化的经济业务，该类业务能够变更企业资金总额，会使会计等式等号两边等额同增或等额同减；另一类是影响会计等式等号某一边会计要素发生变化的经济业务，该类业务不变更企业资金总额，只会使会计等式等号某一边等额的有增有减。这就决定了会计上对第一类经济业务，应在等式两边的账户中等额记同增或同减；对第二类经济业务，应在等式某一边的账户中等额记有增有减。

第四，定期汇总的全部账户记录必须平衡。通过复式记账的每笔经济业务的双重等额记录，定期汇总的全部账户的数据必然会保持会计等式的平衡关系。

三、复式记账的作用

通过以上分析可知，复式记账利用数学方程式的平衡原理来记录经济业务，这样登记的结果，能够把所有经济业务相互联系地、全面地记入有关账户之中，从而使账户能够全面地、系统地反映和监督经济活动的过程和结果，能够提供经营管理所需要的数据资料。同时，由于每笔账户记录，都是相互对应地反映每项经济业务所引起的资金运动的来龙去脉，因此，应用复式记账法，还可以通过有关账户之间的关系了解经济业务的内容，检查经济业务是否合理合法。此外，根据复式记账必然相等的平衡关系，通过全部账户记录结果的试算平衡，还可以检查账户记录有无差错。

综上所述，复式记账法相比单式记账法有较为明显的优势，是世界各国公认的一种科学的记账方法。目前，我国的企业和行政、事业单位采用复式记账法。本书只阐述复式记账中借贷记账法的有关内容。

第四节

借贷记账法

一、借贷记账法的含义

借贷记账法是以“借”和“贷”作为记账符号的一种复式记账方法。记账符号，是会计核算中采用的一种抽象标记，借贷记账法下，“借”和“贷”两字并不表示原有的字面涵义，而是单纯的记账符号，其表示经济业务的增减变动和记账方向，成为会计的专门术语。借贷记账法以“借”和“贷”作为记账符号，“借”（英文简写 Dr）表示记入账户的借方；“贷”（英文简写 Cr）表示记入账户的贷方。

在借贷记账法下，“借”和“贷”两个符号对会计等式两边的会计要素规定了相反的涵义，即抽象地看，无论是“借”还是“贷”都既表示增加，又表示减少。具体结合前述的扩展会计等式“资产 + 费用 = 负债 + 所有者权益 + 收入”，则“借”表示会计等式左边的资产、费用类账户的增加，以及会计等式右边的负债、所有者权益、收入和利润类账户的减少；“贷”表示会计等式左边的资产、费用类账户的减少，以及会计等式右边的负债、所有者权益、收入和利润类账户的增加。

二、借贷记账法的账户结构

在借贷记账法下，任何账户都分为“借”和“贷”两方。左方称为“借方”，账户的右方称为“贷方”。记账时，账户的借贷两方必须做相反方向的记录，即对于每一个账户来说，若借方用来登记增加额，则贷方用来登记减少额；若借方用来登记减少额，则贷方用来登记增加额。在一个会计期间内，借方登记的合计数称为借方发生额；贷方登记的合计数称为贷方发生额。那么，究竟哪一方用来登记增加额，哪一方用来登记减少额呢？这要根据各个账户所反映的经济内容，也就是它的性质来决定。

以下分别说明借贷记账法下各类账户的结构①：

（一）资产类账户的结构

资产类账户的结构是：借方登记资产的增加额，贷方登记资产的减少额。由于资产的减少额一般不可能大于它的期初余额与本期增加额之和，因此，该类账户期末如有余额，一般在借方。该类账户期末余额的计算公式如下：

资产类账户期末借方余额＝期初借方余额＋本期借方发生额－本期贷方发生额

资产类账户的简化结构如下所示：

借方		资产类账户	贷方
期初余额	×××		
本期增加额	×××	本期减少额	×××
本期借方发生额	×××	本期贷方发生额	×××
期末余额	×××		

（二）负债及所有者权益类账户的结构

由“资产＝负债＋所有者权益”的会计等式所决定，负债及所有者权益类账户的结构与资产类账户正好相反，其贷方登记负债及所有者权益的增加额，借方登记负债及所有者权益的减少额；由于负债及所有者权益的增加额与期初余额之和，通常也要大于其本期减少额，因此，该类账户期末如有余额，一般在贷方。该类账户期末余额的计算公式如下：

负债及所有者权益类账户期末贷方余额＝期初贷方余额＋本期贷方发生额－本期借方发生额

负债及所有者权益类账户的简化结构如下所示：

借方	负债及所有者权益类账户		贷方
		期初余额	×××
本期减少额	×××	本期增加额	×××
本期借方发生额	×××	本期借方发生额	×××
		期末余额	×××

（三）成本类账户的结构

成本类账户的结构与资产类账户的结构基本相同。即成本类账户的借方登记成本费用的增加额，贷方登记成本费用的减少（结转、转销）额。其中，成本类账户中的“制造费用”账户，由于在会计期末要把汇集的各项费用按照一定的标准分配转入“生产成本”账户中去，所以“制造费用”账户通常期末无余额，“生产成本”账户期末若有余额应在借方，表示尚未完工的产品应负担的成本。其账户的简化结构如下：

① 由于共同类的账户多为金融、保险、投资、基金等公司使用，本书不予以介绍。

借方	成本类账户		贷方
期初余额	×××		
本期增加额	×××	本期减少额	×××
本期借方发生额	×××	本期贷方发生额	×××
期末余额	×××		

（四）损益类账户的结构

1. 收入类账户的结构

收入类账户的结构与负债及所有者权益类账户相类似，账户的贷方登记收入的增加额，借方登记收入的减少（转销）额；由于贷方登记的收入增加额一般要通过借方转出，收入类账户通常期末无余额。其简化结构如下所示：

借方	收入类账户		贷方
本期减少额	×××	本期增加额	×××
本期借方发生额	×××	本期贷方发生额	×××

2. 费用类账户的结构

企业在生产经营中所发生的各种耗费，大多由资产转化而来，因此，费用在抵消收入之前，可将其视为一种特殊资产。费用类账户的结构与资产类账户基本相同，账户的借方登记费用的增加额，贷方登记费用的减少（转销）额；由于借方登记的费用增加额一般都要通过贷方转出，费用类账户通常期末无余额。其简化结构如下：

借方	费用类账户		贷方
本期增加额	×××	本期减少额	×××
本期借方发生额	×××	本期贷方发生额	×××

依据上述分析，可将借贷记账法下各类账户的结构，归纳见表4－4。

表4－4　　借贷记账法下各类账户结构

账户类别	借　方	贷　方	余额方向
资产类	增加	减少	一般余额在借方
负债类	减少	增加	一般余额在贷方
所有者权益类	减少	增加	一般余额在贷方
成本类	增加	减少	一般余额在借方
收入类	减少（转销）	增加	一般无余额
费用类	增加	减少（转销）	一般无余额

由此可见，借贷记账法下各类账户的期末余额都在记录增加额的一方，即资产类账户的期末余额在借方，负债及所有者权益类账户的期末余额在贷方。基于此，可以得出结论：根据账户余额所在的方向，也可判断账户的性质。即账户若是借方余额，则为资产（包括有余额的成本）类账户；账户若是贷方余额，则为负债或所有者权益（包括利润）类账户。借贷记账法的这一特点，决定了它可以设置双重性质账户。

双重性质账户是指既可以用来核算资产、费用，又可以用来核算负债、所有者权益和收入的账户。如“公允价值变动损益”“待处理财产损溢”“投资收益”等。由于任何一个双重性质账户都是把原来的两个有关账户合并在一起，并具有合并前两个账户的功能，因此，设置双重性质账户，有利于简化会计核算手续。

三、借贷记账法的记账规则

以下通过几笔简单的经济业务实例，说明借贷记账法的具体运用，进而总结出借贷记账法的记账规则（亦称记账规律）。

在运用借贷记账法的记账规则登记经济业务事项时，一般按照以下步骤进行：第一步，分析所发生的经济业务涉及哪些账户的金额变化；第二步，判断所涉及账户的金额变化是增加还是减少；第三步，根据不同性质账户的结构确定所变化金额的记账方向，即记入哪些账户的借方，记入哪些账户的贷方。以下举例说明。

[例 4－1] 华联公司收到某单位投入的资本 800 000 元存入银行。

该项经济业务一方面使企业的资产——银行存款增加，应记入“银行存款”账户的借方；另一方面使所有者权益——实收资本增加，应记入“实收资本”账户的贷方。其登账结果如下：

借	银行存款		贷
期初余额	300 000①		
(1)	800 000		
①			

借	实收资本		贷
		期初余额	500 000
		(1)	800 000

[例 4－2] 华联公司用银行存款 100 000 元偿还前欠某企业账款。

该项经济业务一方面使企业的资产——银行存款减少，应记入“银行存款”账户的贷方；另一方面使企业的负债——应付账款减少，应记入“应付账款”账户的借方。其登账结果如下：

借	银行存款		贷
期初余额	300 000	(2)	100 000
(1)	800 000		

借	应付账款		贷
(2)	100 000	期初余额	80 000

[例 4－3] 华联公司用银行存款 200 000 元购入一辆经营运输用卡车。

该项经济业务一方面使企业资产——固定资产增加，应记入“固定资产”账户的借方；另一方面使企业资产——银行存款减少，应记入“银行存款”账户的贷方。其登账结果如下：

借	银行存款		贷
期初余额	300 000	(2)	100 000
(1)	800 000	(3)	200 000

借	固定资产		贷
期初余额	500 000		
(3)	200 000		

[例 4－4] 华联公司将资本公积金 160 000 元按法定程序转增资本。

---

① 华联公司各个账户的期初余额假定均为已知，下同。

该项经济业务一方面使所有者权益——资本公积减少，应记入“资本公积”账户的借方；另一方面使所有者权益——实收资本增加，应记入“实收资本”账户的贷方。其登账结果如下：

借	实收资本		贷
		期初余额	500 000
		(1)	800 000
		(4)	160 000

借	资本公积		贷
(4)	160 000	期初余额	120 000

[例 4－5] 华联公司签发并承兑一张面额 40 000 元，为期 1 个月的商业汇票，用以抵付应付账款。

该项经济业务一方面使企业的负债——应付账款减少，应记入“应付账款”账户的借方；另一方面使企业的负债——应付票据增加，应记入“应付票据”账户的贷方。其登账结果如下：

借	应付账款		贷
(2)	100 000	期初余额	80 000
(5)	40 000		

借	应付票据		贷
		(5)	40 000

从以上所举的几个例子可以看出，每一项经济业务发生之后，运用借贷记账法进行账务处理，都必须是在记入某一个账户借方的同时记入另一个账户的贷方，而且记入借、贷方的金额总是相等的。由此可见，借贷记账法的记账规则是：“有借必有贷，借贷必相等。”

四、账户对应关系和会计分录

（一）账户对应关系

运用复式记账法处理经济业务，一笔业务所涉及的几个账户之间必然存在着某种相互依存的对应关系，这种关系称为账户对应关系。存在着对应关系的账户称为对应账户。由于账户对应关系，反映了每项经济业务的内容，以及由此而引起的资金运动的来龙去脉，因此，在采用借贷记账法登记某项经济业务时，应先通过编制会计分录来确定其所涉及的账户及其对应关系，从而保证账户记录的正确性。

（二）会计分录

1. 会计分录的概念

所谓会计分录（简称分录），是指预先确定每笔经济业务所涉及的账户名称，以及记入账户的方向和金额的一种记录。会计分录是会计语言的表达方式。

编制会计分录是会计工作的初始阶段，在实际工作中，该项工作一般是通过编制记账凭证来完成的。编制会计分录，就意味着对经济业务的会计确认完毕，实现了会计从提供经济信息向提供会计信息的质变。

2. 会计分录的三要素

记账符号（“借”和“贷”）、对应账户名称、记账金额三项要素，缺一不可。

3. 会计分录的编制步骤

（1）对经济业务进行确认，判定涉及的账户及增减变化；

（2）判定账户的性质，确定该记入借方还是贷方；

（3）根据借贷记账法的规则，确认各账户的入账金额；

（4）编制完整的会计分录，并检查应借应贷账户是否正确，借贷金额是否相等。

4. 会计分录的格式

会计分录的书写格式为："先借后贷，借贷分行；上借下贷，借贷平衡"。具体要求为：

（1）用记账符号"借"和"贷"分别表示借方和贷方，借方记录和贷方记录要分行写，先写借方记录再写贷方记录；

（2）借方在上，贷方在下，每一个账户名称各占一行，贷方的记账符号、账户名称、记账金额都要比借方退后一格，表明借方在左，贷方在右。复合分录要求同方向的文字和金额数字必须对齐；

（3）记账符号"借"和"贷"与账户名称之间用"："分开，之后紧跟着填写账户名称，账户名称与记账金额之间需空格。账户名称要正确完整，金额数字要准确；

（4）金额单位默认为"元"，借方金额的合计数与贷方金额的合计数必须相等。

5. 会计分录的分类

会计分录按照所涉及账户的多少，分为简单会计分录和复合会计分录。

简单分录是指一个账户的借方只同一个账户的贷方发生对应关系的会计分录，也就是说，一笔经济业务发生，只涉及一个借方科目和一个贷方科目的会计分录，即一借一贷的会计分录。

复合分录是指由两个以上（不含两个）的对应账户所组成的会计分录，即一借多贷、一贷多借或多借多贷的会计分录。复合分录也可以分解成几个简单分录。

需要注意的是，为了保持账户对应关系的清楚，一般不宜把不同经济业务合并在一起，编制多借多贷的会计分录。但在某些特殊情况下为了反映经济业务的全貌，也可以编制多借多贷的会计分录。

以例 4－1 至例 4－5 的经济业务为例，编制对应的会计分录如下：

（1）借：银行存款　　800 000
　　　贷：实收资本　　　800 000

（2）借：应付账款　　100 000
　　　贷：银行存款　　　100 000

（3）借：固定资产　　200 000
　　　贷：银行存款　　　200 000

（4）借：资本公积　　160 000
　　　贷：实收资本　　　160 000

（5）借：应付账款　　40 000
　　　贷：应付票据　　　40 000

以上每笔会计分录，都只有一"借"一"贷"，属于简单会计分录。编制复合会计分录，能简化记账手续，又能集中反映某项经济业务的全面情况。举例说明如下：

［例 4－6］ 华联公司购进原材料 30 000 元，其中 20 000 元货款已用银行存款付讫，

余款10 000元尚未支付（暂不考虑增值税）。

该项经济业务一方面使企业资产——原材料增加，应记入“原材料”账户的借方；另一方面使企业的资产——银行存款减少，以及企业的负债——应付账款增加，应记入“银行存款”和“应付账款”账户的贷方。其会计分录为：

借：原材料　　30 000
　　贷：银行存款　　20 000
　　　　应付账款　　10 000

［**例4-7**］华联公司以银行存款60 000元，偿还银行短期借款40 000元和前欠某单位货款20 000元。

该项经济业务一方面使企业资产——银行存款减少，应记入“银行存款”账户的贷方；另一方面使企业的负债——短期借款和应付账款减少，应记入“短期借款”和“应付账款”账户的借方。其会计分录为：

借：短期借款　　40 000
　　应付账款　　20 000
　　贷：银行存款　　60 000

五、借贷记账法的试算平衡

所谓借贷记账法的试算平衡，是指根据会计等式的平衡原理，按照记账规则的要求，通过汇总计算和比较，来检查账户记录的正确性、完整性。

采用借贷记账法，由于对任何经济业务都是按照“有借必有贷，借贷必相等”的记账规律记入各有关账户，因此不仅每一笔会计分录借贷发生额相等，而且当一定会计期间的全部经济业务都记入相关账户后，所有账户的借方发生额合计数必然等于贷方发生额合计数；同时，期末结账后，全部账户借方余额合计数也必然等于贷方余额合计数。因此，通过所有账户借贷两方本期发生额和期末余额的试算，若借贷两方金额相等，则可以认为账户记录基本正确；反之，若借贷两方金额不相等，则表明账户记录已发生错误。借贷记账法下，账户发生额及余额的试算平衡计算公式分别为：

全部账户借方发生额合计＝全部账户贷方发生额合计

全部账户借方余额合计＝全部账户贷方余额合计

试算平衡工作，一般是在月末结出各个账户的本月发生额和月末余额后，通过编制总分类账户发生额试算平衡表和总分类账户余额试算平衡表来进行的。现将以上所举华联公司的7笔经济业务记入有关总分类账户，并结出各账户本期发生额和期末余额，分别编制总分类账户发生额试算平衡表（表4-5）和总分类账户余额试算平衡表（表4-6）如下：

银行存款

期初余额	600 000	(2)	100 000
(1)	800 000	(3)	200 000
		(6)	20 000
		(7)	60 000
本期发生额	800 000	本期发生额	380 000
期末余额	1 020 000		

原材料

(6)	30 000		
本期发生额	30 000	本期发生额	0
期末余额	30 000		

固定资产

期初余额	1 000 000		
(3)	200 000		
本期发生额	200 000	本期发生额	0
期末余额	1 200 000		

短期借款

(7)	40 000	期初余额	200 000
本期发生额	40 000	本期发生额	0
		期末余额	160 000

应付账款

(2)	100 000	期初余额	160 000
(5)	40 000	(6)	10 000
(7)	20 000		
本期发生额	160 000	本期发生额	10 000
		期末余额	10 000

应付票据

		(5)	40 000
本期发生额	0	本期发生额	40 000
		期末余额	40 000

实收资本

		期初余额	1 000 000
		(1)	4800 000
		(4)	160 000
本期发生额	0	本期发生额	960 000
		期末余额	1 960 000

资本公积

(4)	160 000	期初余额	240 000
本期发生额	160 000	本期发生额	0
		期末余额	80 000

表 4－5

总分类账户发生额试算平衡表

2017 年 10 月 31 日

账户名称	本期发生额	
	借　方	贷　方
银行存款	800 000	380 000
原材料	30 000	
固定资产	200 000	
短期借款	40 000	
应付账款	160 000	10 000
应付票据		40 000
实收资本		960 000
资本公积	160 000	
合　　计	1 390 000	1 390 000

表 4－6

总分类账户余额试算平衡表

2017 年 10 月 31 日

账户名称	期末余额	
	借　方	贷　方
银行存款	1 020 000	
原材料	30 000	
固定资产	1 200 000	
短期借款		160 000

续表

账户名称	期末余额	
	借　方	贷　方
应付账款		10 000
应付票据		40 000
实收资本		1 960 000
资本公积		80 000
合　计	2 250 000	2 250 000

在实际工作中，为了方便起见，还可将总分类账户发生额试算平衡表和总分类账户余额试算平衡表合并在一起，并结合各账户的期初余额数，编制总分类账户发生额及余额试算平衡表（见表4－7）。这样，在一张表上既可进行总分类账户借贷发生额平衡的试算，又能进行总分类账户借贷余额平衡的试算。

表4－7　　总分类账户发生额及余额试算平衡表

2017年10月31日

账户名称	期初余额		本期发生额		期末余额	
	借　方	贷　方	借　方	贷　方	借　方	贷　方
银行存款	600 000		800 000	380 000	1 020 000	
原材料			30 000		30 000	
固定资产	1 000 000		200 000		1 200 000	
短期借款		200 000	40 000			160 000
应付账款		160 000	160 000	10 000		10 000
应付票据				40 000		40 000
实收资本		1 000 000		960 000		1 960 000
资本公积		240 000	160 000			80 000
合　计	1 600 000	1 600 000	1 390 000	1 390 00	2 250 000	2 250 000

必须指出，即使试算平衡表中借贷金额相等，也不足以说明账户记录完全没有错误。有些错误并不影响借贷双方的平衡，通过试算也就无法发现，如漏记或重记某项经济业务、借贷记账方向彼此颠倒或方向正确但记错了账户等等。因此，根据试算平衡的结果，只能确认账户记录是否基本正确。

第五节

总分类账户和明细分类账户

一、总分类账户和明细分类账户的设置

在会计核算工作中，为了适应经济管理的需要，对于一切经济业务都要在有关账户

中进行登记，既要提供总括的核算资料，又要提供详细的核算资料。各会计主体日常使用的账户，按其提供资料的详细程度不同，可以分为总分类账户和明细分类账户两种。

总分类账户（亦称一级账户）是按照总分类科目设置，仅以货币计量单位进行登记，用来提供总括核算资料的账户。前面举例中的账户，都是总分类账户。通过总分类账户提供的各种总括核算资料，可以概括地了解一个会计主体各项资产、负债及所有者权益等会计要素增减变动的情况和结果。但是，总分类账户并不能提供关于各项会计要素增减变动过程及其结果的详细资料，也就难以满足经济管理的具体需要。因此，各会计主体在设置总分类账户的同时，还应根据实际需要，在某些总分类账户的统驭下，分别设置若干明细分类账户。

明细分类账户是按照明细分类科目设置，用来提供详细核算资料的账户。例如，为了具体了解各种材料的收、发、结存情况，就有必要在"原材料"总分类账户下，按照材料的品种分别设置明细分类账户；为了具体掌握企业与各往来单位之间的货款结算情况，就应在"应付账款"总分类账户下，按各债权单位的名称分别设置明细分类账户等等。在明细分类账户中，除了以货币计量单位进行金额核算外，必要时还要运用实物计量单位等进行详细核算，以便通过提供更为详细的资料，对总分类账户进行必要的补充。

除了总分类账户和明细分类账户以外，各会计主体还可根据实际需要设置二级账户。二级账户是介于总分类账户和明细分类账户之间的一种账户。它提供的资料比总分类账户详细、具体，但又比明细分类账户概括与综合。例如，在"原材料"总分类账户下，可以先按原料及主要材料、辅助材料、燃料等材料类别设置若干二级账户，其下再按材料的品种等设置明细分类账户。设置二级账户后，总分类账户可以把它作为中间环节来控制所属明细分类账户，这对于加强经营管理有一定的作用，但也会增加核算工作量。因此，二级账户一般不宜多设，必要时也可不设。在不设置二级账户的情况下，所需数据可根据有关明细分类账户的记录汇总求得。①

二、总分类账户与明细分类账户的平行登记

总分类账户是所属明细分类账户的统驭账户，对所属明细分类账户起着控制作用；明细分类账户则是某一总分类账户的从属账户，对其所隶属的总分类账户起着辅助作用。某一总分类账户及其所属明细分类账户的核算对象是相同的，它们所提供的核算资料互相补充，只有把二者结合起来，才能既总括又详细地反映同一核算内容。因此，总分类账户和明细分类账户必须平行登记。

平行登记是指对企业所发生的每项经济业务都要以会计凭证为依据，一方面记入有关总分类账户，另一方面记入所属明细分类账户的方法。

（一）总分类账户与明细分类账户平行登记的要点

（1）内容相同。凡在总分类账户下设有明细分类账户的，对于每一项经济业务，一方面要记入有关总分类账户，另一方面要记入各总分类账户所属的明细分类账户。

（2）期间一致。发生的经济业务，记入总分类账户和所属明细分类账户的具体时

① 为便于初学者学习，本书举例只对部分总分类账户设置二级账户。

间可以有先后，但应在同一个会计期间记入总分类账户和所属明细分类账户。

（3）方向相同。在某一总分类账户及其所属的明细分类账户中登记经济业务时，方向必须相同。即在总分类账户中记入借方，在它所属的明细分类账户中也应记入借方；在总分类账户中记入贷方，在其所属的明细分类账户中也应记入贷方。

（4）金额相等。记入某一总分类账户的金额必须与记入其所属的一个或几个明细分类账户的金额合计数相等。

（二）总分类账户与明细分类账户平行登记的方法

下面分别以“原材料”和“应付账款”两个账户为例，说明总分类账户和明细分类账户平行登记的方法。

1. “原材料”总分类账户和明细分类账户的平行登记

假设华夏公司“原材料”总分类账户所属明细分类账户的期初余额为：

甲种材料	50吨	每吨300元	共计15 000元
乙种材料	200件	每件400元	共计80 000元
合　计			95 000元

该企业本期有关材料的收入和发出业务如下：

[例4-8] 购入下列各种原材料，货已验收入库，款项尚未支付（暂不考虑增值税）。

甲种材料	40吨	每吨300元	共计12 000元
乙种材料	100件	每件400元	共计40 000元
丙种材料	20箱	每箱500元	共计10 000元
合　计			62 000元

对于该项经济业务，应编制会计分录如下：

借：原材料——甲种材料	12 000	
原材料——乙种材料	40 000	
原材料——丙种材料	10 000	
贷：应付账款		62 000

[例4-9] 仓库发出下列各种材料直接用于产品生产。

甲种材料	60吨	每吨300元	共计18 000元
乙种材料	150件	每件400元	共计60 000元
丙种材料	8箱	每箱500元	共计 4 000元
合　计			82 000元

对于该项经济业务，应编制会计分录如下：

借：生产成本	82 000	
贷：原材料——甲种材料		18 000
原材料——乙种材料		60 000
原材料——丙种材料		4 000

根据以上资料，在“原材料”总分类账户及其所属的“甲种材料”“乙种材料”和“丙种材料”三个明细分类账户中进行登记的程序如下：

（1）将原材料的期初余额95 000元，记入“原材料”总分类账户的借方；同时，在“甲种材料”和“乙种材料”明细分类账户的收入方（即借方）分别登记甲、乙两种材料的期初结存数量和金额，并注明计量单位和单价。

（2）将本期入库的材料总额62 000元，记入“原材料”总分类账户的借方；同时，将入库的甲、乙、丙三种材料的数量、金额分别记入有关明细分类账户的收入方（即借方）。

（3）将本期发出的材料总额82 000元，记入“原材料”总分类账户的贷方；同时，将发出的甲、乙、丙三种材料的数量、金额分别记入有关明细分类账户的发出方（即贷方）。

（4）期末，根据“原材料”总分类账户和有关明细分类账户的记录，结出本期发生额和期末余额。

按照上述步骤，在“原材料”总分类账户及其所属的明细分类账户中进行登记的结果，见表4-8、表4-9、表4-10和表4-11。

表4-8 **总分类账户**

账户名称：原材料

2017年		摘　　要	借　　方	贷　　方	借或贷	余　　额
月	日					
		期初余额			借	95 000
		购入材料	62 000		借	157 000
		发出材料		82 000	借	75 000
		本期发生额及余额	62 000	82 000	借	75 000

表4-9 **“原材料”明细分类账户**

材料名称：甲种材料

2017年	要	计量单位	单价	收　　入		发　　出		余　　额	
月　日				数量	金额	数量	金额	数量	金额
	期初余额	吨	300					50	15 000
	购入材料	吨	300	40	12 000			90	27 000
	发出材料	吨	300			60	18 000	30	9 000
	发生额及余额	吨	300			60	18 000	30	9 000

表4-10 **“原材料”明细分类账户**

材料名称：乙种材料

2017年		摘　　要	计量单位	单价	收　　入		发　　出		余　　额	
月	日				数量	金额	数量	金额	数量	金额
		期初余额	件	400					200	80 000
		购入材料	件	400	100	40 000			300	120 000
		发出材料	件	400			150	60 000	150	60 000
		发生额及余额	件	400	100	40 000	150	60 000	150	60 000

表 4-11 “原材料”明细分类账户

材料名称：丙种材料

2017 年		摘 要	计量单位	单价	收 入		发 出		余 额	
月	日				数量	金额	数量	金额	数量	金额
		购入材料	箱	500	20	10 000			20	10 000
		发出材料	箱	500			8	4 000	12	6 000
		发生额及余额	箱	500	20	10 000	8	4 000	12	6 000

从以上“原材料”总分类账户及其所属明细分类账户平行登记的结果中可以看出，“原材料”总分类账户的期初余额 95 000 元，借方本期发生额 62 000 元，贷方本期发生额 82 000 元，期末余额 75 000 元，分别与其所属的三个明细分类账户的期初余额之和 95 000 元（15 000 + 80 000），借方本期发生额之和 62 000 元（12 000 + 40 000 + 10 000），贷方本期发生额之和 82 000 元（18 000 + 60 000 + 4 000），以及期末余额之和 75 000 元（9 000 + 60 000 + 6 000）完全相等。

2. “应付账款”总分类账户及其所属明细分类账户的平行登记

假设华夏公司“应付账款”总分类账户所属明细分类账户的期初余额为：

新华工厂	30 000 元
光明工厂	6 000 元
长风工厂	4 000 元
合 计	40 000 元

该企业本期发生以下往来结算业务：

[例 4-10] 企业以银行短期借款直接偿还前欠新华工厂货款 26 000 元、光明工厂货款 4 000 元。

对于该项经济业务，应编制会计分录如下：

借：应付账款——新华工厂 26 000

　　应付账款——光明工厂 4 000

　　贷：短期借款 30 000

[例 4-11] 向下列单位购入材料，货款尚未支付。

新华工厂	12 000
光明工厂	40 000
长风工厂	10 000
合 计	62 000

对于该项经济业务，应编制会计分录如下：

借：原材料 62 000

　　贷：应付账款——新华工厂 12 000

　　　　应付账款——光明工厂 40 000

　　　　应付账款——长风工厂 10 000

［例 4－12］企业以银行存款偿还前欠新华工厂货款 15 000 元、光明工厂货款 40 000 元，以及长风工厂货款 11 000 元。

对于该项经济业务，应编制会计分录如下：

借：应付账款——新华工厂　　15 000
　　应付账款——光明工厂　　40 000
　　应付账款——长风工厂　　11 000
　　贷：银行存款　　66 000

根据以上资料，将期初余额在“应付账款”总分类账户及其所属的各明细分类账户中进行登记，然后将本期发生的与有关单位的往来结算业务分别记入“应付账款”总分类账户及其所属的明细分类账户，并结出本期发生额和期末余额。见表 4－12、表 4－13、表 4－14、表 4－15：

表 4－12　　总分类账户

2017 年		摘　要	借　方	贷　方	借或贷	余　额
月	日					
		期初余额			贷	40 000
		偿还货款	30 000		贷	10 000
		欠购货款		62 000	贷	72 000
		偿还货款	66 000		贷	6 000
		本期发生额及余额	96 000	62 000	贷	6 000

表 4－13　　“应付账款”明细分类账户

单位名称：新华工厂

2017 年		摘　要	借　方	贷　方	借或贷	余　额
月	日					
		期初余额			贷	30 000
		偿还货款	26 000		贷	4 000
		欠购货款		12 000	贷	16 000
		偿还货款	15 000		贷	1 000
		本期发生额及余额	41 000	12 000	贷	1 000

表 4－14　　“应付账款”明细分类账户

单位名称：光明工厂

2017 年		摘　要	借　方	贷　方	借或贷	余　额
月	日					
		期初余额			贷	6 000
		偿还货款	4 000		贷	2 000
		欠购货款		40 000	贷	42 000
		偿还货款	40 000		贷	2 000
		本期发生额及余额	44 000	40 000	贷	2 000

表 4-15 “应付账款”明细分类账户

单位名称：长风工厂

2017 年		摘 要	借 方	贷 方	借或贷	余 额
月	日					
		期初余额			贷	4 000
		欠购货款		10 000	贷	14 000
		偿还货款	11 000		贷	3 000
		本期发生额及余额	11 000	10 000	贷	3 000

从以上“应付账款”总分类账户及其所属明细分类账户平行登记的结果中可以看出，“应付账款”总分类账户的期初余额 40 000 元，借方本期发生额 96 000 元，贷方本期发生额 62 000 元，期末余额 6 000 元，分别与其所属的三个明细分类账户的期初余额之和 40 000 元（30 000 + 6 000 + 4 000），借方本期发生额之和 96 000 元（41 000 + 44 000 + 11 000），贷方本期发生额之和 62 000 元（12 000 + 40 000 + 10 000），期末余额之和 6 000 元（1 000 + 2 000 + 3 000）完全相等。

利用总分类账户与其所属明细分类账户平行登记所形成的有关数字必然相等的关系，我们还可以通过定期核对双方有关数字，来检查账户的记录是否正确、完整。若通过核对发现有关数字不等，则表明账户的登记必有差错，应及时查明原因，予以更正。在实际工作中，该项核对工作通常是采用月末编制“明细分类账户本期发生额及余额表”的形式来进行的。例如，根据前面例示的原材料明细分类账户的记录，编制其本期发生额及余额表见表 4-16。

表 4-16 “原材料”明细分类账户本期发生额及余额表

材料名称	计量单位	单价	期初余额		本期发生额				期末余额	
					收 入		发 出			
			数量	金额	数量	金额	数量	金额	数量	金额
甲种材料	吨	300	50	15 000	40	12 000	60	18 000	30	9 000
乙种材料	件	400	200	80 000	100	40 000	150	60 000	150	60 000
丙种材料	箱	500			20	10 000	8	4 000	12	6 000
合 计				95 000		62 000		82 000		75 000

由表 4-16 可以看出，表中合计栏各项数额分别与“原材料”总分类账户的期初余额、本期发生额、期末余额相等，表明“原材料”总分类账户与其所属明细分类账户的平行登记未发生差错。

习题与案例

一、单项选择题

1. 会计科目是对（ ）。

A. 会计对象分类所形成的项目　　B. 会计要素分类所形成的项目
C. 会计方法分类所形成的项目　　D. 会计账户分类所形成的项目

2. 会计账户的设置依据是（　　）。
A. 会计对象　　B. 会计要素
C. 会计科目　　D. 会计方法

3. 在借贷记账法下，资产类账户的期末余额一般在（　　）。
A. 借方　　B. 增加方
C. 贷方　　D. 减少方

4. 进行复式记账时，对任何一项经济业务登记的账户数量应是（　　）。
A. 一个　　B. 两个
C. 三个　　D. 两个或两个以上

5. 在借贷记账法下，所有者权益账户的期末余额等于（　　）。
A. 期初贷方余额 + 本期贷方发生额 − 本期借方发生额
B. 期初借方余额 + 本期贷方发生额 − 本期借方发生额
C. 期初借方余额 + 本期借方发生额 − 本期贷方发生额
D. 期初贷方余额 + 本期借方发生额 − 本期贷方发生额

6. 借贷记账法试算平衡的依据是（　　）。
A. 资金运动变化规律　　B. 会计等式平衡原理
C. 会计账户基本结构　　D. 平行登记基本原理

7. 借贷记账法的余额试算平衡公式是（　　）。
A. 每个账户的借方发生额 = 每个账户的贷方发生额
B. 全部账户本期借方发生额合计 = 全部账户本期贷方发生额合计
C. 全部账户期末借方余额合计 = 全部账户期末贷方余额合计
D. 全部账户期末借方余额合计 = 部分账户期末贷方余额合计

二、多项选择题

1. 账户中用哪一方登记增加额，哪一方登记减少额，取决于（　　）。
A. 所记录的经济内容　　B. 所记录的业务内容
C. 所采用的记账手段　　D. 所采用的记账方法
E. 反映会计指标信息的详细程度

2. 账户一般可以提供的金额指标有（　　）。
A. 期初余额。　　B. 本期增加发生额
C. 期中余额　　D. 本期减少发生额
E. 期末余额

3. 借贷记账法的记账符号“贷”对于下列会计要素表示增加的有（　　）。
A. 资产　　B. 负债
C. 所有者权益　　D. 收入
E. 利润

4. 下列账户中，用贷方登记增加数的账户有（　　）。

A. 应付账款　　　B. 实收资本
C. 累计折旧　　　D. 盈余公积
E. 本年利润

5. 采用借贷记账法时，账户的借方一般用来登记（　　　）。
A. 资产的增加　　　B. 收入的减少
C. 费用的增加　　　D. 负债的增加
E. 所有者权益的减少

6. 下列账户中，在会计期末一般没有余额的账户有（　　　）。
A. 资产类账户　　　B. 负债类账户
C. 所有者权益类账户　　　D. 收入类账户
E. 利润类账户

7. 以下各项中，通过试算无法发现的错误有（　　　）。
A. 漏记或重记某项经济业务　　　B. 方向正确但金额写少
C. 借贷记账方向彼此颠倒　　　D. 方向正确但记错账户
E. 账户正确但记错方向

8. 总分类账户与明细分类账户平行登记要点有（　　　）。
A. 登记的内容相同　　　B. 登记的时间相同
C. 登记的方向相同　　　D. 登记的金额相同
E. 登记的依据相同

9. 企业用银行存款偿还应付账款，引起会计要素变化的有（　　　）。
A. 资产增加　　　B. 资产减少
C. 负债增加　　　D. 负债减少
E. 收入减少

三、业务处理题

目的：练习掌握借贷记账法下的会计分录编制方法、账户登记方法和试算平衡方法。

资料：某企业本月初有关总分类账户的余额如下：

(1)	库存现金	300 元	(2)	银行存款	200 000 元
(3)	原材料	4 700 元	(4)	固定资产	160 000 元
(5)	生产成本	15 000 元	(6)	短期借款	10 000 元
(7)	应付账款	50 000 元	(8)	实收资本	320 000 元

该企业本月发生如下经济业务：

(1) 收到投资者投入的货币资金投资 200 000 元，已存入银行；
(2) 用银行存款 40 000 元购入不需要安装设备 1 台；
(3) 购入材料一批，买价和运费计 15 000 元。货款尚未支付；
(4) 从银行提取现金 2 000 元；
(5) 借入短期借款 20 000 元，已存入银行；
(6) 用银行存款 35 000 元偿还应付账款；

（7）生产产品领用材料一批，价值12 000元；

（8）用银行存款30 000元偿还短期借款。

要求：

（1）根据所给经济业务编制会计分录。

（2）根据给出余额资料的账户开设并登记有关总分类账户（开设T型账户即可）。

（3）根据账户的登记结果编制“总分类账户发生额及余额试算表”。

四、案例分析题

资料：小魏从某财经大学会计专业毕业刚刚被聘任为广发公司的会计员。今天是他来公司上班的第一天。会计科里的那些同事们忙得不可开交，一问才知道，大家正在忙于月末结账。“我能做些什么？”小魏问道。

“那你先编一下咱们公司这个月的试算平衡表。”科长帮他找到了本公司的总账账簿。

不到一个小时，一张“总分类账户发生额及余额试算平衡表”就完整的编制出来了。看到表格上那三组相互平衡的数字，小魏高兴的向科长交了差。

“呀，昨天销售的那批产品的单据还没记到账上去呢，这也是这个月的业务啊！”会计员李丽说到。

还没等小魏缓过神来，会计员小王手里又拿着一些会计凭证凑了过来，对科长说，“该笔账我核对过了，应当记入‘应交税费’和‘银行存款’账户的金额是10 000元，而不是9 000元。已经入账的那部分数字还得更改一下。”

“试算平衡表不是已经平衡了吗？怎么还有错账呢？”小魏不解地问。

科长看他满脸疑惑的神情，就耐心的开导说：“试算平衡表也不是万能的，例如在账户中把有些业务漏记或重记了，借贷金额记账方向彼此颠倒了，还有记账方向正确但记错了账户，这些都不会影响试算表的平衡。小李发现的漏记了经济业务、小王发现的把两个账户的金额同时记少了，也不会影响试算表的平衡。”

小魏边听边点头，经过调整，一张真实反映公司本月全部经济业务的试算平衡表又在小魏的手里完成了。

要求：结合以上案例，运用学习过的试算平衡表的有关知识谈谈你的感受。

第五章

制造企业主要经济业务的核算

【学习目标】

本章以制造企业主要经济业务为例，进一步阐述设置账户、复式记账等会计核算方法的实际应用。通过本章的学习，使学生了解制造企业资金筹集业务、供应过程业务、生产过程业务、产品销售业务以及财务成果形成与分配业务的具体内容，熟悉制造企业主要经济业务核算所设置账户的结构和用途，能够熟练运用设置账户、复式记账等方法对制造企业主要经济业务进行核算，重点掌握制造企业供、产、销经营过程中各项主要经济业务的会计处理。

第一节

制造企业主要经济业务概述

制造企业是产品的生产单位，其完整的生产经营过程由供应过程、生产过程和销售过程构成。企业为了进行生产经营活动，生产出适销对路的产品，就必须拥有一定数量的经营资金，这些经营资金都是从一定的来源渠道取得的。经营资金在生产经营过程中被具体运用时表现为不同的占用形态，一般可以分为货币资金、储备资金、生产资金、成品资金形态等，而且随着生产经营过程的不断进行，这些资金形态不断转化，形成经营资金的循环与周转。

企业要从各种渠道筹集生产经营所需要的资金，其筹资的渠道主要包括接受投资人的投资和向债权人借入各种款项。完成筹资任务即接受投资或形成负债，资金筹集业务的完成意味着资金投入企业，因而，企业就可以运用筹集到的资金开展正常的经营业务，进入企业的供、产、销过程。企业筹集到的资金最初一般表现为货币资金形态，也可以说，货币资金形态是资金运动的起点。

企业筹集到资金后即进入供应过程。供应过程是企业产品生产的准备过程，在该过程中，企业用货币资金购买机器设备等劳动资料形成固定资产，购买原材料等劳动对象形成储备资金，为生产产品作好物资上的准备，货币资金分别转化为固定资金形态和储备资金形态。由于劳动资料大多是固定资产，一旦购买完成将长期供企业使用，因而供应过程的主要核算内容是用货币资金购买原材料的业务，包括支付材料价款和税款、发生采购费用、计算采购成本、材料验收入库结转成本等，完成了供应过程的核算内容，为生产产品作好了各项准备，进入生产过程。

生产过程是制造企业经营过程的中心环节。在生产过程中，劳动者借助劳动资料对劳动对象进行加工，生产出各种各样适销对路的产品，以满足社会的需要。生产过程既是产品的制造过程，又是物化劳动和活劳动的耗费过程，即费用、成本的发生过程。从消耗或加工对象的实物形态及其变化过程看，原材料等劳动对象通过生产加工形成在产品，随着生产过程的不断进行，在产品终究要转化为产成品；从价值形态来看，生产过程中发生的各种耗费，形成企业的生产费用，具体而言，为生产产品要耗费材料形成材料费用，耗费活劳动形成工资薪酬等人工费用，使用厂房、机器设备等劳动资料形成折旧费用等等，生产过程中发生的这些生产费用总和构成产品的生产成本（也称制造成本）。其资金形态从固定资金、储备资金和一部分货币资金形态转化为生产资金形态，随着生产过程的不断进行，产成品生产出来并验收入库之后，其资金形态又转化为成品资金形态。生产费用的发生、归集和分配，以及完工产品生产成本的计算等就构成了生产过程核算的基本内容。

销售过程是产品价值的实现过程。在销售过程中，企业通过销售产品，并按照销售价格与购买单位办理各种款项的结算，收回货款，从而使得成品资金形态转化为货币资金形态，回到了资金运动的起点状态，完成了一次资金的循环。另外，销售过程中还要发生各种诸如广告、展览、运输等销售费用，计算并及时缴纳各种销售税金及附加费用，结转销售成本，这些都属于销售过程的核算内容。

对于制造企业而言，将生产出来的产成品进行销售是其主要的经营业务即主营业务。除了主营业务以外，制造企业还会发生一些诸如销售材料、出租固定资产等其他业务，以及进行对外投资以获得收益的投资业务。主营业务、其他业务以及投资业务构成了企业的全部经营业务。在正常的营业活动之外，企业还会发生非营业业务，从而获得营业外的收入以及发生营业外的支出。企业在生产经营过程中所获得的各项收入遵循配比的要求抵偿了各项成本、费用之后的差额，形成企业的利润。对于企业实现的利润，一部分要以所得税费用的形式上缴国家；另一部分即税后利润，要按照规定的程序在各有关方面进行合理的分配，若是发生了亏损，还要按照规定的程序进行弥补。通过利润分配，一部分资金要退出企业，一部分资金要以公积金等形式继续参与企业的资金周转。这些业务内容综合在一起，形成制造企业的利润形成和分配过程的核算内容。

综合上述内容，企业在经营过程中发生的主要经济业务内容包括：①资金筹集业务；②供应过程业务；③生产过程业务；④销售过程业务；⑤利润形成与分配业务。

第二节

资金筹集业务的核算

对于任何一家企业而言，其资产形成的资金来源主要有两条渠道：一是接受投资人的投资及其增值，形成投资人权益，该部分业务可以称为所有者权益资金筹集业务；二是向债权人借入的资金，形成债权人权益，该部分业务可以称为负债资金筹集业务。

一、所有者权益资金筹集业务的核算

企业接受投资人的投资而筹集到的资金形成企业所有者权益的重要组成部分，企业的所有者权益包括所有者投入的资本、直接计入所有者权益的利得和损失、留存收益等。所有者投入的资本包括实收资本（股本）和资本溢价（股本溢价）；直接计入所有者权益的利得和损失，是指不应计入当期损益、会导致所有者权益发生增减变动的、与所有者投入资本或者向所有者分配利润无关的利得[①]或者损失[②]；企业会计准则中将资本溢价和直接计入所有者权益的利得和损失通过资本公积或其他综合收益核算；留存收益是企业在经营过程中实现的利润留存于企业的部分，包括盈余公积和未分配利润。本节将着重介绍实收资本和资本公积金业务的核算。

（一）实收资本业务的核算

1. 实收资本的含义

实收资本是指企业投资者按照企业章程或合同、协议的约定，实际投入企业的资本金[③]以及按照有关规定由资本公积金、盈余公积金等转为资本的资金。实收资本代表着一家企业的实力，是创办企业的“本钱”，也是一家企业维持正常的经营活动、以本求利、以本负亏的最基本条件和保障，是企业独立承担民事责任的资金保证。它反映了企业的不同所有者通过投资而投入企业的外部资金来源，这部分资金是企业进行经营活动的原动力，正是有了这部分资金的投入，才有了企业的存在和发展。

2. 实收资本的分类

所有者向企业投入资本即形成企业的资本金。企业的资本金按照投资主体的不同可以分为：国家资本金——企业接受国家投资而形成的资本金；法人资本金——企业接受其他企业单位的投资而形成的资本金；个人资本金——企业接受个人包括企业内部职工

---

① 利得是指由企业非日常活动所形成的、会导致所有者权益增加的、与所有者投入资本无关的经济利益的流入，利得根据企业发生业务的内容分别划为直接计入当期损益的利得（营业外收入）和直接计入所有者权益的利得（资本公积）。

② 损失是指由企业非日常活动所形成的、会导致所有者权益减少的、与向所有者分配利润无关的经济利益的流出。损失根据企业发生业务的内容分别划为直接计入当期损益的利得（营业外支出）和直接计入所有者权益的损失（资本公积）。

③ 有限责任公司注册资本最低限额为人民币 3 万元（一人有限责任公司的注册资本最低限额为 10 万元）。

的投资而形成的资本金；外商资本金——企业接受外国及港、澳、台地区的投资而形成的资本金。企业的资本金按照投资者投入资本的不同物质形态又分为货币资金出资[①]，以及实物、知识产权、土地使用权等可以用货币估价并可以依法转让的非货币资产作价出资等。

我国目前实行的是注册资本制度，要求企业的实收资本应与注册资本相一致。企业接受各方投资者投入的资本金应遵守资本保全（或称资本维持）制度的要求，除法律、法规有规定者外，不得随意抽回。

3. 实收资本入账价值的确定

企业收到的投入资本按照实际收到的投资额入账。收到的是货币资金投资的，应以实际收到的货币资金额入账；收到的是实物等其他形式投资的，应以投资各方确认的价值入账。对于实际收到的货币资金额或投资各方确认的资产价值超过其在注册资本中所占的份额部分，作为资本溢价，计入资本公积金。

为了反映实收资本的形成及其以后的变化情况，在会计核算上应设置"实收资本"账户[②]。"实收资本"账户的性质是所有者权益类，用来核算所有者投入企业的资本金变化过程及其结果，其贷方登记所有者投入企业资本金的增加，其借方登记所有者投入企业资本金的减少，期末余额在贷方，表示所有者投入企业资本金的结余额。企业应按照投资者的不同设置明细账户，进行明细核算。

"实收资本"账户的结构如下：

实收资本

按法定程序报经 批准减少的注册资本金额	投资者投入的注册资本增加额 以资本公积或盈余公积转增资本的金额
	期末余额：实收资本的实有额

以下举例说明实收资本的核算过程：

[例 5－1] 巴陵有限责任公司接受华联有限责任公司的投资 3 000 000 元，款项通过银行划转。

该项经济业务的发生，一方面使得公司的银行存款增加 3 000 000 元，另一方面使得公司所有者对公司的投资增加 3 000 000 元。因此，该项经济业务涉及"银行存款"和"实收资本"两个账户。银行存款的增加是资产的增加，应记入"银行存款"账户的借方；所有者对公司投资的增加是所有者权益的增加，应记入"实收资本"账户的贷方。编制的会计分录如下：

借：银行存款　　3 000 000

　　贷：实收资本　　3 000 000

[例 5－2] 巴陵有限责任公司接受新兴有限责任公司投入的一台全新设备，双方协

① 我国《公司法》规定，全体股东货币出资额不得低于有限责任公司注册资本的 30%。

② 按照要求，对于资本金的核算，在有限责任公司中使用"实收资本"账户，在股份有限公司中使用"股本"账户，本教材在处理具体业务过程中所涉及的资本金的核算时，对"实收资本"和"股本"两个账户不加严格区别。

定的价值①为150 000元，设备投入使用（假定该设备不涉及增值税）。

该项经济业务的发生，一方面使得公司的设备增加150 000元，另一方面使得公司所有者对公司的投资增加150 000元。因此，该项业务涉及“固定资产”和“实收资本”两个账户。设备的增加属于资产的增加，应记入“固定资产”账户的借方；所有者对公司的投资增加是所有者权益的增加，应记入“实收资本”账户的贷方。编制的会计分录如下：

借：固定资产　　150 000

　　贷：实收资本　　150 000

[例5-3] 巴陵有限责任公司接受京都有限责任公司以一项专利权作为投资，经投资双方共同确认的价值2 300 000元，相关手续已办理。

专利权属于无形资产，因此该项经济业务的发生，一方面使得公司的无形资产（专利权）增加2 300 000元，另一方面使得公司的所有者对其投资增加2 300 000元。因此，该项业务涉及“无形资产”和“实收资本”两个账户。专利权的增加属于资产的增加，应记入“无形资产”账户的借方；所有者对公司投资的增加是所有者权益的增加，应记入“实收资本”账户的贷方。编制的会计分录如下：

借：无形资产　　2 300 000

　　贷：实收资本　　2 300 000

（二）资本公积业务的核算

1. 资本公积的含义

资本公积是投资者或者他人投入到企业、所有权归属投资者并且金额上超过法定资本部分的资本。资本公积是企业所有者权益的重要组成部分，从本质上讲属于投入资本的范畴，其形成的主要原因是由于我国采用注册资本制度，限于法律的规定而无法将资本公积直接以实收资本（或股本）的名义出现。因此，资本公积从其实质上看是一种准资本，它是资本的一种储备形式。但是，资本公积与实收资本（或股本）又有一定的区别，实收资本（或股本）是公司所有者（股东）为谋求价值增值而对公司的一种原始投入，从法律上讲属于公司的法定资本，而资本公积可以来源于投资者的额外投入，也可以来源于除投资者之外的其他企业或个人等，不同来源形成的资本公积金归所有投资者共同享有。

2. 资本公积的来源

资本公积是所有者权益的重要组成部分，它通常会直接导致企业净资产的增加，因此，资本公积信息对于投资者、债权人等会计信息使用者的决策十分重要。企业的资本公积金的主要来源为所有者投入资本中的超过法定资本份额的部分和直接计入资本公积金的各种利得或损失②等。

3. 资本公积的用途

---

① 《企业会计准则第4号——固定资产》第11条规定，投资者投入固定资产的成本，应当按照投资合同或协议约定的价值确定，但合同或协议约定的价值不公允的除外。

② 直接计入所有者权益的利得或损失，是指不应计入当期损益、会导致所有者权益发生增减变动的、与所有者投入资本或者向所有者分配利润无关的利得或损失。

股份公司在经营过程中出于种种考虑，诸如增加资本的流动性，改变公司所有者投入资本的结构，体现公司稳健、持续发展的潜力等，对于形成的资本公积金可以按照规定的用途予以使用。资本公积的主要用途是转增资本，即在办理增资手续后用资本公积转增实收资本，按所有者原有投资比例增加投资人的实收资本。

4. 资本公积的核算

公司的资本公积一般都有其特定的来源，不同来源形成的资本公积金，其核算的方法不同。为了反映和监督资本公积金的增减变动及其结余情况，会计上应设置"资本公积"账户，并设置"资本溢价"、"其他资本公积"等明细账户。"资本公积"账户属于所有者权益类，其贷方登记资本公积金的增加数，借方登记资本公积金的减少数，期末余额在贷方，表示资本公积金的期末结余数。

"资本公积"账户的结构如下：

资本公积

资本公积金的减少数(使用数)	资本公积金的增加数
	期末余额：资本公积金的结余数

以下举例说明资本公积金的核算过程：

[**例5－4**] 巴陵有限责任公司接受某投资者的投资设备一台价值4 000 000元，其中3 000 000元作为实收资本，另1 000 000元作为资本公积金，相关手续已办妥。

这是一项接受投资而又涉及超过法定份额资本的业务。其中属于法定份额部分应计入实收资本，超过部分作为资本公积金。该项业务涉及"固定资产""实收资本"和"资本公积"三个账户。固定资产的增加是资产的增加，应记入"固定资产"账户的借方，实收资本和资本公积的增加是所有者权益的增加，应分别记入"实收资本""资本公积"账户的贷方。该项业务所编制的会计分录如下：

借：固定资产　　4 000 000

　　贷：实收资本　　3 000 000

　　　　资本公积——资本溢价　　1 000 000

[**例5－5**] 巴陵有限责任公司经股东大会批准，将公司的资本公积金200 000元转增资本。

这是一项所有者权益内部转化的业务。该项经济业务的发生，一方面公司的实收资本增加200 000元，另一方面资本公积金减少200 000元。因此，该项业务涉及"资本公积"和"实收资本"两个账户。资本公积的减少是所有者权益的减少，应记入"资本公积"账户的借方，实收资本的增加是所有者权益的增加，应记入"实收资本"账户的贷方。该项业务所编制的会计分录如下：

借：资本公积　　200 000

　　贷：实收资本　　200 000

二、负债资金筹集业务的核算

企业负债按其偿还期限的长短可以分为流动负债和非流动负债。流动负债和非流动负债均可以具体分类，本教材仅以流动负债中的短期借款和非流动负债中的长期借款为例，简要分析负债资金筹集业务的核算内容。

（一）短期借款业务的核算

1. 短期借款的含义

短期借款是指企业为了满足其生产经营活动对资金的临时需要而向银行或其他金融机构等借入的偿还期限在1年以内（含1年）的各种借款。一般情况下，企业取得短期借款是为了维持正常生产经营活动所需要的资金或者为了抵偿某项债务。企业取得各种短期借款时，应遵守银行或其他金融机构的有关规定，根据企业的借款计划及确定的担保形式，经贷款单位审核批准订立借款合同后方可取得借款。每笔借款在取得时可根据借款合同上的金额来确认和计量。

2. 短期借款利息的确认与计量

短期借款必须按期归还本金并按时支付利息。短期借款的利息支出属于企业在理财活动过程中为筹集资金而发生的一项耗费，在会计核算中，企业应将其确认为期间费用（财务费用）。由于短期借款利息的支付方式和支付时间不同，会计处理的方法也有一定的区别：若银行对企业的短期借款按月计收利息，或者虽在借款到期收回本金时一并收回利息，但利息数额不大，企业可以在收到银行的计息通知或在实际支付利息时，直接将发生的利息费用计入当期损益（财务费用）；若银行对企业的短期借款按季或半年等较长期间计收利息，或者是在借款到期收回本金时一并计收利息且利息数额较大的，为了正确地计算各期损益，则按权责发生制核算基础的要求，采取按月计提借款利息的方法，计入期间损益（财务费用），待季度或半年等结息期终了或到期支付利息时，再冲销计提费用。短期借款利息的计算公式为：

借款利息＝借款本金×利率×借款期

利率若为年利率，应将其转化为月利率，方可计算出1个月的利息额，年利率除以12即为月利率。若在月内的某一天取得的借款，该日作为计息的起点时间，对于借款当月和还款月则应按实际经历天数计算（不足整月），此时应将月利率转化为日利率，在将月利率转化为日利率时，为简化起见，1个月一般按30天计算，1年按360天计算。

3. 短期借款的会计处理

对于短期借款本金和利息的核算，需要设置“短期借款”和“财务费用”两个主要的账户。

（1）“短期借款”账户。该账户的性质是负债类，用来核算企业向银行或其他金融机构借入的期限在1年以内（含1年）的各种借款（本金）的增减变动及其结余情况。该账户的贷方登记取得的短期借款本金，借方登记偿还短期借款本金，期末余额在贷方，表示企业尚未偿还的短期借款本金。短期借款应按照债权人的不同设置明细账户，并按照借款种类进行明细分类核算。

“短期借款”账户的结构如下：

短期借款

短期借款的偿还(减少)	短期借款的取得(增加)
	期末余额：尚未偿还的短期借款余额

（2）“财务费用”账户。该账户的性质是损益类，用来核算企业为筹集生产经营所需资金等而发生的各种筹资费用，包括利息支出（减利息收入）、佣金、汇兑损失（减汇兑收益）以及相关的手续费、企业发生的现金折扣或收到的现金折扣等。财务费用账户的借方登记发生的财务费用，贷方登记发生的应冲减财务费用的利息收入、汇兑收益以及期末转入“本年利润”账户的财务费用净额。结转后，该账户期末无余额。财务费用账户应按照费用项目设置明细账户，进行明细分类核算。需要特别指出的是，为购建固定资产而筹集的长期资金所发生的诸如借款利息等费用，在固定资产尚未达到预定可使用状态之前，同时满足资本化条件的，应对其予以资本化，计入有关固定资产的购建成本，而不在“财务费用”账户核算；固定资产建造工程达到预定可使用状态之后发生的借款利息等费用，则应计入当期损益，记入“财务费用”账户。

“财务费用”账户的结构如下：

财务费用

发生的费用： 利息支出 手续费 汇兑损失	利息收入、汇兑收益 期末转入“本年利润” 账户的财务费用净发生额

企业取得短期借款时，借记“银行存款”账户，贷记“短期借款”账户；期末计算借款利息时，借记“财务费用”账户，贷记“银行存款”或“应付利息”账户；偿还借款本金、支付利息时，借记“短期借款”、“应付利息”账户，贷记“银行存款”账户。采用计提的办法核算短期借款利息费用时，若实际支付的利息与预提的利息之间有差额，按已计提的利息金额，借记“应付利息”账户，按实际支付的利息金额与计提的金额的差额（尚未提取的部分），借记“财务费用”账户，按实际支付的利息金额，贷记“银行存款”账户。

以下举例说明短期借款的借入、计息和归还的核算过程：

[例 5－6] 巴陵有限责任公司因生产经营的临时性需要，于 2018 年 4 月 15 日向银行申请取得期限为 6 个月的借款 2 000 000 元，存入银行。

该项经济业务的发生，一方面使得公司的银行存款增加 2 000 000 元，另一方面使得公司的短期借款增加 2 000 000 元。因此，涉及“银行存款”和“短期借款”两个账户。银行存款的增加是资产的增加，应记入“银行存款”账户的借方，短期借款的增加是负债的增加，应记入“短期借款”账户的贷方。编制的会计分录如下：

借：银行存款　　2 000 000

　　贷：短期借款　　2 000 000

[例 5－7] 承前例，假如上述巴陵有限责任公司取得的借款年利率为 6%，利息按季度结算，经计算其 4 月份应负担的利息为 5 000 元。

该项经济业务的发生，应按照权责发生制核算基础的要求，计算本月应负担的利息额，即本月应负担的借款利息为 5 000 元（2 000 000 × 6% ÷ 12 × 15/30）。借款利息属于企业的一项财务费用，由于利息是按季度结算的，因此本月的利息虽然在本月计算并由本月来负担，但不在本月实际支付，因而一方面形成企业本月的一项费用（财务费用），另一方面形成企业的一项负债，该项负债属于企业的应付利息。因此，涉及“财务费用”和“应付利息”两个账户，财务费用的增加属于费用的增加，应记入“财务费用”账户的借方，应付利息的增加属于负债的增加，应记入“应付利息”账户的贷方。编制的会计分录如下：

借：财务费用　　　　5 000

　　贷：应付利息　　　　5 000

[**例 5-8**] 承上例，巴陵有限责任公司在 6 月末用银行存款 25 000 元支付本季度的银行借款利息。该项经济业务的发生，一方面公司的银行存款减少 25 000 元，另一方面应付利息减少 25 000 元。因此，涉及“银行存款”和“应付利息”两个账户。银行存款的减少是资产的减少，应记入“银行存款”账户的贷方；应付利息的减少是负债的减少，应记入“应付利息”账户的借方。编制的会计分录如下：

借：应付利息　　　　25 000

　　贷：银行存款　　　　25 000

[**例 5-9**] 承上例，巴陵有限责任公司在 10 月 16 日用银行存款 2 000 000 元偿还到期的银行临时借款本金（假如利息另外进行会计处理）。

该项经济业务的发生，一方面公司的银行存款减少 2 000 000 元，另一方面短期借款减少 2 000 000 元。因此，涉及“银行存款”和“短期借款”两个账户。银行存款的减少是资产的减少，应记入“银行存款”账户的贷方，短期借款的减少是负债的减少，应记入“短期借款”账户的借方。编制的会计分录如下：

借：短期借款　　　　2 000 000

　　贷：银行存款　　　　2 000 000

（二）长期借款业务的核算

长期借款是企业向银行及其他金融机构借入的偿还期限在 1 年以上或超过 1 年的一个营业周期以上的各种借款。一般来说，企业举借长期借款，主要是为了购置地产、厂房、设备等非流动资产。

按照会计准则的规定，长期借款的利息费用等，应按照权责发生制核算基础的要求，按期计算提取计入所购建资产的成本（即予以资本化）或直接计入计算当期损益（财务费用）。具体地说，就是在该长期借款所进行的长期工程项目达到预定可使用状态之前发生的利息，应予以资本化，计入该工程成本；在工程完工达到可使用状态之后产生的利息支出应停止借款费用资本化而予以费用化，在利息费用发生的当期直接计入当期损益（财务费用）。

为了核算长期借款本金及利息的取得和偿还情况，需要设置“长期借款”账户，该账户的性质属于负债类，用来核算企业从银行或其他金融机构取得的长期借款的增减变动及其结余情况。其贷方登记长期借款的增加数（包括本金和各期计算出来的未付利息），借方登记长期借款的减少数（偿还的借款本金和利息）。期末余额在贷方，表示尚未偿还的长期借款本息结余额。该账户应按贷款单位设置明细账户，并按贷款种类进行明细分类核算。（按照付息方式与本金的偿还方式，可将长期借款分为：分期付息到期还本的长期借款、到期一次还本付息的长期借款、分期偿还本息的长期借款，本书介绍的是付息期限长于1年的长期借款。)

“长期借款”账户的结构如下：

长期借款	
长期借款本息的偿还（减少）	长期借款本金的取得和未付利息的计算（增加）
	期末余额：尚未偿还的长期借款本息

企业取得长期借款时，借记“银行存款”账户，贷记“长期借款”账户，计算利息时借记“在建工程”“财务费用”等账户，贷记“长期借款”账户，偿还借款、支付利息时借记“长期借款”账户，贷记“银行存款”账户。

以下举例说明长期借款本金和利息的核算过程：

[例5-10] 巴陵有限责任公司为购建一条新的生产线（工期2年），于2018年1月1日向中国银行取得期限为3年的人民币借款6 000 000元，存入银行。巴陵有限责任公司当即将该借款投入到生产线的购建工程中。

该项经济业务的发生，一方面公司的银行存款增加6 000 000元，另一方面长期借款增加6 000 000元。涉及“银行存款”和“长期借款”两个账户。银行存款的增加是资产的增加，应记入“银行存款”账户的借方，长期借款的增加是负债的增加，应记入“长期借款”账户的贷方。该项经济业务应编制的会计分录如下：

借：银行存款　　6 000 000

　　贷：长期借款　　6 000 000

[例5-11] 承上例，假如上述借款年利率8%，合同规定到期一次还本付息，单利计息。计算确定2018年应由该工程负担的借款利息。

在固定资产建造工程交付使用之前，用于工程的借款利息属于一项资本性支出，应计入固定资产建造工程成本。单利计息的情况下，其利息的计算方法与短期借款利息计算方法相同，即2018年的利息为480 000元（6 000 000×8%）。因此，该项经济业务的发生，一方面使得公司的在建工程成本增加480 000元，另一方面使得公司的长期借款利息该项负债增加480 000元。涉及“在建工程”和“长期借款”两个账户。工程成本的增加是资产的增加，应记入“在建工程”账户的借方，借款利息的增加是负债的增加，应记入“长期借款”账户的贷方。编制的会计分录如下：

借：在建工程　　480 000

　　贷：长期借款　　480 000

[例5-12] 承前例，巴陵有限责任公司在2020年年末偿还该笔借款的本金和利息。

该笔长期借款在存续期间的利息共计为1 440 000元，借款本金6 000 000元，合计为7 440 000元，在2020年年末一次付清。因此，该项经济业务的发生，一方面使得公司的银行存款减少7 440 000元，另一方面使得公司的长期借款（包括本金和利息）减少7 440 000元。涉及“银行存款”和“长期借款”两个账户。银行存款的减少是资产的减少，应记入“银行存款”账户的贷方，长期借款的减少是负债的减少，应记入

"长期借款"账户的借方。编制的会计分录为：

借：长期借款　　7 440 000

　　贷：银行存款　　7 440 000

第三节

供应过程业务的核算

资金在企业经营过程的不同阶段，其运动的方式和表现的形态不同，因而核算的内容也不尽相同。一般将企业的经营过程划分为供应过程、生产过程和销售过程。其中供应过程中较为重要的就是准备劳动资料，即购建固定资产和购买原材料等。

一、固定资产购置业务的核算

（一）固定资产的含义

固定资产是企业经营过程中使用的非流动资产，包括房屋建筑物、机器设备、运输车辆以及工具器具等。我国企业会计准则将固定资产定义为："固定资产是指同时具有下列两个特征的有形资产：为生产商品、提供劳务、出租或经营管理而持有的；使用寿命超过一个会计年度。"此处的使用寿命是指企业使用固定资产的预计期间，或者该固定资产所能生产产品或提供劳务的数量。

固定资产是企业资产中比较重要的一部分内容，从一定程度上说，它代表着企业的生产能力和生产规模，因此，正确确认与计量固定资产成为会计核算过程中一个非常重要的内容。

固定资产的确认的条件：第一，与该固定资产相关的经济利益流入企业的可能性大于50%；第二，该固定资产的成本能够可靠地计量。

（二）企业取得固定资产时入账价值的确定

《企业会计准则第4号——固定资产》准则规定，固定资产应当按照取得时的实际成本入账。

固定资产取得时的实际成本是指企业单位购建固定资产达到预定可使用状态前所发生的一切合理的、必要的支出。它反映的是固定资产处于可使用状态时的实际成本，对于所建造的固定资产已达到预定可使用状态，但尚未办理竣工决算的，会计准则规定应至达到预定可使用状态之日起，根据工程决算、造价或工程实际成本等相关资料，按估计的价值转入固定资产，并计提折旧，这就意味着是否达到"预定可使用状态"是衡量可否作为固定资产进行核算和管理的标志。企业的固定资产在达到预定可使用状态前发生的一切合理的、必要的支出中既有直接发生的，如支付的固定资产的买价、包装费、运杂费、安装费等，也有间接发生的，如固定资产建造过程中应予以资本化的借款利息等，这些直接的和间接的支出对形成固定资产的生产能力都有一定的作用，理应计入固定资产的价值。一般来说，构成固定资产取得时实际成本的具体内容包括买价、运输费、保险费、包装费、安装成本等，不包括需要单独核算的增值税。

由于企业可以从各种渠道取得固定资产，不同渠道形成的固定资产，其价值构成的具体内容可能不同，因而，固定资产取得时的入账价值应根据具体情况和涉及的具体内容分别确定。其中，外购固定资产的成本，包括购买价款、进口关税和其他税费，使固定资产达到预定可使用状态前所发生的可归属于该项资产的场地整理费、运输费、装卸费、安装费和专业人员服务费等。

（三）固定资产的核算

为了核算企业购买和自行建造的固定资产价值的变动过程及其结果，需要设置以下的账户：

1. “固定资产”账户

该账户属于资产类，用来核算企业持有固定资产原价的增减变动及其结余情况。该账户的借方登记固定资产原价的增加，贷方登记固定资产原价的减少，期末余额在借方，表示固定资产原价的结余额。该账户应按照固定资产的种类设置明细账户，进行明细分类核算。在使用该账户时，必须注意固定资产达到预定可使用状态时，其原价已经形成，才可以记入“固定资产”账户。

“固定资产”账户的结构如下：

固定资产

固定资产取得成本的增加	固定资产取得成本的减少
期末余额：原价的结余	

2. “在建工程”账户

该账户的性质属于资产类，用来核算企业单位为进行固定资产基建、安装、技术改造以及大修理等工程而发生的全部支出（包括安装设备的价值），并据以计算确定该工程成本。该账户的借方登记工程支出的增加，贷方登记结转完工工程的成本。期末余额在借方，表示未完工工程的成本。“在建工程”账户应按工程内容如建筑工程、安装工程、在安装设备、待摊支出以及单项工程等设置明细账户，进行明细核算。

“在建工程”账户的结构如下：

在建工程

归集工程发生的全部支出	结转完工工程成本
期末余额：未完工工程成本	

企业购置的固定资产，对于其中需要安装的部分，在交付使用之前，也就是达到预定可使用状态之前，由于没有形成其完整的取得成本（原始价值），因而必须通过“在建工程”账户进行核算，在购建过程中所发生的全部支出，都应归集在“在建工程”账户，待工程达到可使用状态形成固定资产之后，方可将该工程成本从“在建工程”账户转入“固定资产”账户。

企业购买的固定资产，有的购买完成之后当即可以投入使用，也就是当即达到预定可使用状态，因而可以立即形成固定资产；有的固定资产，在购买之后，需要经过安装后方可投入使用。这两种情况在核算上是有区别的。因此，在对固定资产进行核算时，一般将其区分为不需要安装固定资产和需要安装固定资产分别进行处理。

以下分别举例说明企业购买的不需要安装和需要安装固定资产的核算内容：

[**例5－13**] 巴陵有限责任公司购入一台不需要安装的设备，该设备的买价125 000元，增值税20 000元，包装运杂费等2 000元，全部款项通过银行支付，设备当即投入使用。

由于是一台不需要安装的设备，购买完成之后即意味着达到了预定可使用状态，在购买过程中发生的货款和包装运杂费支出即127 000元（125 000＋2 000）形成固定资产的取得成本，增值税应作为进项税额记入“应交税费”账户[①]。该项经济业务的发生，一方面公司固定资产取得成本增加127 000元，增值税进项税额增加20 000元，另一方面银行存款减少147 000元。涉及“固定资产”“应交税费”和“银行存款”3个账户。固定资产的增加是资产的增加，应记入“固定资产”账户的借方，增值税进项税额的增加是负债的减少（可用于抵减企业销售过程中产生的增值税销项税额，以减少企业的纳税义务），应记入“应交税费”账户的借方，银行存款的减少是资产的减少，应记入“银行存款”账户的贷方。该项经济业务应编制的会计分录如下：

借：固定资产	127 000	
应交税费——应交增值税（进项税额）	20 000	
贷：银行存款		147 000

[**例5－14**] 巴陵有限责任公司用银行存款购入一台需要安装的设备，有关发票等凭证显示其买价480 000元，增值税76 800元，包装运杂费[②]等5 000元，设备投入安装。

由于该设备需要安装，因而购买过程中发生的各项支出构成购置固定资产安装工程成本，在设备达到预定可用状态前的所有支出应先在“在建工程”账户中进行归集。因而，该项经济业务的发生，一方面公司的在建工程成本增加485 000元（480 000＋5 000），增值税进项税额增加76 800元；另一方面银行存款减少561 800元。涉及“在建工程”和“银行存款”两个账户。在建工程成本的增加是资产的增加，应记入“在建工程”账户的借方；增值税进项税额的增加是负债的减少，应记入“应交税费”账户的借方；银行存款的减少是资产的减少，应记入“银行存款”账户的贷方。该项经济业务应编制的会计分录如下：

借：在建工程	485 000	
应交税费——应交增值税（进项税额）	76 800	
贷：银行存款		561 800

[**例5－15**] 承前例，巴陵有限责任公司的上述设备在安装过程中发生的安装费如下：领用本企业的原材料22 000元，应付本企业安装工人的薪酬12 800元。

设备在安装过程中发生的安装费也构成固定资产安装工程成本。该项经济业务的发生，一方面公司固定资产安装工程支出（安装费）增加34 800元（22 000＋12 800）；另一方面原材料减少22 000元，应付职工薪酬增加12 800元。涉及“在建工程”“原材

① 自2017年1月1日起，我国推行增值税转型改革，其核心是在企业计算增值税时，允许扣除购入机器设备所含的增值税，但是与企业技术更新无关且容易混为个人消费的自用消费品（如小汽车、游艇等）所含的进项税额，不得予以抵扣。

② 假定此处的运费不考虑增值税的问题。

料”和“应付职工薪酬”三个账户。在建工程成本增加是资产的增加，应记入“在建工程”账户的借方；原材料减少是资产的减少，应记入“原材料”账户的贷方；应付职工薪酬增加是负债的增加，应记入“应付职工薪酬”账户的贷方。该项经济业务应编制的会计分录如下：

借：在建工程　　34 800
　贷：原材料　　22 000
　　应付职工薪酬　　12 800

[**例5－16**] 承前例，上述设备安装完毕，达到预定可使用状态，并经验收合格办理竣工决算手续，现已交付使用，结转工程成本。

工程安装完毕，交付使用，意味着固定资产的取得成本已经形成，将该工程全部成本转入“固定资产”账户，其工程的全部成本为519 800元（485 000＋34 800）。该项经济业务的发生，一方面使得公司固定资产取得成本增加519 800元，另一方面使得公司的在建工程成本减少519 800元。涉及“固定资产”和“在建工程”两个账户。固定资产取得成本的增加是资产的增加，应记入“固定资产”账户的借方；在建工程成本的结转是资产的减少，应记入“在建工程”账户的贷方。该项经济业务应编制的会计分录如下：

借：固定资产　　519 800
　贷：在建工程　　519 800

二、材料采购业务的核算

企业要进行正常的产品生产经营活动，必须购买和储备一定品种和数量的原材料。原材料是制造企业生产产品不可缺少的物质要素，在生产过程中，材料经过加工而改变其原来的实物形态，构成产品实体的一部分，或者实物消失而有助于产品的生产。因此，制造企业要有计划地采购材料，既要保证及时、如质如量地满足生产上的需要，同时又要避免储备过多导致不必要的占用资金。

企业储存备用的材料，通常都是向外单位采购。在材料采购过程中，一方面企业从供应单位购进各种材料，要计算购进材料的采购成本；另一方面企业要按照经济合同和约定的结算办法支付材料的买价和各种采购费用，并与供应单位发生货款结算关系。

按照《企业会计准则第1号——存货》的要求，存货应当按照成本进行初始计量，存货的成本包括采购成本、加工成本和其他成本。其中存货的采购成本是指在采购过程中发生的支出，包括购买价款、相关税费、运输费、装卸费、保险费以及其他可归属于存货采购成本的费用。对于制造企业原材料的核算，其中一个非常重要的问题就是原材料成本的确定，包括取得原材料成本的确定和发出原材料成本的确定。关于取得原材料成本的确定，不同方式取得的原材料，其成本的确定方法不同，成本构成内容也不同。其中购入的原材料，其实际采购成本由以下几项内容组成：①购买价款，是指购货发票所注明的货款金额；②采购过程中发生的运杂费（包括运输费、包装费、装卸费、保险费、仓储费等，不包括所支付的允许抵扣的增值税进项税额）；③材料在运输途中发生的合理损耗[①]；④材料入库之前发生的整理挑选费用（包括整理挑选中发生的人工费支出和必要的损耗，并减去回收的下脚废料价值）；⑤按规定应计入材料采购成本中的各种税金，如从国外进口材料支付的关税等；⑥其他费用，如大宗物资的市内运杂费等（但此处需要注意的是市内零星运杂费、采购人员的差旅费以及采购机构的经费等不构成材料的采购成本，而是计入期间费用）。以上第①项应当直接计入所购材料的采购成本，第②、③、④、⑤、⑥项，凡能正确划分受益对象的，可以直接计入该项材料的采购成本；若不能正确划分的，应按材料的重量等标准分配计入各项材料采购成本。

对于材料采购过程中发生的物资毁损、短缺等，合理损耗部分应当作为材料采购费用计入材料的采购成本，其他损耗不得计入材料采购成本，如从供应单位、外部运输机构等收回的物资短缺、毁损赔款，应冲减材料采购成本。

按照我国会计规范的规定，企业的原材料可以按照实际成本计价组织收发核算，也可以按照计划成本计价组织收发核算，具体采用哪一种方法，由企业根据具体情况自行决定。本教材仅对实际成本法核算原材料进行介绍。

当企业的经营规模较小，原材料的种类不是很多，而且原材料的收、发业务的发生也不是很频繁的情况下，可以按照实际成本计价方法组织原材料的收、发核算。原材料按照实际成本计价方法进行日常的收发核算，其特点是从材料的收、发凭证到材料明细分类账和总分类账全部按实际成本计价。原材料按照实际采购成本计价方法进行日常的收发核算，其特点是从材料的收、发凭证到材料明细分类账和总分类账全部按实际成本计价。

购入材料的实际采购成本 = 实际买价 + 采购费用

原材料按实际成本计价组织收、发核算时应设置以下几个账户：

1. “在途物资”账户

该账户的性质属于资产类，用来核算企业外购材料的买价和各种采购费用，据以计算确定购入材料的实际采购成本。其借方登记购入材料的买价和采购费用（实际采购成本），贷方登记结转完成采购过程、验收入库材料的实际采购成本，期末余额在借方，表示尚未运达企业或者已经运达企业但尚未验收入库的在途材料的成本。“在途物资”账户应按照购入材料的品种或种类设置明细账户，进行明细分类核算。

“在途物资”账户的结构如下：

在途物资

购入材料的买价采购费用	结转验收入库材料的实际采购成本
期末余额：在途材料成本	

对于“在途物资”账户，在具体使用时，要注意以下两个问题：

第一，企业对于购入的材料，不论是否已经付款，一般都应该先记入该账户，在材料验收入库结转成本时，再将其成本转入“原材料”账户。

---

① 材料在运输途中发生的损耗包括合理损耗、不合理损耗和意外损耗等。其中合理损耗计入材料采购成本，不合理损耗应向责任人或责任单位索取赔偿，意外损耗扣除保险公司给予的赔偿以及残值后的净损失计入营业外支出，除以上各项以外的其他损失计入管理费用。

第二，购入材料过程中发生的除买价之外的采购费用，若能正确划分是某种材料直接负担的，可直接计入该材料的采购成本，否则应进行分配。分配时，根据材料的特点确定分配的标准，一般来说，可供选择的分配标准有材料的重量、体积、买价等，依此计算采购费用分配率，确定各种材料应负担的采购费用，即：

采购费用分配率 = 采购费用总额 ÷ 分配标准合计

某项材料应负担的采购费用 = 该材料的分配标准 × 采购费用分配率

2. “原材料”账户

该账户的性质属于资产类，用来核算企业库存材料实际成本的增减变动及其结存情况。其借方登记验收入库材料的实际成本，贷方登记发出材料的实际成本，期末余额在借方，表示结存材料的实际成本。“原材料”账户应按照材料的种类或类别设置明细账，进行明细分类核算。

“原材料”账户的结构如下：

原材料

验收入库材料的实际成本	出库库存材料实际成本
期末余额：结存材料实际成本	

3. “应付账款”账户

该账户的性质属于负债类，用来核算企业因购买原材料、商品和接受劳务供应等经营活动应支付的款项。其贷方登记应付供应单位款项（买价、税金和代垫运杂费等）的增加，借方登记应付供应单位款项的减少，期末余额一般在贷方，表示尚未偿还的应付账款。该账户应按照供应单位的名称设置明细账，进行明细分类核算。

“应付账款”账户的结构如下：

应付账款

偿还应付账款（减少）	形成应付账款（增加）
	期末余额：尚未偿还的应付账款

4. “预付账款”账户

该账户的性质属于资产类，用来核算企业按照合同规定向供应单位预付购料款而与供应单位发生的结算债权的增减变动及其结余情况。其借方登记结算债权的增加即预付款的增加，贷方登记收到供应单位提供的材料物资而应冲销的预付款债权，期末余额一般在借方，表示尚未结算的预付款的余额。该账户应按照供应单位的名称设置明细账户，进行明细分类核算。

“预付账款”账户的结构如下：

预付账款

预付供应单位款项的增加	冲销预付供应单位的款项
期末余额：尚未结算的预付款项	

5.“应付票据”账户

该账户的性质属于负债类，用来核算企业采用商业汇票结算方式购买材料物资等而开出、承兑商业汇票的增减变动及其结余情况。其贷方登记企业因开出并承兑商业汇票而导致的负债增加，借方登记到期或者提前贴现而导致的负债减少。期末余额在贷方，表示尚未到期或贴现的商业汇票结余额。

“应付票据”账户的结构如下：

应付票据

应付票据到期或贴现	开出并承兑商业汇票
	期末余额：尚未到期商业汇票

6.“应交税费”账户

该账户的性质属于负债类，用来核算企业按税法规定应缴纳的各种税费的计算与实际缴纳情况。其贷方登记计算出的各种应交而未交税费，包括计算出的增值税、消费税、城市维护建设税、企业所得税、资源税、房产税、土地使用税、车船税、教育费附加、矿产资源补偿费等；借方登记实际缴纳的各种税费，包括支付的增值税进项税额；期末余额一般在贷方，表示未交的税费；若为借方，表示多交的税费。“应交税费”账户应按照税费品种设置明细账户，进行明细分类核算。

在材料采购业务中设置“应交税费”账户主要是核算增值税。增值税是对在我国境内销售货物或者加工、修理修配劳务（以下简称劳务），销售服务、无形资产、不动产以及进口货物的单位和个人，对其销售额计算税款，并实行税款抵扣制的一种流转税。增值税是对商品生产或流通各个环节的新增价值或商品附加值进行征税，因此称之为增值税，是一种价外税，采取两段征收法，分为增值税进项税额和销项税额。一般情况下，当期销项税额扣除当期进项税额后的净额即为企业的当期应纳税额。其中销项税额是指纳税人销售货物或应税劳务等，按照销售额和规定的税率计算并向购买方收取的增值税额，即：销项税额＝销售额×增值税税率。进项税额是指纳税人购进货物或接受应税劳务所支付或负担的增值税额，即：进项税额＝购进货物或劳务价款×增值税税率。增值税的进项税额与销项税额是相对应的，销售方的销项税额就是购买方的进项税额。

“应交税费”账户的结构如下：

应交税费——应交增值税

（1）购进时实际缴纳或负担进项税额 （2）缴纳本期应交的增值税	销售时计算的应交销项税额
期末余额：未抵扣或多交的增值税	期末余额：未交的增值税

以下举例说明在实际成本下购进原材料的相关经济业务的核算：

［例5－17］巴陵有限责任公司从光明工厂购入下列材料：甲材料5 000千克，单价24元；乙材料2 000千克，单价19元，增值税税率16%，款项通过银行付讫。

该项经济业务中，甲材料的买价为120 000元（24×5 000），乙材料的买价为38 000元（19×2 000），甲、乙两种材料的买价共计为158 000元，增值税进项税额为

25 280 元（158 000 ×16%）。该项经济业务的发生，一方面购入甲材料的买价增加 120 000 元，乙材料的买价增加 38 000 元，增值税进项税额增加 25 280 元，另一方面银行存款减少 183 280 元（120 000 +38 000 +25 280）。涉及“在途物资”“应交税费——应交增值税”“银行存款”三个账户。材料买价的增加是资产的增加，由于未提及验收入库，因此，应记入“在途物资”账户的借方；增值税进项税额的增加（本质上是负债的减少），应记入“应交税费——应交增值税”明细账户的借方；银行存款的减少是资产的减少，应记入“银行存款”账户的贷方。因此，该项业务应编制的会计分录如下：

借：在途物资——甲材料　　120 000
　　　　　　——乙材料　　38 000
　　应交税费——应交增值税（进项税额）　　25 280
　　贷：银行存款　　183 280

[**例 5 -18**] 巴陵有限责任公司用银行存款 7 000 元支付上述购入甲、乙材料的外地运杂费，按照材料的重量比例进行分配。

依题意，对甲、乙材料应共同负担的 7 000 元采购费用（外地运杂费）进行分配：

分配率 =7 000 ÷（5 000 +2 000）=1（元/千克）

甲材料负担的采购费用 =5 000 ×1 =5 000（元）

乙材料负担的采购费用 =2 000 ×1 =2 000（元）

该项经济业务的发生，一方面公司的材料采购成本增加 7 000 元，其中甲材料采购成本增加 5 000 元，乙材料采购成本增加 2 000 元，另一方面银行存款减少 7 000 元。涉及“在途物资”和“银行存款”两个账户。材料采购成本的增加是资产的增加，应记入“在途物资”账户的借方；银行存款的减少是资产的减少，应记入“银行存款”账户的贷方。因此，该项业务应编制的会计分录如下：

借：在途物资——甲材料　　5 000
　　　　　　——乙材料　　2 000
　　贷：银行存款　　7 000

[**例 5 -19**] 巴陵有限责任公司从鸿运工厂购进丙材料 7 200 千克，发票注明的价款 216 000 元，增值税额 34 560 元（216 000 ×16%），鸿运工厂代本公司垫付材料的运杂费 4 000 元。材料已运达企业并已验收入库。账单、发票已到，相关款项尚未支付。

该项经济业务的发生，一方面材料采购成本增加计 220 000 元，其中材料买价 216 000 元、运杂费 4 000 元，同时增值税进项税额增加 34 560 元；另一方面应付供应单位款项增加计 254 560 元（220 000 +34 560）。因此，该项经济业务涉及“在途物资”“应交税费——应交增值税”和“应付账款”三个账户。材料采购成本的增加是资产的增加，应记入“在途物资”账户的借方；增值税进项税额的增加，应记入“应交税费——应交增值税”账户的借方；应付账款的增加是负债的增加，应记入“应付账款”账户的贷方。因此，该项经济业务应编制的会计分录如下：

借：在途物资——丙材料　　220 000
　　应交税费——应交增值税（进项税额）　　34 560
　　贷：应付账款——鸿运工厂　　254 560

[例 5－20] 巴陵有限责任公司按照合同规定用银行存款预付给新大新公司订货款182 000元。

该项经济业务的发生，一方面预付的订货款增加182 000元，另一方面银行存款减少182 000元。涉及“预付账款”和“银行存款”两个账户。预付订货款的增加是资产（债权）的增加，应记入“预付账款”账户的借方；银行存款的减少是资产的减少，应记入“银行存款”账户的贷方。因此，该项经济业务应编制的会计分录如下：

借：预付账款——新大新公司　　182 000

　　贷：银行存款　　182 000

[例 5－21] 巴陵有限责任公司收到新大新公司发运来的、前已预付货款的丙材料，并验收入库。随货物附来的发票注明该批丙材料的价款420 000元，增值税税率为16%，增值税进项税额67 200元，除冲销原预付款182 000元外，不足款项立即用银行存款支付。另发生运杂费5 000元（运费忽略增值税），用现金支付。

该项经济业务的发生，一方面材料采购成本（丙材料的买价和采购费用）增加共计425 000元（420 000＋5 000），增值税进项税额增加67 200元；另一方面预付款减少182 000元，银行存款减少305 200元（420 000＋67 200－182 000），库存现金减少5 000元。涉及“在途物资”“应交税费——应交增值税”“预付账款”“银行存款”和“库存现金”等账户。材料采购成本的增加是资产的增加，应记入“在途物资”账户的借方；增值税进项税额的增加是负债的减少，应记入“应交税费——应交增值税”账户的借方；预付款的减少是资产的减少，应记入“预付账款”账户的贷方；银行存款的减少是资产的减少，应记入“银行存款”账户的贷方；现金的减少是资产的减少，应记入“库存现金”账户的贷方。因此，该项经济业务应编制的会计分录如下：

借：在途物资——丙材料　　425 000

　　应交税费——应交增值税（进项税额）　　67 200

　　贷：预付账款——新大新公司　　182 000

　　　　银行存款　　305 200

　　　　库存现金　　5 000

需要注意的是，该项经济业务所编制的会计分录是多借多贷的会计分录，要结合经济业务内容理解所涉及的各个账户之间的对应关系。

[例 5－22] 巴陵有限责任公司签发并承兑一张商业汇票，用以抵付本月[例5－19]从鸿运工厂购入丙材料的价税款和代垫的运杂费。

本月从鸿运工厂购入丙材料的价款为216 000元，增值税为34 560元，代垫运杂费为4 000元，合计为254 560元。该项经济业务的发生，一方面应付账款减少254 560元，另一方面应付票据增加254 560元。涉及“应付账款”和“应付票据”两个账户。应付账款的减少是负债的减少，应记入“应付账款”账户的借方；应付票据的增加是负债的增加，应记入“应付票据”账户的贷方。因此，编制的会计分录如下：

借：应付账款——鸿运工厂　　254 560

　　贷：应付票据　　254 560

[例 5－23] 本月购入的甲、乙、丙材料已经验收入库，结转各种材料的实际采购成本。

计算本月购入的各种材料的实际采购成本：

甲材料的实际采购成本 = 120 000 + 5 000 = 125 000（元）

乙材料的实际采购成本 = 38 000 + 2 000 = 40 000（元）

丙材料的实际采购成本 = 216 000 + 4 000 + 420 000 + 5 000 = 645 000（元）

该项经济业务的发生，一方面库存的原材料增加，另一方面在途物资减少。涉及“原材料”和“在途物资”两个账户。库存材料的增加是资产增加，应记入“原材料”账户借方；在途物资的减少是资产减少，应记入“在途物资”账户贷方。因此，该项经济业务应编制的会计分录如下：

借：原材料——甲材料	125 000	
——乙材料	40 000	
——丙材料	645 000	
贷：在途物资——甲材料		125 000
——乙材料		40 000
——丙材料		645 000

第四节

生产过程业务的核算

一、生产过程业务概述

制造企业的主要经济活动是生产符合社会需要的产品，产品的生产过程同时也是生产的耗费过程。企业在生产经营过程中发生的各项耗费，是企业为获得收入而预先垫支并需要得到补偿的资金耗费，因而也是收入形成、实现的必要条件。企业要生产产品就要发生各种生产耗费，包括生产资料中的劳动手段（例如机器设备）和劳动对象（例如原材料）的耗费，以及劳动力等方面的耗费。制造企业在生产过程中发生的、用货币额表现的生产耗费称之为生产费用。这些生产费用最终都要归集、分配给特定的产品，从而形成各种产品的成本。换言之，企业为生产一定种类、一定数量产品所支出的各种生产费用总和，予以对象化就形成了对应产品的成本。由此可见，费用与成本有着密切的联系，费用的发生过程也就是成本的形成过程，费用是产品成本形成的基础。但是，费用与成本也有一定的区别，费用是在一定期间为了进行生产经营活动而发生的各项耗费，费用与发生的期间直接相关，即费用强调受益“期间”；成本则是为生产某一产品或提供某一劳务所消耗的费用，成本与负担者直接相关，即成本强调受益“对象”。

生产费用按其计入产品成本的方式不同，可以分为直接费用和间接费用。直接费用是指企业生产产品过程中实际消耗的直接材料和直接人工等。间接费用是指企业为生产产品和提供劳务而发生的各项间接支出，通常称为制造费用。上述各个项目是生产费用按其经济用途所进行的分类，称为成本项目。成本项目的具体构成内容主要有直接材料、直接人工和制造费用等。

直接材料是指企业在生产产品和提供劳务的过程中所消耗的、直接用于产品生产，构成产品实体的各种原材料及主要材料、外购半成品以及有助于产品形成的辅助材料等。

直接人工是指企业在生产产品和提供劳务过程中，直接从事产品生产的工人工资、津贴、补贴和福利费等。

制造费用是指企业为生产产品和提供劳务而发生的各项间接费用，其构成内容比较复杂，包括间接的工资、福利、折旧、修理、办公、水电、机物料消耗、季节性停工损失等费用。

二、生产费用的归集与分配

（一）材料费用的归集与分配

制造企业通过供应过程采购的各种原材料，经过验收入库之后，形成生产产品的物资储备，生产产品及其他方面领用时，形成材料费。完整意义上的材料费包括消耗的原材料、主要材料和辅助材料等，在确定材料费用时，应根据领料凭证区分车间、部门等不同用途后，按照确定的受益对象将发出材料的成本分别计入“生产成本”“制造费用”等总账以及与之对应的明细账。对于直接用于某种产品生产的材料费，应直接计入该产品生产成本明细账中的直接材料费项目；对于由几种产品共同耗用并且需要共同负担的材料费，应选择适当的标准在各种产品之间进行分配，计入各有关成本计算对象；对于为创造生产条件等需要而间接消耗的各种材料费，应先在“制造费用”账户中进行归集，然后分配计入有关产品成本中。总而言之，材料是构成产品实体的一个重要组成部分，对材料费的归集与分配是生产过程非常重要的核算内容。

为了反映和监督产品在生产过程中各项材料费用的发生、归集和分配情况，正确地计算产品生产成本中的材料费用，应设置以下账户：

1. “生产成本”账户

该账户的性质属于成本类，用来归集和分配企业工业性生产中所发生的，据以计算产品生产成本的各项生产费用。其借方登记应计入产品生产成本的各项费用，包括直接计入产品生产成本的直接材料费、直接人工费和期末按照一定的方法分配计入产品生产成本的制造费用；贷方登记结转完工入库产成品的生产成本。期末若有余额，一般在借方，表示尚未完工产品（在产品）的成本。该账户应按产品种类或类别设置明细账户，进行明细分类核算。

生产成本账户的结构如下：

生产成本

发生的生产费用： （1）直接材料 （2）直接人工 （3）分配结转的制造费用	结转完工产成品成本
期末余额：在产品成本	

2. “制造费用”账户

该账户的性质属于成本类，用来归集和分配生产车间为组织和管理产品的生产活动而发生的各项间接生产费用，包括车间范围内发生的管理人员的薪酬、折旧、修理、办公、水电、机物料消耗等费用。其借方归集生产车间实际发生的各项间接费用，贷方登记期末经分配转入“生产成本”账户的制造费用。期末结转后，该账户一般无余额。该账户应按不同车间设置明细账户，按照费用项目设置专栏进行明细分类核算。

制造费用账户的结构如下：

制造费用

归集车间范围内发生的各项间接费用	期末分配转入“生产成本”的制造费用

制造企业采购到的材料，经验收入库，形成生产的物资储备。生产部门领用时，填制领料单，向仓库办理领料手续，领取所需材料。仓库发出材料后，将领料凭证传递到会计部门，会计部门将领料单汇总，编制“发出材料汇总表”，据以将本月发生的材料费用按其用途分配计入相关受益对象。

以下举例说明材料费用归集与分配的总分类核算过程：

［例 5－24］巴陵有限责任公司本月仓库发出材料见表 5－1。

表 5－1　发出材料汇总表　　单位：元

用途	甲材料		乙材料		材料耗用合计
	数量	金额	数量	金额	
制造产品领用：					
A 产品耗用	8 000	200 000	6 000	120 000	320 000
B 产品耗用	10 000	250 000	4 000	80 000	330 000
小计	18 000	450 000	10 000	200 000	650 000
车间一般耗用	5 000	125 000	2 000	40 000	165 000
合计	23 000	575 000	12 000	240 000	815 000

从表 5－1 所列资料可知，该企业的材料费用可以分为两个部分。一部分为直接用于产品制造的直接材料费用，A、B 两种产品共耗用 650 000 元，其中 A 产品耗用 320 000元，B 产品耗用 330 000 元；另一部分为车间一般性消耗的材料费 165 000 元。该项经济业务的发生，一方面生产 A 产品的直接材料费增加 320 000 元，生产 B 产品的直接材料费增加 330 000 元，间接材料费增加 165 000 元；另一方面库存甲材料减少 575 000元，库存乙材料减少 240 000 元。涉及“生产成本”“制造费用”和“原材料”三个总分类账户。生产产品的直接材料费和间接材料费的增加是费用的增加，应分别记入“生产成本”和“制造费用”账户的借方；库存材料的减少是资产的减少，应记入“原材料”账户的贷方。因此，该项经济业务应编制的会计分录如下：

借：生产成本——A 产品　　320 000
　　　　　　——B 产品　　330 000
　　制造费用　　165 000
　　贷：原材料——甲材料　　575 000

——乙材料　　240 000

（二）职工薪酬的归集与分配

职工薪酬是指企业为获得职工提供的服务而给予各种形式的报酬以及其他相关支出。职工薪酬包括职工①工资、奖金、津贴和补贴；职工福利费；医疗保险费、养老保险费、失业保险费、工伤保险费和生育保险费等社会保险费；住房公积金；工会经费和职工教育经费；非货币性福利；因解除与职工的劳动关系给予的补偿；其他与获得职工提供的服务相关的支出。职工薪酬作为企业的一项支出，在实际发生时根据职工提供服务的受益对象不同，分别形成企业的成本费用或计入有关资产的成本。应由生产产品、提供劳务负担的职工薪酬，计入产品成本或劳务成本；应由在建工程、无形资产负担的职工薪酬，计入建造固定资产或无形资产成本；其他的职工薪酬计入当期损益②。

对企业职工的薪酬进行核算，应根据工资结算汇总表或按月编制的"职工薪酬分配表"的内容，登记有关的总分类账户和明细分类账户，进行相关的账务处理。若企业采用的是计件工资制，生产工人的计件工资和相关薪酬属于直接费用，应直接计入有关产品的成本。生产工人以外的其他生产管理人员的职工薪酬则属于间接费用，应记入"制造费用"等账户。若企业采用计时工资制，只生产一种产品的情况下，生产工人的职工薪酬可直接计入产品成本；若生产多种产品，则需采用一定的分配标准（实际生产工时或定额生产工时）将生产工人的职工薪酬分配计入产品成本。

为了核算职工薪酬的发生和分配的内容，需要设置"应付职工薪酬"账户。"应付职工薪酬"账户的性质是负债类，用来核算企业应付给职工各种薪酬总额的计算与实际发放，反映和监督企业与职工薪酬结算情况。该账户贷方登记本月计算的应付职工薪酬总额，包括各种工资、奖金、津贴和福利费等，同时对应付的职工薪酬，应作为一项费用按其经济用途分配记入有关的成本、费用账户；借方登记本月实际支付的职工薪酬数。月末该科目若为贷方余额，表示本月应付职工薪酬大于实付职工薪酬的差额，即应付未付的职工薪酬。"应付职工薪酬"账户可以按照"工资""职工福利""社会保险费""住房公积金"等进行明细核算。

"应付职工薪酬"账户的结构如下：

应付职工薪酬

实际支付的职工薪酬	月末计算分配的职工薪酬
	期末余额：应付未付的职工薪酬

企业发生的职工薪酬，用途不尽相同。有的直接用于产品生产，有的用于管理活动等，因此，在确定本月应付职工薪酬时，应按用途分别在有关的账户中进行核算，特别是对于生产多种产品的企业，则对于共同性的职工薪酬应在各种产品之间按照一定的标准进行分配。职工薪酬核算的具体程序主要包括提取现金、支付工资及福利费、分配工

---

① 职工的范围包括与企业订立劳动合同的所有人员（含全职、兼职和临时工）、企业正式任命的人员（如董事会、监事会成员等）、虽未订立劳动合同或企业未正式任命，但在企业的计划、领导和控制下提供类似服务的人员。

② 参见《企业会计准则第9号——职工薪酬》第4条。

资及福利费等环节。

以下举例说明职工薪酬中的工资和福利费的归集与分配业务的总分类核算：

［例 5－25］ 巴陵有限责任公司开出现金支票，从银行提取现金 3 600 000 元，准备发放工资。

该项经济业务的发生，一方面库存现金增加 3 600 000 元，另一方面银行存款减少 3 600 000 元。涉及“库存现金”和“银行存款”两个账户。现金的增加是资产增加，应记入“库存现金”账户借方；银行存款的减少是资产减少，应记入“银行存款”账户贷方。编制的会计分录如下：

借：库存现金　　3 600 000

　　贷：银行存款　　3 600 000

［例 5－26］ 巴陵有限责任公司用现金 3 600 000 元发放工资。

该项经济业务的发生，一方面现金减少 3 600 000 元，另一方面应付职工薪酬减少 3 600 000 元。涉及“库存现金”和“应付职工薪酬”两个账户。现金的减少是资产减少，应记入“库存现金”账户贷方；应付职工薪酬的减少是负债减少，应记入“应付职工薪酬”账户借方。因此，编制的会计分录如下：

借：应付职工薪酬——工资　　3 600 000

　　贷：库存现金　　3 600 000

［例 5－27］ 巴陵有限责任公司根据当月的考勤记录和产量记录等，计算确定本月职工的工资见表 5－2：

表 5－2

A 产品生产工人工资	1 640 000 元
B 产品生产工人工资	1 430 000 元
车间管理人员工资	320 000 元
厂部管理人员工资	210 000 元

该项经济业务的发生，一方面应付职工薪酬这项负债增加了 3 600 000 元；另一方面生产费用和期间费用增加了 3 600 000 元，其中：A 产品生产工人的工资 1 640 000 元，B 产品生产工人工资 1 430 000 元，车间管理人员的工资 320 000 元，厂部行政管理人员的工资 210 000 元。因此，该项经济业务涉及“生产成本”“制造费用”“管理费用”和“应付职工薪酬”四个账户。生产工人的工资作为直接生产费用应记入“生产成本”账户借方；车间管理人员的工资作为间接生产费用应记入“制造费用”账户借方；厂部管理人员的工资作为期间费用应记入“管理费用”账户借方；由于以上职工工资尚未支付，因此形成企业的负债，应记入“应付职工薪酬”账户贷方。根据以上分析，应编制的会计分录如下：

借：生产成本——A 产品　　1 640 000

　　生产成本——B 产品　　1 430 000

　　制造费用　　320 000

　　管理费用　　210 000

贷：应付职工薪酬——工资 3 600 000

[**例 5-28**] 巴陵有限责任公司本月以银行存款支付职工福利费 504 000 元，其中生产工人的福利费 429 800 元（A 产品生产工人 229 600 元，B 产品生产工人 200 200 元），车间管理人员的福利费 44 800 元，行政管理人员的福利费 29 400 元。

企业为了保证职工的身体健康和提高职工的福利待遇，根据国家规定，企业可以按照职工工资总额的一定比例在成本费用中计提职工福利费。支付职工福利费时，一方面银行存款等资产减少，另一方面应付职工薪酬该项负债减少。因此该笔业务应记入“应付职工薪酬”账户的借方和“银行存款”账户的贷方。计提职工福利费时，一方面当期的费用成本增加，另一方面应付职工薪酬增加。对于费用成本的增加应区分不同人员的福利费，分别在不同的账户中列支。其中 A 产品生产工人的福利费为 229 600 元、B 产品生产工人的福利费为 200 200 元，属于产品生产成本的增加，应记入“生产成本”账户借方；车间管理人员的福利费为 44 800 元，属于生产产品所发生的间接费用的增加，应记入“制造费用”账户借方；厂部管理人员的福利费为 29 400 元属于期间费用的增加，应记入“管理费用”账户借方；同时，“应付职工薪酬——职工福利”负债增加，记入该账户贷方。根据以上分析，该项业务应编制的会计分录如下：

（1）支付福利费时：

借：应付职工薪酬——职工福利 504 000

　　贷：银行存款 504 000

（2）计提福利费时：

借：生产成本——A 产品 229 600

　　　　　　——B 产品 200 200

　　制造费用 44 800

　　管理费用 29 400

　　贷：应付职工薪酬——职工福利 504 000

（三）制造费用的归集与分配

制造费用是产品制造企业为了生产产品和提供劳务而发生的各种间接费用。其主要内容是企业的生产部门（包括基本生产车间和辅助生产车间）为组织和管理生产活动以及为生产活动服务而发生的费用，如车间管理人员的工资及福利费，车间生产使用的照明费、取暖费、运输费、劳动保护费等。在生产多种产品的企业里，制造费用在发生时一般无法直接判定其应归属的成本核算对象，因而不能直接计入所生产的产品成本中，必须将上述各种费用按照发生的不同空间范围在“制造费用”账户中予以归集汇总，然后选用一定的标准（如生产工人工资、生产工时等），在各种产品之间进行合理的分配，以便于准确计算各种产品应负担的制造费用。在制造费用的归集过程中，要按照权责发生制核算基础的要求，正确处理跨会计期间的各项费用，使其摊配于应归属的会计期间。

为了归集和分配车间发生的各种间接费用，需要设置“累计折旧”账户：

该账户的性质是资产（备抵）类，账户结构与一般资产类账户相反，用来核算企业固定资产累计损耗价值的情况。其贷方登记按月提取的折旧额即累计折旧的增加，借方登记因减少固定资产而注销的累计折旧。期末余额在贷方，表示现有固定资产已提折旧的累计额。该账户可按固定资产的类别或项目进行明细核算。

“累计折旧”账户的结构如下：

累计折旧

折旧的减少（注销）	折旧的增加（计提）
	期末余额：现有固定资产累计折旧额

关于固定资产的折旧需要注意：为了给固定资产的管理提供有用的会计信息，真实、准确反映企业固定资产价值的增减变动及其结存情况，在会计核算过程中设置了“固定资产”账户。

固定资产在其较长的使用期限内虽然保持原有实物形态，但其价值随着固定资产的损耗而逐渐减少，由于损耗而减少的价值就是固定资产的折旧。为了使“固定资产”账户能按固定资产的取得成本反映其增减变动和结存情况，并便于计算和反映固定资产的账面净值（折余价值），需要专门设置一个用来反映固定资产损耗价值（即折旧额）的账户，即“累计折旧”账户。每月计提的固定资产折旧记入该账户的贷方，表示固定资产因损耗而减少的价值；对于固定资产因出售、报废等原因引起的固定资产成本的减少，在注销固定资产的取得成本时，贷记“固定资产”账户，同时还应注销其已提取的折旧额，借记“累计折旧”账户。“累计折旧”账户期末应为贷方余额，表示现有固定资产累计已提取的折旧额。将“累计折旧”账户的贷方余额抵减“固定资产”账户的借方余额即可求得固定资产的净值。

以下举例说明制造费用的归集（部分业务）与分配的总分类核算：

［**例5－29**］巴陵有限责任公司于月末计提本月固定资产折旧，其中车间固定资产折旧额8 600元，厂部固定资产折旧额4 500元。

企业的固定资产由于使用等原因会磨损其价值即折旧，因而对固定资产应通过提取折旧的方式将其磨损的价值计入当期成本或损益。提取固定资产折旧时，一方面意味着当期的费用成本增加，应区分不同的空间范围记入对应的费用成本类账户，其中车间固定资产提取的折旧额应记入“制造费用”账户借方，厂部用固定资产提取的折旧额应记入“管理费用”账户借方；另一方面，固定资产已提折旧额的增加，实际上是固定资产价值的减少，本应记入“固定资产”账户，但是由于“固定资产”账户只能记录固定资产的原值即取得固定资产时的成本，因此，对于提取的折旧额应记入固定资产的备抵账户“累计折旧”的贷方，表示固定资产已提折旧的增加，其本质是固定资产价值的减少。该项业务应编制的会计分录如下：

借：制造费用	8 600	
管理费用	4 500	
贷：累计折旧		13 100

［**例5－30**］巴陵有限责任公司用现金900元购买车间的办公用品。

该项经济业务的发生后，公司车间的办公费增加900元，同时现金减少900元。涉及“制造费用”和“库存现金”两个账户。其中，办公费的增加是费用的增加，应记入“制造费用”账户借方；现金的减少是资产减少，应记入“库存现金”账户的贷方。

编制的会计分录如下：

借：制造费用　　900

　　贷：库存现金　　900

[例5-31] 巴陵有限责任公司在月末将本月发生的制造费用按照生产工时比例分配计入A、B产品的生产成本。其中生产A产品耗用6 000工时，生产B产品耗用4 000工时。

企业发生的制造费用属于间接费用，因此，需要采用一定的标准在各种产品之间进行合理的分配。制造费用的分配标准主要有：生产工人工资、生产工人工时、机器设备运转工时、耗用原材料的数量或成本和产品产量等。企业可以根据自身管理的需要、产品的特点等选择采用适当的分配标准。为了遵循可比性的信息质量要求，分配标准一经确定，不得随意变更。

对于该经济项业务，首先应计算确定本月发生的制造费用总额，根据［例5-24］至［例5-31］的会计处理，计算确定巴陵有限责任公司本月发生的制造费用为539 300元（165 000+320 000+44 800+8 600+900）；然后进行分配（本例中按照生产工时比例进行分配），即：

$$制造费用分配率=\frac{制造费用总额}{生产工时总和}=\frac{539\ 300}{6\ 000+4\ 000}=53.93\ （元/工时）$$

A产品负担的制造费用额 $=6\ 000\times53.93=323\ 580$（元）

B产品负担的制造费用额 $=4\ 000\times53.93=215\ 720$（元）

将分配的结果计入产品成本时，一方面产品生产成本增加539 300元，另一方面制造费用减少539 300元。涉及“生产成本”和“制造费用”两个账户。产品生产成本的增加，应记入“生产成本”账户的借方，结转制造费用是制造费用的减少，应记入“制造费用”账户的贷方。编制的会计分录如下：

借：生产成本——A产品　　323 580

　　　　　　——B产品　　215 720

　　贷：制造费用　　539 300

（四）完工产品生产成本的计算与结转

将制造费用分配到各种产品成本后，“生产成本”账户的借方归集了生产各种产品所发生的直接材料、直接人工和制造费用的全部内容。

月末，若产品完工，则根据完工产品生产成本计算单的相关资料，可以结转完工后验收入库产品的生产成本。

为了核算完工产品成本结转及库存商品的增减变化情况，需要设置“库存商品”账户。该账户的性质是资产类，用来核算企业库存的外购商品、自制产品即产成品、自制半成品、存放在门市部准备出售的商品、发出展览的商品以及寄存在外的商品等的实际成本（或计划成本）的增减变动及其结余情况。其借方登记验收入库商品成本的增加，包括外购、自产、委托加工等；贷方登记库存商品成本的减少（发出）；期末余额在借方，表示期末结余的库存商品成本。“库存商品”账户应按照商品的种类、品种和规格等设置明细账，进行明细分类核算。

“库存商品”账户的结构如下：

库存商品

验收入库商品成本的增加	库存商品成本的减少
期末余额：结存的商品成本	

以下举例说明完工入库产品成本结转的总分类核算：

[例5-32] 巴陵有限责任公司生产车间本月生产完工A、B两种产品，其中A产品完工总成本为1 837 380元，B产品完工总成本为1 261 920元。结转验收入库A、B产品的成本。

生产完工，结转入库产品成本时，一方面公司的库存商品增加，其中A产品增加1 837 380元，B产品增加1 261 920元；另一方面由于产品完工入库，使生产过程中占用的资金减少3 099 300元（1 837 380+1 261 920）。涉及“库存商品”和“生产成本”两个账户。库存商品成本的增加是资产的增加，应记入“库存商品”账户的借方；结转入库产品成本使生产成本减少，应记入“生产成本”账户的贷方。该项业务应编制的会计分录如下：

借：库存商品——A产品　　1 837 380
　　　　　　——B产品　　1 261 920
　贷：生产成本——A产品　　1 837 380
　　　　　　　——B产品　　1 261 920

第五节

销售过程业务的核算

企业生产出符合要求、可供对外销售的产品后，形成了库存商品，进入销售环节，销售过程是企业经营过程的最后一个阶段。制造企业在销售过程中，通过销售产品，按照销售价格收取产品价款，形成商品销售收入，在销售过程中结转的商品销售成本，以及发生的运输、包装、广告等销售费用，依据税法的规定计算缴纳的各种税金及附加等都从销售收入中得到补偿，补偿之后的差额即为企业销售商品的业务成果即利润或亏损。企业在销售过程中除了发生销售商品、自制半成品以及提供工业性劳务等业务即主营业务外，还可能发生一些如销售材料、出租包装物、出租固定资产等的其他业务，因此，在本节中分别介绍主营业务收支和其他业务收支的核算。

一、主营业务收支的核算

制造企业的主营业务范围包括销售商品、自制半成品、代制品、代修品以及提供工业性劳务等。主营业务核算的主要内容就是主营业务收入的确认与计量、主营业务成本的计算与结转、销售费用的发生与结转、税金及附加的计算与缴纳以及货款的收回等。

（一）商品销售收入的确认与计量

销售过程的核算首先需要解决的就是销售收入的确认与计量的问题。收入的确认实际上解决收入入账时间问题，收入的计量解决收入入账金额问题。企业生产经营活动所获得的收入应当按照权责发生制的要求，根据收入实现原则加以确认与计量。由于商品销售收入是制造企业收入的重要组成部分，作为企业经营业绩的重要表现形式，商品销售收入应该如何确认和计量，直接关系到企业经营成果和财务状况能否得到准确报告的问题。

（二）销售商品业务的会计处理

销售商品业务属于企业的主营业务，为了核算主营业务收入的实现、销售成本的结转、税金及附加的计算等内容，一般需要设置“主营业务收入”“主营业务成本”“税金及附加”等账户，分别核算收入的实现及其结转、成本的发生及其转销、税金及附加的计算及其转销的具体内容。对于货款的结算还应设置“应收账款”“应收票据”“预收账款”等往来账户。以下具体分析其核算过程：

1. 主营业务收入的核算

为了反映和监督企业销售商品和提供劳务所实现的收入以及因销售商品而与购买单位之间发生的货款结算业务，应设置下列账户：

（1）“主营业务收入”账户。该账户的性质是损益类，用来核算企业销售商品和提供劳务等主营业务所实现的收入。其贷方登记企业实现的主营业务收入即主营业务收入的增加，借方登记发生销售退回和销售折让时应冲减本期的主营业务收入和期末转入“本年利润”账户的主营业务收入净额，结转后该账户月末应无余额。“主营业务收入”账户应按照主营业务的种类设置明细账，进行明细分类核算。

“主营业务收入”账户的结构如下：

主营业务收入

（1）销售退回、折让等 （2）期末转入“本年利润”账户的净收入	实现的主营业务收入（增加）

（2）“应收账款”账户。该账户的性质是资产类，用来核算因销售商品和提供劳务等应向购货方或接受劳务方收取货款的结算情况（结算债权），代购买方垫付的各种款项也在该账户中核算。其借方登记由于销售商品以及提供劳务等而发生的应收账款（即应收账款的增加），包括应收取的价款、税款和代垫款等；贷方登记收回的应收账款（即应收账款的减少）。期末余额若在借方，表示尚未收回的应收账款；期末余额若在贷方，表示预收的账款。该账户应按购货单位或接受劳务单位设置明细账户，进行明细分类核算。

“应收账款”账户的结构如下：

应收账款

形成的应收账款（增加）	收回的应收账款（减少）
期末余额：应收未收款	期末余额：预收款

（3）“预收账款”账户。该账户的性质是负债类，用来核算企业按照合同规定预收购买单位订货款的增减变动及其结余情况。其贷方登记预收购买单位订货款的增加；借方登记销售实现时冲减的预收货款。期末余额若在贷方，表示企业预收款的结余额；期末余额若在借方，表示应补收的款项。本账户应按照购货单位设置明细账户，进行明细分类核算。

“预收账款”账户的结构如下：

预收账款

预收货款的减少	预收货款的增加
期末余额：应补收的款项	期末余额：预收款的结余

对于预收账款业务不多的企业，可以不单独设置“预收账款”账户，而将预收的款项直接记入“应收账款”账户。此时的应收账款账户就具有债权债务双重性质。

（4）“应收票据”账户。该账户的性质是资产类，用来核算企业销售商品而收到购买单位开出并承兑商业承兑汇票或银行承兑汇票的增减变动及其结余情况。企业收到购买单位开出并承兑的商业汇票，表明企业应收票据款的增加，应记入“应收票据”账户的借方；票据到期或不带追索权贴现表明企业应收票据款的减少，应记入“应收票据”账户的贷方，期末该账户如有余额应在借方，表示尚未到期的应收票据款的结余额。

“应收票据”账户的结构如下：

应收票据

本期收到的商业汇票的增加	到期（或提前贴现）票据应收款的减少
期末余额：尚未收回的票据应收款	

对于正常的商品销售活动，应按照收入确认的条件进行确认和计量后进行会计处理。按确认的收入金额与应收取的增值税额，借记“银行存款”“应收账款”“应收票据”“预收账款”等账户；按确定的收入金额，贷记“主营业务收入”账户；按应收取的增值税额，贷记“应交税费——应交增值税”账户。

以下举例说明主营业务收入的实现及其有关款项结算的核算过程：

［例 5－33］ 巴陵有限责任公司向东方工厂销售 A 产品 50 台，每台售价 4 800 元，发票注明该批 A 产品的价款 240 000 元，增值税额 38 400 元，收到一张已承兑的商业汇票。

该项经济业务的发生，一方面公司的应收票据款增加 278 400 元（240 000 + 38 400），另一方面商品销售收入增加 240 000 元、增值税销项税额增加 38 400 元。涉及“应收票据”“主营业务收入”“应交税费——应交增值税”三个账户。应收票据款的增加是资产的增加，应记入“应收票据”账户的借方；商品销售收入的增加是收入的增加，应记入“主营业务收入”账户的贷方，增值税销项税额的增加是负债的增加，应记入“应交税费——应交增值税”账户的贷方。该项经济业务应编制的会计分录如下：

借：应收票据　　278 400
　　贷：主营业务收入　　240 000
　　　　应交税费——应交增值税（销项税额）　　38 400

［**例 5-34**］巴陵有限责任公司按照合同规定预收正大工厂订购 B 产品的货款 500 000 元，存入银行。

该项经济业务的发生，一方面公司的银行存款增加 500 000 元，另一方面预收款增加 500 000 元。涉及"银行存款"和"预收账款"两个账户。银行存款的增加是资产的增加，应记入"银行存款"账户的借方；预收款的增加是负债的增加，应记入"预收账款"账户的贷方。该项业务应编制的会计分录如下：

借：银行存款　　500 000
　　贷：预收账款——正大工厂　　500 000

［**例 5-35**］巴陵有限责任公司向机车厂销售 A 产品 120 台，发票注明的价款 576 000 元，增值税额 92 160 元，款项尚未收到。

该项经济业务的发生，一方面公司的应收款增加 668 160 元（576 000 + 92 160）；另一方面商品销售收入增加 576 000 元，增值税销项税额增加 92 160 元。涉及"应收账款""主营业务收入"和"应交税费——应交增值税"三个账户。应收款的增加是资产的增加，应记入"应收账款"账户的借方；商品销售收入的增加是收入的增加，应记入"主营业务收入"账户的贷方，增值税销项税额的增加是负债的增加，应记入"应交税费——应交增值税"账户的贷方。编制的会计分录如下：

借：应收账款——机车厂　　668 160
　　贷：主营业务收入　　576 000
　　　　应交税费——应交增值税（销项税额）　　92 160

［**例 5-36**］巴陵有限责任公司本月销售给正大工厂 B 产品 70 台，货已发出，发票注明的价款 1 400 000 元，增值税销项税额 224 000 元（价税款合计为 1 624 000 元）。原预收款不足，差额部分款已收存银行。

公司原预收正大工厂的货款 500 000 元，发货价税款合计为 1 624 000 元（1 400 000 + 224 000），不足款项的差额为 1 124 000 元（1 624 000 - 500 000）。该项经济业务的发生，一方面公司的预收款减少 500 000 元，银行存款增加 1 124 000 元；另一方面商品销售收入增加 1 400 000 元，增值税销项税额增加 224 000 元。涉及"预收账款""银行存款""主营业务收入"和"应交税费——应交增值税"四个账户。预收款的减少是负债的减少，应记入"预收账款"账户的借方；银行存款的增加是资产的增加，应记入"银行存款"账户的借方；商品销售收入的增加是收入的增加，应记入"主营业务收入"账户的贷方；增值税销项税额的增加是负债的增加，应记入"应交税费——应交增值税"账户的贷方。该项业务应编制的会计分录如下：

借：预收账款——正大工厂　　500 000
　　银行存款　　1 124 000
　　贷：主营业务收入　　1 400 000
　　　　应交税费——应交增值税（销项税额）　　224 000

[例 5－37] 巴陵有限责任公司收到机车厂开出并承兑的商业汇票 668 160 元，用以抵偿其前欠本企业的货款。

该项经济业务的发生，一方面公司的应收票据款增加 668 160 元，另一方面公司的应收款减少 668 160 元。涉及"应收票据"和"应收账款"两个账户。应收票据款的增加是资产的增加，应记入"应收票据"账户的借方；应收款的减少是资产的减少，应记入"应收账款"账户的贷方。该项业务应编制的会计分录如下：

借：应收票据	668 160	
贷：应收账款——机车厂		668 160

[例 5－38] 巴陵有限责任公司赊销给大明商店 52 台 A 产品，发票注明的货款 258 000 元，增值税 41 280 元。另外，公司用银行存款为大明商店垫付 A 商品运费 1 500 元。

该项经济业务的发生，一方面公司的应收款增加 300 780 元（258 000＋41 280＋1 500）；另一方面商品销售收入增加 258 000 元，增值税销项税额增加 41 280 元，银行存款减少 1 500 元。因此，该项业务涉及"应收账款""主营业务收入""应交税费——应交增值税"和"银行存款"四个账户。应收款的增加是资产的增加，应记入"应收账款"账户的借方；商品销售收入的增加是收入的增加，应记入"主营业务收入"账户的贷方；增值税销项税额的增加是负债的增加，应记入"应交税费——应交增值税"账户的贷方；银行存款的减少是资产的减少，应记入"银行存款"账户的贷方。该项业务应编制的会计分录如下：

借：应收账款——大明商店	300 780	
贷：主营业务收入		258 000
应交税费——应交增值税（销项税额）		41 280
银行存款		1 500

2. 主营业务成本的核算

企业销售商品，一方面减少了库存的存货，另一方面为取得主营业务收入而垫支的资金，表明企业发生了费用，该项费用称为主营业务成本。将销售发出的商品成本转为主营业务成本，应遵循配比的要求。主营业务成本的计算确定公式如下：

本期应结转的主营业务成本＝本期销售商品的数量×商品的单位生产成本

为了核算主营业务成本的发生和结转情况，需要设置"主营业务成本"账户，该账户的性质是损益类，用来核算企业经营主营业务而发生的实际成本及其结转情况。其借方登记主营业务发生的实际成本，贷方登记销售退回商品冲减的成本以及期末转入"本年利润"账户的主营业务成本，该账户期末结转后无余额。"主营业务成本"账户应按照主营业务的种类设置明细账户，进行明细分类核算。

"主营业务成本"账户的结构如下：

主营业务成本

发生的主营业务成本	（1）销售退回商品的成本 （2）期末转入"本年利润"账户的主营业务成本

以下举例说明主营业务成本的总分类核算：

[**例 5-39**] 巴陵有限责任公司在月末结转本月已销售的 A、B 产品的销售成本。其中 A 产品的单位成本为 3 200 元，B 产品的单位成本为 13 600 元。

首先需要计算确定已销售的 A、B 产品的销售成本。由于本期销售 A 产品计 222 台（50+120+52），其销售总成本为 710 400 元（3 200×222）；本期销售 B 产品 70 台，其销售成本为 952 000 元（13 600×70）。该项经济业务的发生，一方面公司的商品销售成本增加 1 662 400 元（710 400+952 000），另一方面库存商品成本减少 1 662 400 元。涉及"主营业务成本"和"库存商品"两个账户。商品销售成本的增加是费用的增加，应记入"主营业务成本"账户的借方；库存商品成本的减少是资产的减少，应记入"库存商品"账户的贷方。该项业务应编制的会计分录如下：

借：主营业务成本	1 662 400	
贷：库存商品——A 商品		710 400
库存商品——B 商品		952 000

3. 税金及附加的核算

企业在销售商品过程中，实现了商品的销售额，就应该向国家缴纳各种税金及附加，包括消费税、城市维护建设税、土地增值税、资源税以及教育费附加等相关税费。这些税金及附加一般是根据当月销售额或税额，按照规定的税率计算，于下月初缴纳。其中：

应交消费税＝应税消费品的销售额×消费税税率

应交城市维护建设税＝（当期的消费税＋增值税）×城市维护建设税税率

教育费附加的计算方式类似于城市维护建设税，仅仅计算比率不同。由于税金及附加一般在当月计算而在下月缴纳，因而计算税金及附加时，一方面企业发生了一项费用支出，另一方面形成了一项负债。

为了核算企业销售商品的税金及附加情况，需要设置"税金及附加"账户。该账户的性质是损益类，用来核算企业生产经营过程中应负担的各种税金及附加的计算及其结转情况。其借方登记按照有关的计税依据计算出的各种税金及附加，贷方登记期末转入"本年利润"账户的税金及附加。该账户期末结转后无余额。

"税金及附加"账户的结构如下：

税金及附加

按照计税依据计算出的消费税、城建税等	期末转入"本年利润"账户的税金及附加额

以下举例说明税金及附加业务的总分类核算：

[**例 5-40**] 巴陵有限责任公司经计算，本月销售 A、B 产品应缴纳的城建税 14 000 元，教育费附加 6 000 元；另外，A 产品应缴纳的消费税为 35 000 元（假设 A 产品为应税消费品）。

该项经济业务的发生，一方面公司的税金及附加增加 55 000 元（35 000＋14 000＋6 000），另一方面应交税费增加 55 000 元。涉及"税金及附加"和"应交税费"两个账户。税金及附加的增加是费用支出的增加，应记入“税金及附加”账户的借方；应交税费的增加是负债的增加，应记入“应交税费”账户的贷方。该项业务应编制的会计分录如下：

借：税金及附加　　55 000
　　贷：应交税费——应交消费税　　35 000
　　　　　　　　——应交城建税　　14 000
　　　　　　　　——应交教育费附加　　6 000

企业在销售过程中，为了促进产品销售，要发生各种销售费用，如广告费、展览费等。按照企业会计准则的规定，销售费用不作为销售收入的抵减项目，而是作为期间费用直接计入当期损益。对于销售费用的核算，将在期间费用的核算内容中进行介绍。

二、其他业务收支的核算

企业在经营过程中，除了要发生主营业务之外，还会发生一些非经常性的、具有兼营性的其他业务。其他业务是指企业在经营过程中发生的除主营业务以外的其他销售业务，包括销售材料、出租包装物、出租固定资产、出租无形资产和出租商品等活动。对于不同的企业而言，主营业务和其他业务的内容划分并不是绝对的，一家企业的主营业务可能是另一家企业的其他业务；即便是在一家企业，不同期间的主营业务和其他业务的内容也并非固定不变。由于其他业务不属于企业主要的经营业务范围，按照重要性的要求，对其他业务采取简便方法核算。其他业务收入和成本的确认原则和计量方法与主营业务基本相同。

（一）其他业务收入的核算

在会计核算过程中，对于其他业务实现的收入通过“其他业务收入”账户核算。“其他业务收入”账户的性质是损益类，用来核算企业除主营业务以外的其他业务收入的实现及其结转情况。其贷方登记其他业务收入的实现即增加；借方登记其他业务收入的减少及期末转入“本年利润”账户的其他业务收入净额。期末结转后无余额。本账户应按照其他业务的种类设置明细账户，进行明细分类核算。

“其他业务收入”账户的结构如下：

其他业务收入

（1）冲减的其他业务收入 （2）期末转入“本年利润”账户的其他业务收入	实现的其他业务收入（增加）

以下举例说明其他业务收入的核算：

［例 5－41］巴陵有限责任公司销售一批原材料，价款 28 000 元，增值税 4 480 元，款项收存银行。

按照规定，销售材料的收入属于其他业务收入。该项经济业务的发生，一方面公司的银行存款增加 32 480 元（28 000＋4 480）；另一方面其他业务收入增加 28 000 元，增值税销项税额增加 4 480 元。涉及“银行存款”“其他业务收入”和“应交税费——应交增值税”三个账户。银行存款的增加是资产的增加，应记入“银行存款”账户的借方；其他业务收入的增加是收入的增加，应记入“其他业务收入”账户的贷方；增值税销项税额的增加是负债的增加，应记入“应交税费——应交增值税”账户的贷方。该项业务应编制的会计分录如下：

借：银行存款	32 480	
贷：其他业务收入		28 000
应交税费——应交增值税（销项税额）		4 480

[例 5-42] 巴陵有限责任公司向某单位转让商标的使用权，获得收入 100 000 元（忽略增值税），款项存入银行。

转让商标的使用权，实质上就是让渡资产的使用权，与处置无形资产的收入的处理不同，其收入属于其他业务收入的范围。该项经济业务的发生，一方面公司的银行存款增加 100 000 元；另一方面其他业务收入增加 100 000 元。涉及“银行存款”和“其他业务收入”两个账户。银行存款的增加是资产的增加，应记入“银行存款”账户的借方；其他业务收入的增加是收入的增加，应记入“其他业务收入”账户的贷方。该项业务应编制的会计分录如下：

借：银行存款	100 000	
贷：其他业务收入		100 000

（二）其他业务成本的核算

企业在实现其他业务收入的同时，会发生与之对应的其他业务成本，包括销售材料的成本、出租固定资产的折旧额、出租无形资产的摊销额、出租包装物的成本或摊销额等。为了核算这些成本，需要设置“其他业务成本”账户。该账户的性质属于损益类，用来核算企业除主营业务以外的其他业务成本的发生及其转销情况。其借方登记其他业务成本包括材料销售成本、提供劳务的成本费用的发生即其他业务成本的增加；贷方登记其他业务成本的减少和期末转入“本年利润”账户的其他业务成本净额。该账户期末结转后无余额。本账户应按照其他业务的种类设置明细账户，进行明细分类核算。

需要注意的是除主营业务活动以外的其他经营活动发生的相关税费，也在“税金及附加”账户核算。

“其他业务成本”账户的结构如下：

其他业务成本

其他业务成本的发生（增加）	（1）冲减的其他业务成本 （2）期末转入“本年利润”账户的其他业务成本

以下举例说明其他业务成本的总分类核算过程：

[例 5-43] 巴陵有限责任公司月末结转本月销售材料的成本 16 000 元。

该项经济业务的发生，一方面公司的其他业务成本增加 16 000 元，另一方面库存材料成本减少 16 000 元。涉及“其他业务成本”和“原材料”两个账户。其他业务成本的增加是费用成本的增加，应记入“其他业务成本”账户的借方；库存材料的减少是资产的减少，应记入“原材料”账户的贷方。该项业务应编制的会计分录如下：

借：其他业务成本　　16 000

　　贷：原材料　　16 000

［例 5－44］ 巴陵有限责任公司计算本月转让商标使用权收入产生纳税义务的教育费附加 300 元。

该项经济业务的发生，一方面公司的税金及附加增加 300 元；另一方面，由于税金计算出来的当时并没有缴纳，因而应交税费增加 300 元。涉及“税金及附加”和“应交税费”两个账户。税金及附加的增加是费用支出的增加，应记入“税金及附加”账户的借方；应交税费的增加是负债的增加，应记入“应交税费”账户的贷方。该项业务应编制的会计分录如下：

借：税金及附加　　300

　　贷：应交税费——应交教育费附加　　300

第六节

利润形成与分配业务的核算

企业作为一个独立的经济实体，其经营活动的主要目的是要不断提高企业的盈利水平，增强企业的获利能力。利润就是一个反映企业获利能力的综合指标，利润水平的高低不仅反映企业的盈利水平，而且还能反映企业向整个社会所做贡献的大小，同时又是相关会计信息使用者对本企业进行财务预测和投资决策的重要依据。

一、利润的含义与构成

广义的利润是指企业在一定会计期间所实现的最终经营成果，也就是企业所实现的利润或亏损总额。利润是按照配比的要求，将一定时期内存在因果关系的收入与费用相配比而形成的结果。若收入大于费用支出即为利润，反之则为亏损。利润是综合反映企业在一定时期生产经营成果的重要指标。企业各方面的情况，诸如劳动生产率的高低、产品是否适销对路、产品成本和期间费用的节约与否，都可以通过利润指标得到综合反映。因此，获取利润就成为企业生产经营的主要目的之一，一家企业获利与否，不仅关系到企业的稳定发展和职工生活水平的提高问题，而且也会影响到社会的积累与发展。因此，企业必须采取一切措施，增收节支，增强企业的盈利能力，提高经济效益。

由于利润是一个综合指标，它综合了企业在经营过程中的成本费用与收入，因而对于利润的确认与计量，是以企业生产经营活动过程中所实现的收入和发生的费用的确认与计量为基础，同时还包括通过投资活动而获得的投资收益，以及与生产经营活动没有直接关系的营业外收支等。由此可见，反映企业财务成果的利润，就其构成内容来看，既有通过生产经营活动而获得的，也有通过投资活动而获得的，还有与生产经营活动没有直接关系的相关利得与损失等。按照我国会计准则的规定，制造企业的利润一般包括营业利润和营业外收支等内容。有关利润指标各个层次的计算公式表达如下：

营业利润 = 营业收入 – 营业成本 – 税金及附加 – 销售费用 – 管理费用 – 财务费用 – 资产减值损失 + 公允价值变动净收益 + 投资净收益

上式中的营业利润是企业利润的主要来源，营业利润这一指标能够比较恰当的反映企业管理者的经营业绩。

利润（或亏损）总额 = 营业利润 + 营业外收入 – 营业外支出

企业除了正常营业活动导致当期损益发生以外，还会偶然性的发生营业外收支活动，具体包括营业外收入和营业外支出。

营业外收入是指与企业正常的生产经营活动没有直接关系的各项收入，包括固定资产盘盈收入、处置固定资产的收益、出售无形资产的收益、债务重组收益、罚款收入和接受捐赠收入等。营业外收入是企业的一种纯收入，不需要也不可能与有关费用进行配比，事实上企业为此并没有付出代价，因此在会计核算中应严格区分营业外收入与营业收入的界限。发生营业外收入时，应按其实际发生数进行核算，并直接增加企业的利润总额。

营业外支出是指与企业正常生产经营活动没有直接关系的各项支出，包括固定资产盘亏支出、处置固定资产的损失、出售无形资产的损失、债务重组损失、罚款支出和捐赠支出等。

营业外收入与营业外支出应当分别核算。不能以营业外支出直接冲减营业外收入，也不能以营业外收入直接冲减营业外支出。在实际发生营业外支出时，直接冲减企业当期的利润总额。

企业实现了利润总额之后，应向国家缴纳所得税，由此形成所得税费用。利润总额扣除所得税费用后的利润即为净利润，净利润的计算公式为：

净利润 = 利润总额 – 所得税费用

二、营业利润形成过程的核算

（一）期间费用的核算

期间费用是指不能直接归属于某特定产品的成本，应直接计入当期损益的各种费用。它是企业在经营过程中随着时间的推移而不断地发生、与产品生产活动的管理和销售有一定的关系，但与产品的制造过程没有直接关系的各种费用。一般来说，我们能够很容易地确定期间费用应归属的会计期间，但难以确定其应归属的产品，也就是说，难以确定其直接的负担对象。因此，期间费用不计入产品制造成本，而直接计入当期损益。

期间费用包括为管理企业的生产经营活动而发生的管理费用、为筹集资金而发生的财务费用和为销售商品而发生的销售费用等。期间费用中的财务费用前已述及，本节仅介绍其中的管理费用和销售费用的核算。

管理费用是指企业行政管理部门为组织和管理企业的生产经营活动而发生的各种费用。包括企业在筹建期间内发生的开办费、董事会和行政管理部门在企业的经营管理中发生的或者应由企业统一负担的公司经费（包括行政管理部门职工薪酬、办公费和差旅费等）、工会经费、董事会费（包括董事会成员津贴、会议费和差旅费等）、聘请中介机构费、咨询费（含顾问费）、诉讼费、业务招待费、技术转让费、矿产资源补偿费、研究费用、排污费等。

销售费用是指企业在销售商品和材料、提供劳务等日常经营过程中发生的各项费用。包括保险费、包装费、展览费和广告费、商品维修费、预计产品质量保证损失、运输费、装卸费以及为销售本企业的商品而专设的销售机构（含销售网点、售后服务网点等）的职工薪酬、业务费、折旧费等经营费用。

为了核算期间费用的发生情况，除“财务费用”账户外，企业还需要设置以下账户：

1. “管理费用”账户

该账户的性质是损益类，用来核算企业行政管理部门为组织和管理企业的生产经营活动而发生的各项费用。其借方登记发生的各项管理费用；贷方登记期末转入“本年利润”账户的管理费用。本账户期末结转后无余额。管理费用账户应按照费用项目设置明细账中的专栏，进行明细分类核算。

“管理费用”账户的结构如下：

管理费用

发生的管理费用	期末转入“本年利润”账户的管理费用

2. “销售费用”账户

该账户的性质是损益类。用来核算企业在销售商品过程中发生的各项销售费用及其结转情况。其借方登记发生的各项销售费用，贷方登记期末转入“本年利润”账户的销售费用额，经结转后，该账户期末无余额。“销售费用”账户应按照费用项目设置明细账户，进行明细分类核算。

“销售费用”账户的结构如下：

销售费用

发生的销售费用	期末转入“本年利润”账户的销售费用

以下举例说明期间费用的总分类核算：

[例 5－45] 巴陵有限责任公司的行政管理人员李立芝出差归来，报销差旅费 2 460 元，原借款为 4 000 元，余额退回现金。

行政管理人员的差旅费属于企业的期间费用，在“管理费用”账户核算。该项经济业务的发生，一方面公司的管理费用增加 2 460 元，库存现金增加 1 540 元（4 000－2 460）；另一方面其他应收款减少 4 000 元。涉及“管理费用”“库存现金”和“其他应收款”三个账户。管理费用的增加是费用的增加，应记入“管理费用”账户的借方；现金的增加是资产的增加，应记入“库存现金”账户的借方；其他应收款的减少是资产（债权）的减少，应记入“其他应收款”账户的贷方。该项业务应编制的会计分录如下：

借：管理费用　　2 460
　　库存现金　　1 540

贷：其他应收款——李立芝 4 000

[例 5－46] 巴陵有限责任公司用银行存款支付董事会成员津贴及咨询费 27 320 元。

该项经济业务的发生，一方面公司的管理费用增加 27 320 元，另一方面银行存款减少 27 320 元。涉及“管理费用”和“银行存款”两个账户。管理费用的增加是费用的增加，应记入“管理费用”账户的借方；银行存款的减少是资产的减少，应记入“银行存款”账户的贷方。该项业务应编制的会计分录如下：

借：管理费用 27 320

贷：银行存款 27 320

[例 5－47] 巴陵有限责任公司用银行存款 5 200 元支付销售产品的运输费。

该项经济业务的发生，一方面公司的销售费用增加 5 200 元，另一方面银行存款减少 5 200 元。涉及“销售费用”和“银行存款”两个账户。销售费用的增加是费用的增加，应记入“销售费用”账户的借方；银行存款的减少是资产的减少，应记入“银行存款”账户的贷方。该项业务应编制的会计分录如下：

借：销售费用 5 200

贷：银行存款 5 200

[例 5－48] 巴陵有限责任公司下设一个销售网点，经计算确定该网点销售人员的工资 43 620 元。

销售机构人员的工资属于销售费用。该项经济业务的发生，一方面公司的销售费用增加 43 620 元，另一方面应付职工薪酬增加 43 620 元。涉及“销售费用”和“应付职工薪酬”两个账户。销售费用的增加是费用的增加，应记入“销售费用”账户的借方；应付职工薪酬的增加是负债的增加，应记入“应付职工薪酬”账户的贷方。该项业务应编制的会计分录如下：

借：销售费用 43 620

贷：应付职工薪酬——工资 43 620

（二）投资收益的核算

企业为了合理有效的使用资金以获取更多的经济利益，除了进行正常的生产经营活动外，还可以将资金投放于债券、股票或其他财产等，形成企业的对外投资。投资收益的实现或投资损失的发生都会影响企业当期的经营成果。

为了核算投资损益的发生情况，需要设置“投资收益”账户，该账户的性质是损益类，用来核算企业对外投资所实现的收益或发生的损失及其结转情况。其贷方登记实现的投资收益和期末转入“本年利润”账户的投资净损失；借方登记发生的投资损失和期末转入“本年利润”账户的投资净收益。期末该账户结转后无余额。“投资收益”账户应按照投资的种类设置明细账户，进行明细分类核算。

“投资收益”账户的结构如下：

投资收益

（1）发生的投资损失 （2）期末转入“本年利润“账户的投资净收益	（1）实现的投资收益 （2）期末转入“本年利润”账户的投资净损失

以下举例说明投资收益的总分类核算：

[例5-49] 巴陵有限责任公司将日前抛出原购入的为了交易目的而持有的股票，买价为550 000元，卖价为579 280元，所得款项存入银行。

持有目的是为了交易的有价证券属于交易性金融资产，出售价格与交易性金融资产账面余额之间的差额应确认为企业的投资收益。该项经济业务的发生，一方面公司的银行存款增加579 280元；另一方面交易性金融资产减少500 000元，投资收益增加29 280元。涉及"银行存款""交易性金融资产"和"投资收益"三个账户。银行存款的增加是资产的增加，应记入"银行存款"账户的借方；交易性金融资产的减少是资产的减少，应记入"交易性金融资产"账户的贷方；投资收益的增加是收入的增加，应记入"投资收益"账户的贷方。该项业务应编制的会计分录如下：

借：银行存款　　579 280

　　贷：交易性金融资产　　550 000

　　　　投资收益　　29 280

[例5-50] 巴陵有限责任公司的某项长期股权投资采用成本法①核算，该被投资单位宣告分配本年的现金股利，其中本公司应得50 000元。

该项经济业务的发生，一方面公司的应收股利增加50 000元；另一方面投资收益增加50 000元。应收股利的增加是资产（债权）的增加，应记入"应收股利"账户的借方；投资收益的增加是收益（收入）的增加，应记入"投资收益"账户的贷方。该项业务应编制的会计分录如下：

借：应收股利　　50 000

　　贷：投资收益　　50 000

根据以上对［例5-49］和［例5-50］的业务核算，可以计算确定公司的投资净收益为79 280元（50 000+29 280）。

三、净利润形成过程的核算

（一）营业外收支的核算

企业的营业外收支是指与企业正常的生产经营业务没有直接关系的各项收入和支出，包括营业外收入和营业外支出。

为了核算营业外收支的具体内容，需要设置以下的账户：

1. "营业外收入"账户

该账户的性质是损益类，用来核算企业各项营业外收入的实现及其结转情况。其贷方登记营业外收入的实现即营业外收入的增加；借方登记期末转入"本年利润"账户的营业外收入额。该账户期末结转后无余额。营业外收入账户应按照利得的具体项目设置明细账户，进行明细分类核算。

"营业外收入"账户的结构如下：

① 对于长期股权投资，其后续计量有成本法和权益法两种，将在《中级财务会计》中做进一步分析。

营业外收入

期末转入"本年利润"账户的营业外收入	实现的营业外收入（增加）

2."营业外支出"账户

该账户的性质是损益类，用来核算企业各项营业外支出的发生及其转销情况。其借方登记营业外支出的发生即营业外支出的增加；贷方登记期末转入"本年利润"账户的营业外支出额。期末结转后无余额。营业外支出账户应按照损失的具体项目设置明细账户，进行明细分类核算。

"营业外支出"账户的结构如下：

营业外支出

营业外支出的发生（增加）	期末转入"本年利润"账户的营业外支出

以下举例说明营业外收支的总分类核算：

[例 5-51] 巴陵有限责任公司收到某单位的违约罚款收入 31 800 元，存入银行。

企业的罚款收入属于营业外收入。该项经济业务的发生，一方面公司的银行存款增加 31 800 元，另一方面营业外收入增加 31 800 元。涉及"银行存款"和"营业外收入"两个账户。银行存款的增加是资产的增加，应记入"银行存款"账户的借方；营业外收入的增加是收入的增加，应记入"营业外收入"账户的贷方。该项业务应编制的会计分录如下：

借：银行存款	31 800	
贷：营业外收入		31 800

[例 5-52] 巴陵有限责任公司用银行存款 29 680 元支付一项公益性捐赠。

企业的公益性捐赠属于营业外支出。该项经济业务的发生，一方面公司的银行存款减少 29 680 元，另一方面营业外支出增加 29 680 元。涉及"银行存款"和"营业外支出"两个账户。营业外支出的增加是费用支出的增加，应记入"营业外支出"账户的借方；银行存款的减少是资产的减少，应记入"银行存款"账户的贷方。该项业务应编制的会计分录如下：

借：营业外支出	29 680	
贷：银行存款		29 680

根据上述对［例 5-51］和［例 5-52］的业务核算可知，公司实现的营业外收入为 31 800 元，发生的营业外支出为 29 680 元，因而营业外收支净额为 2 120 元（31 800 - 29 680）。

（二）所得税费用的核算

企业的净利润是由利润总额减去所得税费用计算而得的，利润总额的各个构成项目已在前文述及。在利润总额的基础上，进行适当的纳税调整，依据所得税率就可以计算出企业应缴纳的所得税，进一步确定企业的所得税费用并计算企业实现的净利润。

1. 利润总额的计算

企业在一定时期内所实现的经营成果即利润或亏损总额是由营业利润、营业外收入和营业外支出等几项内容所组成。

假定巴陵有限责任公司本期实现的营业利润为 497 880 元，营业外收入为 31 800 元，营业外支出为 29 680 元。其利润总额为：

利润总额 = 497 880 + 31 800 − 29 680 = 500 000（元）

利润总额即为企业在一定会计期间的会计所得，假定没有纳税调整项目，则应税所得等于会计所得。因此，企业应按照税法的规定的 25% 的所得税税率，计算企业所得税并同时确定所得税费用。

2. 所得税费用的核算

为了核算所得税费用的发生情况，在会计上需要设置“所得税费用”账户，该账户的性质是损益类，用来核算企业按照有关规定应在当期损益中扣除的所得税费用的计算及其结转情况。其借方登记按照应纳税所得额计算出的所得税费用额，贷方登记期末转入“本年利润”账户的所得税费用额。该账户期末结转后无余额。

“所得税费用”账户的结构如下：

所得税费用

计算出的所得税费用	期末转入“本年利润”账户的所得税费用

以下举例说明所得税费用的总分类核算：

[例 5 − 53] 根据前述内容，我们已经确定巴陵有限责任公司本期实现的利润总额为 500 000 元，按照 25% 的税率计算本期的所得税费用（假设无纳税调整项目）。

本期应交所得税为 125 000 元（500 000 × 25%）。所得税计算出来之后，一般在当期并不实际缴纳，因此在形成所得税费用的同时也产生了企业的一项负债。该项经济业务的发生，一方面公司的所得税费用增加 125 000 元；另一方面应交税费增加 125 000 元。涉及“所得税费用”和“应交税费——应交所得税”两个账户。所得税费用的增加是费用支出的增加，应记入“所得税费用”账户的借方；应交税费的增加是负债的增加，应记入“应交税费”账户的贷方。该项业务应编制的会计分录如下：

借：所得税费用　　125 000

　　贷：应交税费——应交所得税　　125 000

企业在经营过程中实现了各项收入，相应地也发生了各项成本、费用、税金、支出和损失等，对于这些收入和成本、费用、税金、支出和损失等都已经在各有关的损益类账户中得到了相应的反映。由此形成企业的财务成果。

为了核算企业一定时期内财务成果的具体形成情况，在会计上需要设置“本年利润”账户，该账户的性质是所有者权益类，用来核算企业一定时期内净利润的形成或亏损的发生情况。其贷方登记会计期末转入的各项收入，包括主营业务收入、其他业务收入、投资净收益和营业外收入等；借方登记会计期末转入的各项成本、费用、税金、支出和损失等，包括主营业务成本、税金及附加、其他业务成本、管理费用、财务费用、销售费用、投资净损失、营业外支出和所得税费用等。该账户年内期末余额若在贷方，表示本年实现的累计净利润；若在借方，表示本年累计发生的亏损。年末应将该账户的余额转入“利润分配——未分配利润”账户（若为净利润，应自该账户的借方转入“利润分配——未分配利润”账户的贷方，若为亏损，应自该账户的贷方转入“利润分配——未分配利润”账户的借方），经过结转之后，该账户年末没有余额。

“本年利润”账户的结构如下：

本年利润

期末转入的各项费用： （1）主营业务成本 （2）税金及附加 （3）其他业务成本 （4）管理费用 （5）财务费用 （6）销售费用 （7）营业外支出 （8）所得税费用	期末转入的各项收入： （1）主营业务收入 （2）其他业务收入 （3）投资收益[①] （4）公允价值变动损益 （5）营业外收入
月末余额： 全年累计净亏损	月末余额： 全年累计净利润
年末：全额转出累计净利润	年末：全额转出累计净亏损

会计期末（一般在月末）结转各项收入时，借记“主营业务收入”“其他业务收入”“投资收益”“营业外收入”等账户，贷记“本年利润”账户；结转各项成本、费用、税金、支出和损失时，借记“本年利润”账户，贷记“主营业务成本”“税金及附加”“其他业务成本”“管理费用”“财务费用”“销售费用”“营业外支出”“所得税费用”等账户。若“投资收益”“公允价值变动损益”账户反映的为净损失，则应进行相反的结转。

以下举例说明利润总额和净利润形成业务的总分类核算：

[例 5－54] 假定巴陵有限责任公司本期实现的各项收入包括主营业务收入 2 474 000 元、其他业务收入 128 000 元、投资净收益 79 280 元、营业外收入 31 800 元，在会计期末转入“本年利润”账户。

会计期末，企业未结转各种损益类账户之前，本期实现的各项收入以及与之相配比的成本费用是分散反映在不同的损益类账户上，为了遵循配比的要求，使本期的收支相抵减，以便确定本期经营成果，就需要编制结账分录，结清各损益类账户。该项经济业务的发生，一方面公司的有关损益类账户所记录的各种收入减少了，另一方面公司的利润额增加了。主要涉及“主营业务收入”“其他业务收入”“投资收益”“营业外收入”和“本年利润”五个账户。各项收入的结转是收入的减少，应记入“主营业务收入”“其他业务收入”“投资收益”“营业外收入”账户的借方；利润的增加是所有者权益的增加，应记入“本年利润”账户的贷方。该项业务应编制的会计分录如下：

① 若为投资净损失，则反映在借方；同理，若公允价值变动为净损失，则反映在借方。

借：主营业务收入　　2 474 000
　　其他业务收入　　128 000
　　投资收益　　79 280
　　营业外收入　　31 800
　　贷：本年利润　　2 713 080

[例 5-55] 假定巴陵有限责任公司本期发生的各项费用包括主营业务成本 1 662 400 元、税金及附加 60 000 元、其他业务成本 16 000 元、管理费用 393 680 元、财务费用 2 500 元、销售费用 48 820 元、营业外支出 29 680 元，在会计期末转入“本年利润”账户。

该项经济业务的发生，一方面需要将记录在有关损益类账户中的各项费用予以转销，另一方面结转成本、费用、税金、支出和损失时会导致公司的利润减少。涉及“本年利润”“主营业务成本”“税金及附加”“其他业务成本”“管理费用”“财务费用”“销售费用”和“营业外支出”等八个账户。各项支出的结转是费用支出的减少，应记入“主营业务成本”“税金及附加”“其他业务成本”“管理费用”“财务费用”“销售费用”“营业外支出”账户的贷方；利润的减少是所有者权益的减少，应记入“本年利润”账户的借方。该项业务应编制的会计分录如下：

借：本年利润　　2 213 080
　　贷：主营业务成本　　1 662 400
　　　　税金及附加　　60 000
　　　　其他业务成本　　16 000
　　　　管理费用　　393 680
　　　　财务费用　　2 500
　　　　销售费用　　48 820
　　　　营业外支出　　29 680

通过结转，本月的各项收入和费用（不包括所得税费用）都归集于“本年利润”账户，本期巴陵有限责任公司实现的利润总额为 500 000 元。根据利润总额就可以计算应交所得税，所得税作为一项费用还应在会计期末转入“本年利润”账户，以便计算净利润。

[例 5-56] 巴陵有限责任公司在会计期末将计算出的所得税费用转入“本年利润”账户。

巴陵有限责任公司本期计算出的所得税费用为 125 000 元。该项经济业务的发生，一方面使得公司的利润额减少 125 000 元；另一方面公司的所得税费用减少 125 000 元。利润的减少是所有者权益的减少，应记入“本年利润”账户的借方；所得税费用的减少是费用支出的减少，应记入“所得税费用”账户的贷方。该项业务应编制的会计分录如下：

借：本年利润　　125 000
　　贷：所得税费用　　125 000

沿用 [例 5-55] 的计算结果，利润总额为 500 000 元，所得税费用转入 125 000 元至“本年利润”账户后，可以求得“本年利润”账户的即时余额，此时的余额即为企业的净利润，即：

净利润 = 500 000 - 125 000 = 375 000（元）

企业形成了一定时期内的最终财务成果即净利润。对于实现的净利润应按照国家的有关规定在各相关方面进行合理的分配。

四、企业利润分配业务的核算

利润分配是企业根据股东大会或类似权力机构批准的、对企业可供分配利润指定其特定用途和分配给投资者的行为。股份公司实现的净利润应按公司法、公司章程以及股东大会决议的要求进行分配，利润分配的过程和结果不仅关系到每个股东的权益是否得到保障，而且还关系到企业的未来发展问题，因此，必须做好企业利润分配工作，正确地对利润分配的具体内容进行会计核算。

（一）利润分配的顺序

企业实现的净利润，应按照国家的规定和投资者的决议进行合理的分配。企业净利润的分配涉及各个方面的利益关系，包括投资人、企业以及企业内部职工的经济利益，因此必须遵循兼顾投资人利益、企业利益以及企业职工利益的原则对净利润进行分配。根据《公司法》等有关法规的规定，企业当年实现的净利润，首先应弥补以前年度尚未弥补的亏损，对于剩余部分，应按照下列顺序进行分配：

1. 提取法定盈余公积

法定盈余公积金应按照本年实现净利润的一定比例提取，《公司法》规定公司制企业按净利润的10%提取；其他企业可以根据需要确定提取比例，但不得低于10%。企业提取的法定盈余公积金累计额超过注册资本50%以上的，可以不再提取。

2. 向投资者分配利润或股利

企业实现的净利润在扣除上述项目后，再加上年初未分配利润和其他转入数（公积金弥补的亏损等），形成可供投资者分配的利润，用公式表示为：

可供投资者分配的利润 = 净利润 - 弥补以前年度的亏损 - 提取的法定盈余公积 + 以前年度未分配利润 + 公积金转入数

可供投资者分配的利润，应按下列顺序进行分配：

（1）支付优先股股利，是指企业按照利润分配方案分配给优先股股东的现金股利，优先股股利按照约定的股利率计算支付。

（2）提取任意盈余公积，任意盈余公积一般按照股东大会决议提取。

（3）支付普通股现金股利，是指企业按照利润分配方案分配给普通股股东的现金股利，普通股现金股利一般按各股东持有股份的比例进行分配。若是非股份制企业则为分配给投资人的利润。

（4）转作资本（或股本）的普通股股利，是指企业按照利润分配方案以分派股票股利的形式转作的资本（或股本）。

可供投资者分配的利润经过上述分配之后，为企业的未分配利润（或未弥补亏损），年末未分配利润可按下式计算：

本年末未分配利润 = 可供投资人分配的利润 - 优先股股利 - 提取的任意盈余公积 - 普通股股利

未分配利润是企业留待以后年度进行分配的利润或等待分配的利润，它是所有者权益的一个重要组成部分。相对于所有者权益的其他部分来说，企业对于未分配利润的使用有较大的自主权。

（二）利润分配业务的核算

利润分配的具体顺序前已述及，由于利润分配的核算内容比较复杂，政策性较强，其中有些内容如弥补亏损等的核算将在中级财务会计等课程中作介绍，因此本教材仅介绍利润分配中的提取盈余公积金和向投资人分配利润的核算内容。

为了核算企业利润分配的具体过程及结果，全面贯彻企业利润分配政策，以便于更好地进行利润分配业务的核算，需要设置以下的几个账户。

1. “利润分配”账户

该账户的性质是所有者权益类，用来核算企业一定时期内净利润的分配或亏损的弥补以及历年结存的未分配利润（或未弥补亏损）情况。其借方登记实际分配的利润额，包括提取的盈余公积金和分配给投资人的利润以及年末从“本年利润”账户转入的全年累计亏损额；贷方登记用盈余公积金弥补的亏损额等其他转入数以及年末从“本年利润”账户转入的全年实现的净利润额。期末余额若在贷方，表示未分配利润；反之，则为未弥补亏损。“利润分配”账户一般应设置以下几个主要的明细账户：“盈余公积补亏”“提取法定盈余公积”“提取任意盈余公积”“应付现金股利”“转作资本（或股本）的普通股股利”“未分配利润”等。年末，应将“利润分配”账户下的其他明细账户的余额转入“未分配利润”明细账户。经过结转后，除“未分配利润”明细账户有余额外，其他各个明细账户均无余额。

“利润分配”账户的结构如下：

利润分配

（1）年末转入的亏损 （2）已分配的利润额： ①提取法定盈余公积 ②应付现金股利 ③转作资本的股利	（1）年末转入的净利润 （2）盈余公积补亏
年末余额：未弥补亏损额	年末余额：未分配利润

必须注意，企业对实现的净利润进行分配，意味着企业实现的净利润该项所有者权益的减少，本应在“本年利润”账户的借方进行登记，表示直接冲减本年已实现的净利润额。但是若这样处理，“本年利润”账户的期末贷方余额就只能表示实现的利润额减去已分配的利润额之后的差额即未分配利润额，而不能提供本年累计实现的净利润额该项指标。而累计净利润指标又恰恰是企业管理上需要提供的一个非常重要的指标。因此，为了使“本年利润”账户能够真实地反映企业一定时期内实现的净利润数据，同时又能够通过其他账户提供企业未分配利润数据，在会计核算中，专门设置了“利润分配”账户，用以提供企业已分配的利润额。这样就可以根据需要，将“本年利润”账户的贷方余额即累计净利润与“利润分配”账户的借方余额即累计已分配的利润额相抵减，以求得未分配利润该项管理上所需要的指标。因而，对于“利润分配”账户，

一定要结合“本年利润”账户加以深刻理解。

2.“盈余公积”账户

该账户的性质是所有者权益类，用来核算企业从税后利润中提取的盈余公积金包括法定盈余公积、任意盈余公积的增减变动及其结余情况。其贷方登记提取的盈余公积金即盈余公积金的增加；借方登记实际使用的盈余公积金即盈余公积金的减少。期末余额在贷方，表示结余的盈余公积金。“盈余公积”应设置下列明细账户：“法定盈余公积”“任意盈余公积”等。

“盈余公积”账户的结构如下：

盈余公积

实际使用的盈余公积金（减少）	年末提取的盈余公积金（增加）
	期末余额：结余的盈余公积金

3.“应付股利”账户

该账户的性质是负债类，用来核算企业按照股东大会或类似权力机构决议分配给投资人股利（现金股利）或利润的增减变动及其结余情况。其贷方登记应付给投资人股利（现金股利）或利润的增加；借方登记实际支付给投资人的股利（现金股利）或利润即应付股利的减少。期末余额在贷方，表示尚未支付的股利（现金股利）或利润。此处需要特别注意的是企业分配给投资人的股票股利不在本账户核算。

“应付股利”账户的结构如下：

应付股利

实际支付的利润或股利	应付未付的利润或股利
	期末余额：尚未支付的利润或股利

以下举例说明利润分配业务的总分类核算：

[例 5－57] 巴陵有限责任公司经股东大会批准，按净利润的 10% 提取法定盈余公积金。

根据前述业务可知，巴陵有限责任公司本年实现的净利润为 375 000 元。因而，提取的法定盈余公积金为 37 500 元（375 000 × 10%）。公司提取盈余公积金业务的发生，一方面公司的盈余公积金增加了 37 500 元，另一方面已分配的利润额增加① 37 500 元。涉及“利润分配”和“盈余公积”两个账户。盈余公积金的增加是所有者权益的增加，应记入“盈余公积”账户的贷方；已分配利润额的增加是所有者权益的减少，应记入“利润分配”账户的借方。该项业务应编制的会计分录如下：

借：利润分配——提取法定盈余公积　　37 500
　　贷：盈余公积——法定盈余公积　　37 500

① 已分配的利润增加，本质上就导致了利润的减少。

［例5－58］巴陵有限责任公司按照股东大会决议，分配给股东的现金股利80 000元。

对于现金股利，在股东大会批准利润分配方案之后，立即进行账务处理。该项经济业务的发生，一方面公司的已分配利润额增加80 000元；另一方面，虽然已决定分配给股东，但在分配的当时并未实际支付，因此形成公司的一项负债，公司的应付股利增加80 000元。涉及“利润分配”和“应付股利”两个账户。已分配利润的增加是所有者权益的减少，应记入“利润分配”账户的借方；应付股利的增加是负债的增加，应记入“应付股利”账户的贷方。该项业务应编制的会计分录如下：

借：利润分配——应付现金股利　　80 000

　　贷：应付股利　　80 000

［例5－59］巴陵有限责任公司在期末结转本期实现的净利润。

巴陵有限责任公司本期实现的净利润为375 000元。结转净利润该项经济业务的发生，一方面公司的“本年利润”账户的累计净利润减少375 000元；另一方面可供分配的利润增加375 000元。涉及“本年利润”和“利润分配”两个账户。结转净利润时，应将净利润从“本年利润”账户转入“利润分配”账户，本例中企业为盈利，因此本年利润为贷方余额，结转时，从其借方转至利润分配账户的贷方（若结转的为亏损，则做相反的会计处理）。该项业务应编制的会计分录如下：

借：本年利润　　375 000

　　贷：利润分配——未分配利润　　375 000

［例5－60］巴陵有限责任公司在会计期末结清利润分配账户所属的各有关明细账户。

通过前文对有关经济业务的处理可知，巴陵有限责任公司“利润分配”所属有关明细账户的记录分别为：“提取法定盈余公积”明细账户为借方余额37 500元，“应付现金股利”明细账户为借方余额80 000元。结清时，应将各个明细账户的余额从其相反方向分别转入“未分配利润”明细账户中。该项业务应编制的会计分录如下：

借：利润分配——未分配利润　　117 500

　　贷：利润分配——提取法定盈余公积　　37 500

　　　　利润分配——应付现金股利　　80 000

习题与案例

一、单项选择题

1. 有限责任公司增资扩股时，若有新的投资者加入，则新加入的投资者缴纳的出资额大于按约定比例计算的其在注册资本中所占份额部分，应记入的贷方账户是（　　）。

A. “实收资本”账户　　B. “股本”账户

C. “资本公积”账户　　D. “盈余公积”账户

2. 企业为维持正常的生产经营所需资金而向银行等金融机构临时借入的款项称为

（　）。

A. 长期借款　　B. 短期借款

C. 长期负债　　D. 流动负债

3. 企业计提短期借款的利息支出时应借记的账户是（　）。

A. “财务费用”账户　　B. “银行存款”账户

C. “应付利息”账户　　D. “在建工程”账户

4. 某制造企业为增值税一般纳税人。本期外购原材料一批，发票注明买价 20 000 元，增值税额为 3 200 元，入库前发生的挑选整理费用为 1 000 元。则该批原材料的入账价值为（　）。

A. 20 000 元　　B. 23 200 元

C. 21 000 元　　D. 24 200 元

5. 下列费用中，不构成产品成本，而应直接计入当期损益的是（　）。

A. 直接材料费　　B. 直接人工费

C. 期间费用　　D. 制造费用

6. 下列内容中属于其他业务收入的是（　）。

A. 罚款收入　　B. 出售材料收入

C. 委托代销商品收入　　D. 清理固定资产净收益

7. 企业年初所有者权益总额为 2 000 万元，年内接受投资 160 万元，本年实现利润总额 500 万元，所得税税率 25%，按 10% 提取盈余公积金，决定向投资人分配利润 100 万元。则企业年末的所有者权益总额为（　）。

A. 2 460 万元　　B. 2 435 万元

C. 2 660 万元　　D. 2 565 万元

8. 下列内容不属于企业营业外支出的是（　）。

A. 非常损失　　B. 坏账损失

C. 处置固定资产净损失　　D. 固定资产盘亏损失

9. 按权责发生制假设的要求，下列货款应确认为本期基本业务收入的是（　）。

A. 本月销售产品款未收到　　B. 上月销货款本月收存银行

C. 本月预收下月货款存入银行　　D. 收到本月仓库租金存入银行

10. 某企业 2017 年 8 月实现的主营业务收入为 500 万元，投资收益为 50 万元；发生的主营业务成本为 400 万元，管理费用为 25 万元，资产减值损失为 10 万元，假定不考虑其他因素，该企业 8 月份的营业利润为（　）。

A. 65 万元　　B. 75 万元

C. 90 万元　　D. 115 万元

11. 某企业销售一批商品，增值税专用发票上标明的价款为 300 万元，适用的增值税税率为 16%，为购买方代垫运杂费 10 万元，款项尚未收回，该企业确认的应收账款为（　）。

A. 300 万元　　B. 310 万元

C. 348 万元　　D. 358 万元

12. 某企业年初所有者权益总额为 800 万元，当年以其中的资本公积金转增资本

250万元，当年实现净利润1 500万元，提取盈余公积金150万元，向投资人分配利润100万元，则该企业年末的所有者权益总额为（　　）。

A. 1 800万元　　　　B. 2 500万元

C. 2 200万元　　　　D. 2 300万元

13. 根据企业会计准则的规定，企业支付的税收滞纳金应计入（　　）。

A. “财务费用”账户　　　　B. “其他业务成本”账户

C. “营业外支出”账户　　　　D. “管理费用”账户

14. 由生产产品、提供劳务负担的职工薪酬，应当计入（　　）。

A. 管理费用　　　　B. 存货成本或劳务成本

C. 期间费用　　　　D. 销售费用

15. 企业发生的下列各项内容中，应作为管理费用处理的是（　　）。

A. 生产车间设备折旧费　　　　B. 固定资产盘亏净损失

C. 发生的业务招待费　　　　D. 专设销售机构固定资产的折旧费

16. 某企业本月生产A产品耗用生产工时240小时，生产B产品耗用生产工时360小时。本月发生车间管理人员工资6万元，产品生产人员工资60万元。该企业按生产工时分配制造费用，假设不考虑其他项目，则本月B产品应负担的制造费用为（　　）。

A. 2.4万元　　　　B. 2.64万元

C. 3.6万元　　　　D. 3.96万元

17. 企业发生的下列税金中，与企业损益计算无关的是（　　）。

A. 消费税　　　　B. 一般纳税人企业的增值税

C. 所得税　　　　D. 城市维护建设税

18. 依据会计准则的规定，下列有关收入和利得的表述中，正确的是（　　）。

A. 收入源于日常活动，利得也可能源于日常活动

B. 收入会影响利润，利得也一定会影响利润

C. 收入源于日常活动，利得源于非日常活动

D. 收入会导致所有者权益增加，利得不影响所有者权益

19. 下列内容中，不属于企业营业收入的是（　　）。

A. 销售商品收入　　　　B. 提供劳务取得的收入

C. 出售固定资产取得的净收益　　　　D. 出租机器设备取得的收入

20. 2019年1月1日某公司所有者权益构成如下：实收资本600万元，资本公积54万元，盈余公积114万元，未分配利润96万元。则该公司2019年1月1日的留存收益为（　　）。

A. 96万元　　　　B. 114万元

C. 210万元　　　　D. 261万元

21. “生产成本”账户期末有借方余额，表示（　　）。

A. 本期完工产品成本　　　　B. 本期投入生产费用

C. 期末库存产品成本　　　　D. 期末在产品成本

22. 产品生产车间发生的制造费用经过分配之后，一般应记入（　　）。

A. “库存商品”账户　　　　B. “生产成本”账户

C. “原材料”账户　　D. “主营业务成本”账户

23. 企业为建造工程所借入的长期借款在工程完工达到可使用状态之前发生的利息支出应计入（　　）。

A. 管理费用　　B. 财务费用

C. 固定资产　　D. 在建工程

24. 企业2019年主营业务收入2 000万元，主营业务成本1 200万元，税金及附加100万元，其他业务收入500万元，其他业务成本300万元，期间费用150万元，投资收益250万元，营业外收入180万元，营业外支出230万元，所得税费用300万元。该企业的营业利润为（　　）。

A. 650万元　　B. 1 200万元

C. 1 000万元　　D. 950万元

二、多项选择题

1. 企业购入材料的采购成本包括（　　）。

A. 材料买价　　B. 增值税进项税额

C. 采购费用　　D. 采购人员差旅费

E. 销售机构经费

2. 商品销售收入实现的主要标志有（　　）。

A. 与所售商品所有权有关的风险和报酬已经转移

B. 不再对所售商品实施控制和继续管理

C. 收入的金额能够可靠地计量

D. 与交易有关的经济利益能够可靠地流入企业

E. 相关的已发生或将发生的成本能够可靠地计量

3. 在“税金及附加”账户借方登记的内容有（　　）。

A. 增值税　　B. 消费税

C. 城建税　　D. 关税

E. 所得税

4. 下列项目应在“管理费用”账户中核算的有（　　）。

A. 工会经费　　B. 董事会经费

C. 业务招待费　　D. 车间管理人员的工资

E. 业务人员差旅费

5. 企业的会计人员误将当月发生的增值税进项税额计入材料采购成本，其结果会使（　　）。

A. 月末资产增加　　B. 月末利润增加

C. 月末负债增加　　D. 月末财务费用增加

E. 月末应交税费增加

6. 下列账户中，月末应该没有余额的有（　　）。

A. “生产成本”　　B. “制造费用”

C. “管理费用”　　D. “应付职工薪酬”

E. “财务费用”

7. 在材料采购业务核算时，与“原材料”账户相对应的账户一般有（　　）。

A. “应付账款”账户　　B. “应付票据”账户
C. “银行存款”账户　　D. “预付账款”账户
E. “应交税费”账户

8. 在下列业务所产生的收入中属于“其他业务收入”的有（　　）。

A. 出售固定资产收入　　B. 出售材料收入
C. 出售无形资产收入　　D. 提供产品修理服务收入
E. 罚款收入

9. 营业收入的实现可能引起（　　）。

A. 资产的增加　　B. 所有者权益的增加
C. 负债的减少　　D. 负债的增加
E. 资产和负债同时增加

10. 企业销售商品交纳的下列各项税费中，应计入“税金及附加”科目的有（　　）。

A. 消费税　　B. 增值税
C. 资源税　　D. 城市维护建设税
E. 教育费附加

11. 下列各项费用中，不应计入产品生产成本的有（　　）。

A. 销售费用　　B. 管理费用
C. 财务费用　　D. 制造费用
E. 营业外支出

12. 下列内容不能在“固定资产”账户核算的有（　　）。

A. 购入正在安装的设备　　B. 经营性租入的设备
C. 融资租入的不需要安装的设备　　D. 购入的不需要安装的设备
E. 赊购的直接投入使用的设备

13. 以下内容属于收入特征的有（　　）。

A. 收入从日常活动中产生
B. 收入可以从偶发的交易或事项中产生
C. 收入可能表现为资产的增加
D. 收入可能表现为负债的减少
E. 收入包括代收的增值税

14. 下列各项内容中，不应计入管理费用的有（　　）。

A. 行政管理部门办公楼的折旧费　　B. 生产设备的折旧费
C. 经营租出设备的折旧费　　D. 专设销售机构设备折旧费
E. 生产设备的修理费

15. 下列账户的余额在会计期末时应结转至“本年利润”账户的有（　　）。

A. 管理费用　　B. 制造费用
C. 营业外收入　　D. 所得税费用

E. 税金及附加

三、业务处理题

1. 目的：练习企业经营过程综合业务的核算以及试算平衡表的编制。

资料：华西股份公司 2018 年 7 月份发生下列业务：

(1) 从银行取得临时借款 500 000 元存入银行。

(2) 接受投资人投入的设备一台原价 100 000 元，评估作价 80 000 元投入使用。

(3) 接受某单位投资 10 000 元存入银行。

(4) 用银行存款 6 500 元上交上个月税金。

(5) 收回某单位所欠本企业货款 8 000 元存入银行。

(6) 用银行存款 2 400 元预付货款订金。

(7) 企业销售 A 产品总价款 292 500 元（含税），税率 16%，已收款。

(8) 供应单位发来甲材料 38 000 元，增值税进项税额为 6 460 元，款项已预付。材料验收入库。

(9) 生产 A 产品领用甲材料 3 600 元，乙材料 2 400 元。

(10) 车间一般性消耗材料 1 200 元。

(11) 车间办公费 800 元，用现金支付。

(12) 从银行提取现金 30 000 元直接发放工资。

(13) 银行转来通知，企业职工药费 2 200 元。

(14) 车间领用甲材料 5 000 元用于 B 产品的生产。

(15) 用银行存款 1 000 元支付销售 A 产品广告费。

(16) 企业销售 B 产品价款 50 000 元，增值税销项税额为 8 500 元，款项暂未收到。

(17) 按 5% 税率计算 B 产品的消费税。

(18) 企业购买一台车床，买价 240 000 元，增值税 38 400 元，运杂费 1 000 元，款项暂未支付，设备交付使用。

(19) 开出现金支票购买车间办公用品 780 元。

(20) 提取本月折旧，其中车间 8 100 元，厂部 3 200 元。

(21) 计提应由本月负担的银行借款利息 980 元。

(22) 用银行存款 34 000 元支付上年分配给投资人的利润。

(23) 分配工资费用，其中 A 产品工人工资 12 000 元，B 产品工人工资 10 000 元，车间管理人员工资 8 000 元。

(24) 分配本月职工福利费，其中：A 产品负担 1 680 元，B 产品负担 1 400 元，车间管理人员负担 1 120 元。

(25) 经批准将资本公积金 60 000 元转增资本。

(26) 本月发生制造费用 20 000 元，按生产工时（A 产品 6 000 个、B 产品 4 000 个）分配计入 A、B 产品成本。

(27) 本月生产的 A 产品 15 台现已完工，总成本 38 500 元，验收入库，结转成本。

(28) 用银行存款 5 400 元支付罚款支出。

(29) 用现金 4 300 元支付行政管理部门办公用品费。

（30）结转已销 A 产品成本 138 000 元。

（31）将本月实现的产品销售收入 300 000 元，发生的产品销售成本 138 000 元，产品销售费用 1 000 元，产品销售税金 2 500 元，管理费用 7 500 元，财务费用 980 元，营业外支出 5 400 元转入“本年利润”账户。

（32）本月实现利润总额 144 620 元，按 25% 税率计算所得税并予以结转。

（33）按税后利润的 10% 提取盈余公积金。

（34）将剩余利润 40% 分配给投资人。

（35）年末结转本年净利润。

要求：（1）编制本月业务的会计分录。

（2）编制试算平衡表。

2. 目的：练习产品制造企业主要交易和事项的会计处理以及试算平衡表的编制。

资料：华联股份公司 2018 年 12 月发生下列业务：

（1）向银行借入偿还期为 4 个月的借款 200 000 元，已存入开户银行。

（2）收到投资人投资 40 000 元，存入开户银行。

（3）向华为厂购入甲材料 30 吨，每吨 1 000 元；购入乙材料 20 吨，每吨 2 500 元，增值税税率 16%。材料尚在运输途中，货款未付。

（4）购入生产设备一台，价税合计 70 200 元，运杂费 800 元，均已用银行存款支付，设备购回即投入使用。

（5）以库存现金支付甲、乙材料运杂费 600 元（运杂费按材料重量比例分配）。甲、乙材料均已运到并验收入库，结转其实际采购成本。

（6）用银行存款支付上月应交税费 1 500 元。

（7）车间领用材料 5 000 元，用于 A 产品生产 2 500 元，用于 B 产品生产 2 000 元，用于车间一般消耗 500 元。

（8）从开户银行提取现金 36 000 元。

（9）以现金发放上月员工工资 35 000 元。

（10）以银行存款支付员工各种福利费共计 4 000 元。

（11）企业销售 A 产品价款 15 000 元，增值税税率 16%，收到商业汇票一张。

（12）用银行存款支付销售产品的广告宣传费 2 000 元。

（13）企业销售 B 产品价款 100 000 元，增值税税率 16%，收到转账支票一张，已到银行办妥进账手续。

（14）开出现金支票 1 000 元，购买厂部办公用品。

（15）接银行通知，明月厂前欠本公司的货款 23 400 元已收到。

（16）计提本月固定资产折旧，其中车间 11 100 元，厂部 2 900 元。

（17）销售的上述 A 产品属于应征消费税的产品，按 5% 的税率计算 A 产品的消费税。

（18）分配本月工资费用 34 500 元，其中 A 产品生产工人工资 13 000 元，B 产品生产工人工资 12 000 元，车间管理人员工资 4 500 元，厂部管理人员工资 5 000 元。

（19）分配本月职工福利费，其中 A 产品负担 1 300 元，B 产品负担 1 400 元，制造费用负担 600 元，厂部负担 700 元。

(20) 计提应由本月负担的银行借款利息 1 200 元。

(21) 月末，按 A、B 产品生产工人工资比例分配结转制造费用。

(22) 本月生产的 A、B 产品全部完工验收入库，结转其实际生产成本。

(23) 结转本月已销产品成本 90 000 元，其中 A 产品 12 000 元，B 产品 78 000 元。

(24) 月末，将各损益类账户余额转至“本年利润”账户。

(25) 计算本月利润总额，按 25% 的税率计算所得税并予以结转。

(26) 若公司 1～11 月累计实现净利润 111 412.5 元，计算并结转全年实现的净利润。

(27) 按全年实现净利润的 10% 提取盈余公积。

(28) 准备用全年实现净利润的 30% 向投资者分配现金股利。

(29) 结转“利润分配”的明细分类账户。

要求：

(1) 根据上述经济业务编制会计分录。

(2) 根据总分类账户编制本期发生额试算平衡表。

第六章

账户的分类

【学习目标】

本章在介绍各种账户特性的基础上，阐述各种账户的共性及内在联系。通过本章的学习，使学生了解各种账户的共性及其内在联系，理解各个账户在整个账户体系中的地位和作用，以及各类账户在提供会计信息方面的规律性，重点掌握账户按经济内容的分类，以及备抵调整账户的结构和用途。

第一节

账户分类的意义

账户是具有一定格式，用来序时、连续、系统地记录经济业务，反映会计要素的增减变动及其结果的一种工具。为了满足会计信息使用者的信息需求，需要运用会计科目在账簿中开设一系列的账户。账户之间不是相互孤立的，必然相互依存，互为条件，它们的增减变动在数量金额上是互相关联。也就是说，账户之间存在着某种共性，会计应按账户的共性对其进行合理分类，进一步了解各账户的具体内容，明确和掌握各账户之间的内在联系与区别，掌握账户的使用方法，正确设置和运用账户，以满足会计信息使用者的信息需求。科学进行账户分类，具有以下意义：

一、便于设置完整的账户体系，全面反映企业经营活动和资金运动情况

由于各单位经营活动的特点不同，资金运动的内容不同，所涉及的账户体系也不

同。各单位要有效地反映和监督自身的经营活动，需要从本单位经营活动的特点出发，选择能够反映本单位经营活动的账户体系。它要求会计工作者必须了解不同类型的账户包括哪些具体的账户，以及各账户反映的具体经济内容和账户的发生额、余额能提供的核算资料等。只有这样，才能选择合适的账户，建立本单位的账户体系。使其能够全面、系统地记录本单位的经济活动过程和结果，为会计信息使用者提供所需的信息。

二、便于设计会计账簿的格式

在单位内部会计管理中，由于不同经营活动各具其特点，对不同性质的会计要素的信息披露方式也不尽一致。例如，对于一般实物资产的增减变动以及结余额，不仅要向有关管理当局披露基于金额方面的信息，还应适当披露基于实物量等方面的信息；对于负债和所有者权益类会计要素，则仅需披露有关时间和金额方面的信息即可；对于一些费用类要素，不仅要反映费用的总额，还需要按项目反映费用构成的详细情况，等等。上述不同的会计信息，均需要通过账户在会计账簿中体现出来。对于既要提供金额又要提供实物方面信息的账户，在相应的会计账簿格式设计时，应设置和运用数量金额式账页格式；对于只需披露有关时间和金额方面信息的账户，在相应的会计账簿格式设计时，应设置和运用三栏式账页格式；对于不仅要反映费用总额，还需反映费用构成的详细情况方面信息的账户，在相应的会计账簿格式设计时，应设置和运用多栏式账页格式。会计账户的设置，应考虑便于设计会计账簿格式的问题。

三、便于编制会计报表

会计六要素的增减变动过程及其结果，最终都会以会计报表的形式反映出来。编制会计报表所需的相关数据资料是由各个相应的账户提供的。不同的会计报表，反映的经济内容不同，其相关数据资料的来源也不相同。为了及时、正确地编制会计报表，要根据特定会计报表所反映的经济内容，正确确定编制每张会计报表所需的数据资料是来自于哪些账户，该账户能提供什么样的会计信息。例如，资产负债表是用来反映某一时点上的财务状况的，是对某一时点的企业现存经济资源及其来源的反映，其数据资料由资产、负债和所有者权益三类账户提供。若不能正确确定为编制会计报表提供数据资料的账户，显然难以正确编制会计报表。因此，掌握账户分类，有利于正确编制会计报表。

账户的分类主要有按经济内容分类、按用途和结构分类两种标准。以下分别进行分析。

第二节 账户按经济内容分类

一、账户按经济内容分类的意义

账户的经济内容是指账户所反映的会计对象的具体内容。按经济内容对账户进行分类，就是按账户所反映的会计对象的具体内容对账户进行分类。在借贷记账法下，不同会计对象增减变动的记账方向是不同的，不同的会计对象有不同的账户结构和用途。明确了账户的经济内容，就为明确账户的用途和结构打下了基础；另外，不同的会计报表，包含不同的会计要素，明确了账户的经济内容，能正确掌握会计账户和相应会计报表之间的关系。因此，通过对账户按经济内容的分类，可以为更好地运用借贷记账法，准确掌握每类和每个账户具体应核算和监督的内容，设置能适应本单位的经营管理需要，科学完整的账户体系，同时为学习账户的其他分类打下基础。

二、账户按经济内容的具体分类

如前所述，按账户的经济内容分类，实质上是按会计对象的具体内容分类。企业的会计对象是资金运动，资金运动可分为静态和动态两种形式。资产、负债、所有者权益构成资金静态运动，收入、费用和利润则构成资金动态运动。与之对应，按经济内容分类建立的账户体系，应包括反映资金运动的静态账户和反映资金运动的动态账户两类。反映资金运动的静态账户应由反映资产的账户、反映负债的账户和反映所有者权益的账户所组成；反映资金运动的动态账户应由反映收入的账户、反映费用的账户和反映利润的账户所组成。以下分别对上述反映不同经济内容类的账户加以分析。

（一）资产类账户

资产类账户是核算企业各种资产增减变动及结余额的账户。资产按流动性可以分为流动资产和非流动资产两类，与之对应，资产类账户也可进一步分为反映流动资产和反映非流动资产的账户两类。反映流动资产的账户有“库存现金”“银行存款”“交易性金融资产”“应收账款”“其他应收款”“原材料”“预付款项”“库存商品”等。反映非流动资产的账户有“可供出售金融资产”“持有至到期投资”“长期股权投资”“固定资产”“在建工程”“无形资产”和“长期待摊费用”等。

（二）负债类账户

负债类账户是核算企业各种负债增减变动及结余额的账户。负债类账户按照还款期不同，可以进一步分为核算流动负债和核算非流动负债的账户两类。核算流动负债的账户有“短期借款”“交易性金融负债”“应付账款”“预收款项”“应付职工薪酬”“应交税费”“应付股利”和“其他应付款”等。核算非流动负债的账户有“长期借款”“应付债券”和“长期应付款”等。

（三）所有者权益类账户

所有者权益类账户是核算企业所有者权益增减变动及结余额的账户。按照所有者权益的来源和构成，可进一步分为核算所有者原始投资、核算经营积累及所有者权益其他来源的账户三类。核算所有者原始投资的账户有“实收资本”（或“股本”）；核算经营积累的账户有“利润分配”“盈余公积”等账；核算所有者权益其他来源的账户有“资本公积”和“其他综合收益”等。

（四）收入类账户

本处所指的收入是广义的收入。收入类账户是核算企业在生产经营过程中所取得的各种经济利益的账户。按照收入的不同性质和内容，又可以分为核算营业收入和核算非营业收入的账户两类。核算营业收入的账户有“主营业务收入”“其他业务收入”“公允价值变动损益”和“投资收益”等；核算非营业收入的账户有“营业外收入”等。

（五）费用类账户

本处所指的费用是广义的费用。费用类账户是核算企业在生产经营过程中发生的各种费用支出的账户。按照费用的不同性质和内容，费用账户又可以分核算经营费用和核算非经营费用的账户两类。核算经营费用的账户有“生产成本”“制造费用”“主营业务成本”“税金及附加”“其他业务成本”“销售费用”“管理费用”“财务费用”和“资产减值损失”等；核算非经营费用的账户有“营业外支出”和“所得税费用”等。

（六）利润类账户

利润类账户是核算利润的形成和分配情况的账户。可分为核算利润形成情况和核算利润分配情况的账户两类。核算利润形成情况主要有“本年利润”等；核算利润分配情况主要有“利润分配”等。

第三节

账户按用途和结构分类

一、账户按用途和结构分类的意义

账户的用途是指设置和运用账户的目的是什么，通过账户记录能够提供哪些核算指标。例如设置“固定资产”“原材料”等实物资产账户的目的是为了反映相应的实物资产，通过这些账户记录能够提供相应的实物资产的增减变动及结余额方面的核算资料。

账户的结构是指在账户中如何记录经济业务，以取得各种必要的核算指标。在不同的记账方法下，记录经济业务的具体方法是不同的，即反映会计要素的增减变动及结余额（若有余额的话）的方法不同。在借贷记账法下，账户的结构具体是指账户借、贷方分别核算什么内容；期末若有余额，则余额的方向及具体含义是什么。

企业错综复杂的经济活动所涉及的会计数据资料都需要通过账户来加以记录和反映，每一个账户都是根据经营管理和对外报告会计信息的需要设置的，都有其特定的用途和结构。因而按账户的用途和结构分类的账户体系与按经济内容分类的账户体系，就可能不完全一致。一方面，按经济内容归为一类的账户，可能具有不同的用途和结构；另一方面，具有相同或相似用途和结构的账户，就其反映的经济内容而言可能归属于不同的类别。因此，尽管账户的用途和结构都直接或间接地依存于账户的经济内容，但按账户的经济内容分类的账户体系并不能代替按用途和结构分类的账户体系。按经济内容分类是账户的基本分类方法，按用途和结构分类的账户体系是对按经济内容分类的账户体系的必要补充。

二、账户按用途和结构的分类

以下以制造企业为例，说明在借贷记账法下，按用途结构分类的账户体系。按用途和结构分类的账户体系，主要包括基本账户、调整账户、成本账户和损益计算账户四大类。基本账户具体可分为盘存账户、投资权益账户、结算账户；调整账户根据调整方式不同，具体可分为备抵账户和备抵附加账户；成本账户具体又可分为集合分配账户、成本计算账户和对比账户；损益计算账户具体又可分为收入计算账户、费用计算账户和财务成果计算账户。以下分别说明各类账户的用途、结构和特点：

（一）盘存账户

盘存账户是用来核算、监督各项财产物资和货币资金（包括库存有价证券）的增减变动及其实有数的账户。它是任何企业必须设置的基本账户。该类账户借方登记各项财产物资和货币资金的增加数，贷方登记其减少数；期末余额在借方，表示各项财产物资和货币资金的实有数。该类账户一般都可以通过盘点方式进行清查，核对账实是否相符。

盘存账户的基本结构如下：

盘存账户

期初余额：财产物资或货币资金的期初实有数	
本期发生额：财产物资或货币资金的本期增加数	本期发生额：财产物资或货币资金的本期减少数
期末余额：财产物资货币资金的期末实有数	

属于盘存类的账户有：“库存现金”“银行存款”“原材料”“库存商品”和“固定资产”等。盘存账户的特点：可以通过财产清查的方法，即实际盘点或对账的方法，核对货币资金和实物资产的实际结存数与账面结存数是否相符，并检查其经营管理上存在的问题；除“库存现金”和“银行存款”账户外，其他盘存账户普遍运用数量金额式等明细分类账，可以提供实物和价值两种指标。

（二）投资权益账户

投资权益账户是用来核算投资者投资的增减变动及其实有额的账户。它是任何企业必须设置的基本账户。该类账户贷方登记投资者投资的增加数或其他所有者权益的增值额，借方登记投资者投资的减少数或其他所有者权益的抵减额，其余额一般贷方，表示投资者权益的实有数额。投资权益类账户的基本结构如下：

投资权益账户

本期发生额：本期所有者权益的抵减数	期初余额：期初所有者权益余额 本期发生额：本期所有者权益的增加数
	期末余额：期末所有者权益余额

属于该类账户的主要有：“实收资本”“资本公积”“盈余公积”等。

投资权益账户的特点：投资权益账户一般只提供价值指标。

（三）结算账户

结算账户是用来核算和监督企业与其他单位或个人之间往来账款结算业务的账户。由于结算业务性质的不同，决定了结算账户具有不同的用途和结构，结算账户按用途和结构分类，进一步又可分为债权结算账户、债务结算账户和债权债务结算账户三类。

1. 债权结算账户

债权结算账户也称资产结算账户，是用来核算和监督企业债权的增减变动和实有数额的账户。在该类账户中，借方登记债权的增加数，贷方登记其减少数；余额一般在借方，表示债权的实有数。

债权结算账户的基本结构如下：

债权结算账户

期初余额：债权的期初实有数 本期发生额：债权的本期增加数	本期发生额：债权的本期减少数
期末余额：债权的期末实有数	

属于该类的账户有："应收账款""其他应收款""应收票据"和"预付账款"等。

2. 债务结算账户

债务结算账户也称负债结算账户，是用来核算和监督本企业债务的增减变动和实有数额的账户。在该类账户中，贷方登记债务的增加数，借方登记其减少数；余额在贷方，表示债务的实有数。

债务结算账户的基本结构如下：

债务结算账户

本期发生额：债务的本期减少数	期初余额：债务的期初实有数 本期发生额：债务的本期增加数
	期末余额：债务的期末实有数

属于债务结算类账户的有："应付账款""其他应付款""应付职工薪酬""应交税费""应付股利""短期借款""长期借款""应付债券"和"长期应付款"等。

3. 债权债务结算账户

债权债务结算账户也称资产负债结算账户，是用来监督本企业与其他单位或个人以及企业内部各单位相互往来结算业务的账户。为了能在同一账户中反映企业与其他单位的债权、债务的增减变化，可设置同时具有债权债务双重性质的结算账户。在该类账户中，借方登记债权的增加或债务的减少数，贷方登记债务的增加或债权的减少；期末余额若在借方，表示企业的净债权；期末余额若在贷方，表示企业的净债务。

债权债务结算账户的基本结构如下：

债权债务结算账户

期初余额：期初净债权 本期发生额：本期债权的增加或债务的减少数	期初余额：期初净债务 本期发生额：本期债务的增加或债权的减少数
期末余额：净债权	期末余额：净债务

该类账户由于在总分类账户中，债权和债务会自动抵减，因此总分类账户的余额不能全面反映企业与其他单位债权债务的实际结余情况。因此，资产负债表的有关项目，必须根据总分类账户所属明细账的余额分析计算填列，将属于债权部分的余额列在资产

负债表的“应收账款”或“预付账款”项目中，将属于债务部分的余额列示资产负债表的“应付账款”或“预收账款”项目中，以便如实反映债权、债务的实际状况。

若企业不单独设置“预收账款”账户，用“应收账款”账户同时核算企业应收账款和预收账款的增减变动及其结果，此时的“应收账款”账户就是一个债权债务结算账户；若企业不单独设置“预付账款”账户，用“应付账款”账户同时核算企业应付账款和预付账款的增减变动情况和结果，则此时的“应付账款”账户就是一个债权债务结算账户；若将“其他应收款”账户和“其他应付款”账户合并，设置一个“其他往来”账户，用来核算其他应收款和其他应付款的增减变动情况和结果，此时的“其他往来”账户也是一个债权债务结算账户。

结算账户的特点：按照结算业务的对方单位或个人，设置明细分类账户，以便及时进行结算和核对账目；结算账户只提供价值指标；结算账户要根据期末的方向来判断其性质，当余额在借方时，是债权结算账户，当余额在贷方时是债务结算账户。

（四）备抵账户

备抵账户是用抵减相关被调整账户金额的方法，以反映被调整账户实际余额的账户。其调整可用以下公式表示：

被调整账户的实际余额＝被调整账户余额－备抵账户余额

由于备抵账户对被调整账户的调整，实际上是对被调整账户余额的抵减，因此，被调整账户余额的方向与备抵账户的余额方向必定相反。

“累计折旧”“累计摊销”“固定资产减值准备”“坏账准备”和“存货跌价准备”等账户均为典型的备抵账户。例如：“累计折旧”“固定资产减值准备”账户是用来调整“固定资产”账户；“坏账准备”是用来抵减“应收账款”等账户；“存货跌价准备”是用来抵减存货项，等等。

（五）备抵附加账户

备抵附加账户是既可用来抵减又可用来增加被调整账户的余额，以求得被调整账户实际余额的账户。备抵附加账户既可以作为备抵账户，又可以作为附加账户①来发挥作用，兼有两种账户的功能。若该类账户余额与被调整账户余额方向相反时，起抵减作用；方向相同时，起附加作用。

“材料成本差异”账户就是“原材料”等账户的备抵附加调整账户。当“材料成本差异”账户是借方余额时，该账户起附加作用，表示实际成本大计划成本的超支数，用“原材料”等账户的借方余额加上“材料成本差异”账户的借方余额，可以求得材料的实际成本；当“材料成本差异”账户是贷方余额时，该账户起抵减作用，表示实际成本小于计划成本的节约数，用“原材料”等账户的借方余额减去“材料成本差异”账户的贷方余额，可以求得材料的实际成本。

（六）集合分配账户

集合分配账户是用来归集和分配经营过程中所发生的间接费用，借以核算、监督有关间接费用归集与分配情况。集合分配账户的借方登记间接费用的发生（归集）额，

① 所谓附加账户，是用来增加被调整账户的余额，以求得被调整账户实际余额的账户。由于实际工作中很少设置单纯的附加账户，本教材中对此未做单独讲解。

贷方登记费用的分配额。一般情况下，归集在该类账户中的费用，在会计期内应全部分配出去，通常无余额。

集合分配账户的基本结构如下：

集合分配账户

本期发生额：归集本期费用的发生额	本期发生额：本期分配到相关成本对象的间接费用

属于该类的账户典型账户是“制造费用”账户。

集合分配账户的特点：具有明显的过渡性质，平时用来归集不能直接计入某成本计算对象的间接费用，期末将费用全部分配出去，由有关成本计算对象负担；该类账户期末分配后一般无余额。

（七）成本计算账户

成本计算账户是用来核算和监督经营过程中应计入特定成本计算对象并据以确定各成本计算对象实际成本的账户。设置和运用成本计算账户，对于正确计算材料采购、产品生产、工程建造等的实际成本，考核有关成本计划的执行和完成情况，具有重要的作用。成本计算账户的借方归集应计入特定成本计算对象的全部成本费用，贷方反映转出某一成本计算对象的实际成本。期末余额一般在借方，表示尚未完成的某一阶段成本对象的实际成本。如“生产成本”账户，借方余额表示尚未完成生产过程的在产品的实际成本。

成本计算账户的基本结构如下：

成本计算账户

期初余额：未转出成本计算对象的实际成本 本期发生额：经营过程中发生的应由成本计算对象承担的费用	本期发生额：转出成本计算对象的实际成本
期末余额：期末未转出成本计算对象的成本	

属于成本计算类的账户有“在途物资”“生产成本”“在建工程”等账户。

成本计算账户的特点：除了设置总分类账户外，还应按照各个成本计算对象和成本项目设置专栏，分别设置明细分类账户，进行明细分类核算；既提供实物指标，又提供价值指标。

（八）对比账户

对比账户是用来核算经营过程中某一阶段某项经济业务按照两种不同的计价标准进行对比，借以确定其业务成果的账户。

按计划成本进行材料日常核算的企业所设置的“材料采购”账户，属于典型的对比账户。该账户的借方登记材料的实际成本；贷方登记按照计划价格核算的材料的计划成本，通过借贷双方两种计价对比，可以确定材料采购业务成果。

对比账户的基本结构（以“材料采购”账户为例）如下：

对比账户

期初余额：未入库材料的实际成本 本期发生额：本期未入库材料的实际成本及转入“材料成本差异”账户贷方的实际成本小于计划成本的节约差	本期发生额：入库材料的计划成本及转入“材料成本差异”账户借方的实际成本大于计划成本的超支差
期末余额：在途材料的实际成本	

该类账户的特点：借、贷方的计价标准不一致；期末确定业务成果转出后，该账户的借方余额是剔除了计价差异后的按借方计价方式计价的资产价格。例如“材料采购”账户的借方余额表示按实际成本计价的在途材料实际成本。

（九）收入计算账户

收入计算账户是用来核算和监督企业在一定时期（月、季或年）内所取得的各种收入和收益的账户。收入计算账户的贷方登记取得的收入和收益，借方登记收入和收益的减少数和期末转入“本年利润”账户的收入和收益额。当期实现的全部收入和收益在期末全额转入“本年利润”账户，因此该类账户期末无余额。收入计算账户的基本结构如下：

收入计算账户

本期发生额：收入和收益的减少数及期末转入“本年利润”账户的收入和收益额	本期发生额：本期收入和收益的增加额

属于该类账户的有：“主营业务收入”“其他业务收入”“投资收益”和“营业外收入”等。

收入计算账户的特点：除了设置总分类账户外，还应按照业务类别设置明细分类账，采用贷方的多栏式进行明细分类核算；收入计算账户只提供价值指标。

（十）费用计算账户

费用计算账户是用来核算和监督企业在一定时期（月、季或年）内所发生的应计入当期损益的各项费用、成本和支出的账户。费用计算账户的借方登记费用支出的增加额，贷方登记费用支出的减少数和期末转入“本年利润”账户的费用支出数。由于当期发生的全部费用支出数都要于期末转入“本年利润”账户，因此该类账户期末无余额。

费用计算账户的基本结构如下：

费用计算账户

本期发生额：本期费用支出的增加数	本期发生额：本期费用支出的减少或转销数和期末转入“本年利润”账户的费用支出数

属于该类的账户有：“主营业务成本”“其他业务成本”“税金及附加”“销售费用”“管理费用”“财务费用”“营业外支出”和“所得税费用”等。

费用计算类账户的特点：除了设置总分类账户外，还应按业务内容、费用支出项目等设置明细分类账户，采用借方的多栏式进行明细分类核算；费用计算账户只提供价值指标。

（十一）财务成果计算账户

财务成果计算账户是用来核算和监督企业在一定时期（月、季或年）内全部经营活动最终成果的账户。“本年利润”账户属于典型的财务成果计算账户。财务成果计算账户的贷方登记期末从收入计算账户转入的各种收入和收益，借方登记期末从费用计算账户转入的各种费用支出。平常月份（1～11 月份），贷方余额表示企业所实现的利润，借方余额表示企业所发生的亏损。年终时将实现的利润或亏损转入“利润分配”账户，结转后应无余额。

财务成果计算账户的基本结构如下：

财务成果计算账户

本期发生额：本期转入的各项成本、费用、支出	本期发生额：本期转入的各项收入、收益
期末余额：（1~11月份）发生的亏损数	期末余额：（1~11月份）实现的利润数

年终结转后无余额

财务成果计算账户的特点：财务成果计算账户只提供价值指标；1～11 月份期末有余额，贷方余额为形成的利润，借方则为亏损；年终结账后无余额。

根据上一节和本节的分析可知，账户按经济内容和按用途、结构分类，对于正确地设置和运用账户来核算、监督经营过程和经营成果、为管理提供有用的会计信息都具有重要意义。

此外，账户还可以按与会计报表的关系进行分类。

资产负债表是反映企业某一特定日期财务状况的会计报表，表中各项目所反映的是企业某一特定日期资产、负债和所有者权益的实有数额，是根据资产类账户、负债类账户和所有者权益类账户的期末余额直接填列或分析计算填列的，资产类账户、负债类账户和所有者权益类账户是编制资产负债表的主要依据。因此，一般将资产类、负债类和所有者权益类账户称为资产负债表账户。

利润表是反映企业在一定时期财务成果的报表。表中各项目所反映的是企业一定会计期间所取得的收入、发生的费用，以及实现的利润（或发生的亏损），是根据收入类账户、费用类账户和利润类账户的本期发生额直接填列或分析计算填列的。收入类账户、费用类账户和利润类账户是编制利润表的主要依据。因此，将收入类、费用类和利润类账户称之为利润表账户。

这种账户分类，对于正确运用各类账户所提供的数据资料编制会计报表具有重要作用。

习题与案例

一、单项选择题

1. “生产成本”账户如有借方余额时，按其用途结构分类属于（　　）。

A. 计价对比类账户　　B. 盘存类账户

C. 集合分配类账户　　D. 跨期摊配类账户

2. 下列不属于备抵账户的是（　　）。
A. 利润分配　　B. 坏账准备
C. 累计折旧　　D. 预提费用
3. 下列不属于盘存账户的是（　　）。
A. 固定资产　　B. 原材料
C. 应收账款　　D. 库存商品
4. 在下列所有者权益账户中，反映所有者原始投资的账户是（　　）。
A. 实收资本　　B. 盈余公积
C. 本年利润　　D. 利润分配
5. “税金及附加”账户按其经济内容分类属于（　　）。
A. 负债类账户　　B. 收入类账户
C. 费用计算类账户　　D. 费用类账户
6. 下列账户按用途结构分类不属于费用计算类账户的是（　　）。
A. 管理费用　　B. 财务费用
C. 制造费用　　D. 销售费用
7. “材料成本差异”账户是用来备抵附加（　　）。
A. “原材料”账户　　B. “材料采购”账户
C. “生产成本”账户　　D. “库存商品”账户
8. 下列账户中属于备抵附加账户的是（　　）。
A. 坏账准备　　B. 材料成本差异
C. 利润分配　　D. 累计折旧
9. 结算类账户的期末余额（　　）。
A. 在借方　　B. 在贷方
C. 可能在借方，也可能在贷方　　D. 以上都不对
10. 下列不是按用途和结构分类的账户是（　　）。
A. 成本计算类账户　　B. 财务成果计算类账户
C. 费用类账户　　D. 投资权益账户
11. 在企业不单设“预付账款”账户时，对于预付款业务可在（　　）。
A. “应收账款”账户反映　　B. “预收账款”账户反映
C. “应付账款”账户反映　　D. “其他往来”账户反映
12. “累计折旧”账户按其经济内容分类属于（　　）。
A. 费用类账户　　B. 备抵账户
C. 负债类账户　　D. 资产类账户
13. 下列账户中，既属于结算账户，又属于负债类账户的是（　　）。
A. “应收账款”账户　　B. “预收账款”账户
C. “应收票据”账户　　D. “预付账款”账户
14. 债权债务结算账户的贷方登记（　　）。
A. 债权的增加　　B. 债务的增加，债权的减少
C. 债务的增加　　D. 债务的减少，债权的增加

15. 按用途结构分类的投资权益账户（　　）。

A. 只提供货币指标

B. 只提供实物指标

C. 可以提供实物和货币两种指标

D. 一般提供实物指标，有时也提供货币指标

16. 下列账户中属于集合分配账户的是（　　）。

A. “实收资本”账户　　B. “制造费用”账户

C. “生产成本”账户　　D. “管理费用”账户

二、多项选择题

1. 下列属于投资权益账户的有（　　）。

A. “本年利润”账户　　B. “实收资本”账户

C. “利润分配”账户　　D. “资本公积”账户

E. “盈余公积”账户

2. 下列账户期末如有余额在借方的有（　　）。

A. 债权结算账户　　B. 投资权益账户

C. 盘存账户　　D. 成本计算账户

E. 收入计算账户

3. 下列可能属于盘存账户的有（　　）。

A. “原材料”账户　　B. “库存商品”账户

C. “银行存款”账户　　D. “固定资产”账户

E. “本年利润”账户

4. 下列账户期末一般没有余额的有（　　）。

A. 收入计算类账户　　B. 费用计算类账户

C. 盘存类账户　　D. 集合分配类账户

E. 结算类账户

5. 下列账户属于债权结算账户的有（　　）。

A. “预付账款”账户　　B. “应付账款”账户

C. “应收账款”账户　　D. “应收票据”账户

E. “预收账款”账户

6. 按其不同标志分类，“材料采购”账户可能属于（　　）。

A. 资产类账户　　B. 盘存类账户

C. 对比类账户　　D. 成本计算类账户

E. 费用账户

7. 在生产过程中，用来归集制造产品的生产费用，并据以计算产品生产成本的账户有（　　）。

A. “制造费用”账户　　B. “库存商品”账户

C. “材料采购”账户　　D. “生产成本”账户

E. “主营业务成本”账户

8. 关于“本年利润”账户，下列说法中正确的有（　　）。

A. 期末若为贷方余额，表示累计实现的净利润

B. 期末若为贷方余额，表示本期实现的利润总额

C. 期末若为借方余额，表示累积发生的亏损额

D. 年末若为贷方余额，表示未分配利润额

E. 年度中间一般有余额

9. 下列盘存账户中，通过设置和运用明细账可以提供数量和金额两种指标的有（　　）。

A. “银行存款”账户

B. “库存现金”账户

C. “原材料”账户

D. “库存商品”账户

E. “应付账款”账户

三、业务计算题

1. 目的：练习“原材料”账户和“材料成本差异”账户之间的调整关系。

资料：企业原材料按照计划成本组织核算，“原材料”账户期末余额为 145 000 元，若：

（1）“材料成本差异”账户为借方余额 3 000 元；

（2）“材料成本差异”账户为贷方余额 2 000 元。

要求：分别上述两种情况计算该企业期末原材料的实际成本，并分析说明上述两个账户之间的关系。

2. 目的：练习“固定资产”账户和“累计折旧”账户之间的调整关系。

资料：企业“固定资产”账户的期末余额为 256 000 元，“累计折旧”账户期末余额为 70 000 元。

要求：（1）计算固定资产净值。

（2）说明“固定资产”账户与“累计折旧”账户之间的关系

3. 目的：练习结算类账户的运用。

资料：利和股份公司所属的某机械制造厂在材料采购业务核算中设置了“应付账款”和“预付账款”两个账户，2018 年 8 月份“应付账款”和“预付账款”账户及其所属明细账户的期初余额如下：“应付账款”贷方余额 125 000 元，其中“应付账款——A 工厂”78 000 元，“应付账款——B 工厂”47 000 元；“预付账款”借方余额 65 000 元，其中“预付账款——C 工厂”35 000 元，“预付账款——D 工厂”30 000 元。该企业 8 月发生下列业务：

（1）用银行存款 50 000 元归还所欠 A 工厂的货款。

（2）收到 C 工厂发来的材料 48 000 元，其中材料价款 40 000 元，增值税进项税额 6 400 元，代垫外地运杂费 1 200 元，材料验收入库，款项上个月已经预付 35 000 元，差额部分暂未支付。

（3）从 B 工厂购买材料价款 10 000 元，增值税进项税额 1 600 元，款项未付，材料尚未入库。

（4）通过银行补付所欠 C 工厂的差额款。

要求：编制本月业务的会计分录，开设并登记“应付账款”、“预付账款”总分类账户和明细分类账户。

4. 目的：练习双重性质账户的运用。

资料：承练习题3，若该企业不设置“预付账款”账户，企业发生的预付账款业务在“应付账款”账户中核算，其他资料不变。

要求：根据上述业务编制会计分录，开设并登记“应付账款”账户并结账。

四、案例分析题

资料：2018 年 2 月，利得股份公司的张红在做了一段时间的会计稽核工作之后，回想起自己以前工作中存在的种种错误，决定对自己担任材料会计时期的会计记录进行稽核，看看是否存在着错误。在对 2017 年 10 月的会计记录稽核中，张红发现下面一些会计记录：

（1）2017 年 10 月公司购进并入库了一批价值为 250 000 元的甲材料，按国家消费税税法的规定，缴纳了 12 500 元的消费税。另外，这种原材料加工成产品后国家不再征收消费税，该批原材料在 2017 年已全部加工成产品，并已全部对外销售。当时张红认为，增值税作为购进环节的流转税可以抵扣，消费税按可比性原则也应当可以抵扣。做了如下的会计记录：

借：原材料　　250 000

　　应交税费——应交消费税　　12 500

　　贷：银行存款　　262 500

（2）2017 年 11 月，公司在购进乙、丙材料时，共支付了 6 800 元的外地运杂费，为简化核算起见，张红把它作为管理费用，其会计处理为：

借：管理费用　　6 800

　　贷：银行存款　　6 800

（3）按利得股份公司规定，丁材料按计划成本计价核算，到 2017 年 11 月末，其账面余额为 320 000 元，材料成本差异账面余额为贷方 8 500 元，张红当时认为，按历史成本原则要求，原材料应按实际成本反映，因而 2017 年 11 月末，张红做了如下的账务处理：

借：材料成本差异　　8 500

　　贷：原材料　　8 500

（4）2017 年 11 月份，在购进另外一批甲材料时，由于途中的自然损耗，验收时发现应入库 1 000 千克的甲材料只入库了 960 千克，该批材料单位购进成本为 120 元。张红认为没有验收入库（短缺）的原材料应作为当期损失，做账务处理如下：

借：原材料　　115 200

　　贷：材料采购　　115 200

借：管理费用　　4 800

　　贷：材料采购　　4 800

张红发现上面的会计记录后，认为这些会计记录是错误的，并做了必要的调整。

要求：

你认为张红会做怎样的调整？把这些调整的内容尽可能地描述出来。

第七章

成本计算

【学习目标】

成本计算是会计核算的一种专门方法，其目的是为了正确地计量资产的价值和合理确认收益。正确、合理地确认、计量资产的价值和会计期间收益，是会计核算的重要内容。本章主要阐述成本核算的基本原理、一般程序和企业经营过程中成本计算的基本方法。通过本章学习，使学生理解成本计算的意义、基本内容和一般程序，重点掌握存货采购成本、产品生产成本和销售成本计算的基本原理，为学习后续的成本会计课程奠定基础。

第一节 成本计算概述

一、成本的概念与作用

（一）成本的概念

成本属于价值的范畴，是新增（或已耗）资产价值的组成部分。一般而言，资产的价值由以下三部分组成：①已耗生产资料（劳动手段和劳动资料）的转移价值；②支付给劳动者的劳动报酬；③劳动者为社会做出的贡献额。其中，前两者是构成成本价值的基础。

已耗生产资料的转移价值和支付给劳动者的劳动报酬，按受益对象不同，可以分为三个部分：一是用于工程建造，形成长期资产；二是用于存货的建造，形成各种存货；三是用于包括上述两者在内的日常经营活动，形成期间费用。第三种支出与前两种支出的区别是：前两种支出有明确的受益对象，可以直接或间接计入受益对象，第三种支出则没有明确的受益对象，不能或不易计入相关受益对象。第一种支出，形成相关长期资产的成本；第二种支出，形成相关存货的成本；第三种支出，由于没有明确的受益对象，按权责发生制要求，全部计入相应的会计期间，直接作为当期收益的抵减。相关存货的成本，在存货消耗或销售后，或作为相关费用，或作为主营业务成本，由当期收益抵减。当上述前两种支出按一定的计算对象归集，计入相应资产的价值，就成为新增资产的成本。

制造企业的经营过程，主要包括供应、生产和销售三个阶段。供应过程的经营活动，主要为各种存货的采购。在存货的采购过程中所支付的存货买价和采购费用，按各种存货的种类分别归集、分配，就构成各种存货的采购成本。在生产过程中发生的生产费用（如已耗存货的成本、支付给生产者的薪酬等），按各种产品进行归集、分配，就构成各种产品的生产成本（亦称制造成本）。制造企业的销售过程，主要是销售各种产品，已售产品的生产成本，按各种已售产品进行归集，就构成各种已售产品的主营业务成本。主营业务成本，作为当期费用全部计入该会计期间，抵减当期主营业务收入。

（二）成本的作用

成本是以价值形式反映企业工作质量，说明企业管理当局经营责任完成情况的综合性指标之一。对会计信息使用者而言，它具有多方面的作用。

1. 成本是计量经营耗费和确定补偿尺度的重要工具

企业经营的主要目标是以自己的收入补偿耗费后获得尽可能多的利润。企业盈利的大小是企业经营状况好坏的主要标志，也是企业能否正常持续经营的必要条件。企业的营业收入，只有能够弥补相关耗费，才能保持持续经营。成本作为对象化的耗费，是企业全部耗费的主要组成部分。因此，成本是反映企业经营耗费的主要指标之一，是计量经营耗费和确定补偿尺度的重要工具。

2. 成本是决定商品价格的基础和商品竞争能力的条件

商品价格是影响商品销售和企业盈利的重要因素之一。在商品质量一定的条件下，商品价格的高低，关系到商品是否能顺利销售出去，而商品是否能顺利销售出去，关系到企业是否能收回所垫付的资金以持续经营的问题。一般而言，在商品质量和性能稳定的情况下，商品的价格高于同类商品的社会平均价格，就难以顺利销售出去；商品的价格适中，或低于同类商品的社会平均价格，商品就能顺利销售出去。商品定价的高低，涉及企业盈利的多少与经济效益的高低。商品价格的高低决定于商品成本的高低，商品成本高于同类商品的社会平均成本，为了获取适当的利润，制定的商品价格相应也会高于同类商品的社会平均价格，这可能使商品销售失去竞争力；商品成本低于同类商品的社会平均成本，制定的商品价格就可以低于同类商品的社会平均价格，从而使商品销售具有竞争力，也可以获取适当的利润。因此，商品成本是决定商品价格的基础和产品竞争能力的条件。

3. 成本是企业进行决策和核算经济效益的重要因素

企业管理者在履行受托责任，完成管理任务时，必须对经营活动中涉及的重大问题进行决策。要做出正确的决策，必须从各方面进行考虑、分析相关经营活动涉及的各种因素对经营活动的影响。在对各种方案进行决策时，经济效益是选择某种方案必须予以考虑的主要因素之一。企业的经济效益的核心是产品的成本问题。如上所述，在市场销售有保证的前提下，产品成本的高低决定着企业经济效益的好坏。因此，在对各种备选方案进行选择、决策时，必须将成本作为一个重要的因素进行考虑，从成本的角度对备选方案进行评价选择。只有这样，才能使所选择的方案在经济上可行，才能使经济活动有资源消耗少、经济效益好的结果。

4. 成本是衡量企业管理水平和各方面工作成果的重要指标

成本是反映企业管理水平的综合性指标。企业各方面工作的成果，如产品设计的好坏，生产工艺的合理程度，原材料、燃料、动力等资产的消耗水平，机器设备、厂房建筑物的利用情况，劳动生产率的高低，人、财、物组织得是否合理，供、产、销是否衔接平衡等等，最终都会反映到产品成本上。因此，通过对成本形成情况、构成和水平的分析，就可能发现企业管理上存在的问题和薄弱环节，为提高生产技术水平和管理水平指明方向，也为改进各方面工作找到途径。同时，降低成本，必然对企业各项工作提出更高的要求，推动企业整体管理水平的不断提高。

二、成本计算的意义

成本是会计信息的重要组成部分，同其他会计信息一样，它也是通过对相关原始数据的收集、整理和加工形成的。成本计算就是采用一系列专门的方法，把企业供应、生产和销售过程中所发生的各种费用，根据受益关系，在不同的对象之间进行归集、计算和分配，借以确定各成本计算对象的总成本和单位成本的一项会计工作。成本计算对于加强企业经营管理，提高经济效益具有重要意义。

第一，通过成本计算，可以取得企业的实际成本资料，并据以确定实际成本同计划成本的差异，考核成本计划的完成情况，分析成本升降的原因，进一步挖掘降低成本的潜力。

第二，通过成本计算，可以反映和监督企业各项费用的支出，揭露企业经营管理中存在的问题，奖优罚劣，及时采取有效措施，改善经营管理。

第三，通过成本计算，可以为企业进行下一期各项成本指标的预测和规划，提供必要的参考数据。

总之，正确进行成本计算，对不断地改进成本管理工作，争取以更少的资源耗费，取得更大的经济效益，为社会增加更多的财富，具有重要的意义。

三、成本计算的原理

在不同的企业，或同一企业的不同经营阶段，会发生不同的经济活动，发生不同的支出，形成不同的成本，导致成本计算方法产生差异。如采购成本的计算与生产成本的计算方法是不相同的。不同时期企业由于经营活动的更改，成本计算的内容也不尽相同。不同时期、不同计算对象的成本在内容、构成和计算方法等方面虽说不尽相同，但它们都是经营中产生的资源消耗，都应按权责发生制、配比原则等归集、分配到受益对象上去，其计算原理是相同的。

第一，直接受益则直接负担。各种经营活动的目的不同，经营过程中发生的各种费用，都是为相应的经营目的产生的。在某种经营活动中支付费用，目的是为了在这种经营活动中获取合理的经营成果。因此，某种经营活动的经营成果是该种经营活动中所支付费用的受益对象。例如：为某种产品生产而耗用的原材料费用的受益对象就是该种产品。当可以直接确定某种费用是为某项经营活动产生时，我们称这种费用为该成本计算对象的直接费用，应将直接费用直接计入受益的计算对象中，作为相应的受益计算对象的成本，由相应的受益计算对象承担。

第二，间接受益则先归集后分配。在企业的日常经营中，各种经营活动往往是交叉进行的，因此有的费用是为了若干受益计算对象而共同发生的，应由相应的若干个受益计算对象来共同承担，会计上把这种由若干受益计算对象共同承担的费用称为共同性费用。共同性费用与受益计算对象的受益关系虽不如直接费用那样明显，但也可采用一定的方法来确定共同性费用与受益计算对象之间的关系，可以采用客观性较强的标准将共同性费用在各受益计算对象之间合理分配。它首先应确定可供分配的共同性费用总额和分配标准，然后按一定的方法将可供分配的共同性费用在受益对象之间合理分配。

第三，成本计算的重要性原理。在企业经营活动中发生的共同性费用中，有时有些共同性费用由于与受益对象的受益关系并不十分明显，金额也不大，将这种共同性费用按受益原理计入受益对象的成本，一是不易确定客观的分配方法，二是这种费用计入还是不计入受益对象的成本，对受益对象的成本升降水平影响不大。因此，在成本计算时，只需要把那些与受益对象的受益关系较为明显并容易确定、金额较大的费用计入受益对象的成本；对受益对象的成本水平影响较大的重要的共同性费用，按受益关系分配计入受益对象的成本。对于那些与受益对象的受益关系不十分明显、金额不大且不易确定的费用，则不分配计入受益对象的成本；对受益对象的成本水平影响不大的共同性费用，也无需计入相应受益对象的成本。

四、成本计算的基本要求

为了正确、及时地计算成本，有关会计人员应遵循如下要求：

1. 要严格执行国家规定的成本开支范围和费用开支标准

所谓成本开支范围，是指哪些费用允许列入成本，哪些费用不允许列入成本。成本开支范围是根据企业经营活动中所发生的费用的不同性质，依据成本的内容和加强成本核算的要求，由国家在相关法律规章（如企业所得税暂行条例、企业成本管理条例等）中统一制定。成本开支范围的基本内容是：一切与营业活动有关的支出，都应计入企业的成本、费用。对制造业而言，所发生的直接材料、直接人工、制造费用和期间费用构成企业的成本费用范围。其中，直接材料、直接人工和制造费用构成产品的制造成本（亦称生产成本）；期间费用直接计入当期损益。费用开支标准是指对某些费用支出的金额和比例做出一些限制性的规定。如允许在税前列支的职工薪酬金额、坏账提取比例和业务招待费的提取比例等。企业应严格遵守成本开支范围和费用开支标准，在合法的前提下展开经营活动，既能保证成本、费用的真实性，内容的一致性，具有分析对比的可能性；又能正确地计算企业的损益，真实地反映企业的财务成果，提供真实、正确、有用的会计信息。

2. 正确划分支出、费用和成本的界限

（1）正确划分费用成本性支出和资本性支出的界限。所谓费用成本性支出，是指所带来的效益仅与一个会计年度相关、应计入该会计年度费用成本的支出；所谓资本性支出，是指在几个会计年度带来收益的支出，资本性支出应计入相关资产的成本中，并随着资产的消耗，合理在受益的会计年度内分摊。如购建固定资产的支出，应计入固定资产的成本，在固定资产的使用期间分摊到相关会计年度的成本、费用中。

（2）正确划分成本与费用的界限。费用是经营活动中发生的各种各样经济利益流出的总称；成本则是指归集到受益计算对象中的费用。企业经营活动中发生的耗费，并非全部计入成本，有一部分作为期间费用列做当期损益。因此，为保证成本资料的真实性，以及相应会计信息的相关性，在成本计算时，要划清成本与费用的界限。

（3）正确划分本期成本费用与跨期成本费用的界限。凡应由本期相关资产负担的费用，应计入本期相关资产的成本；不应由本期相关资产负担的费用，则不能计入本期相关资产的成本。

（4）正确划分不同产品的成本界限。直接属于某种产品负担的成本，应由该种资产负担，直接计入该产品的成本；属于多种产品受益的成本，应合理分配计入相关产品的成本。

（5）正确划分在产品成本与产成品成本的界限。制造企业对于应计入本期产品成本的耗费，若期末既有完工产品又有在产品，则需要采用适当的方法，将生产费用在完工产品和在产品之间进行分配。

3. 遵循权责发生制的要求

在成本计算时按照权责发生制要求，主要是指在各会计期间合理划分跨期费用的问题。在成本计算时，对于已经发生支出，若受益期是几个会计期间，就应在各个受益期采用适当的分配方法合理分配；对于虽未支付但应由本会计期间承担的费用，应先行预提计入本会计期间的成本和费用。需要注意的是，不得人为地调节某个会计期间的成本费用，即该摊的不摊，该提的不提，或者不该摊的乱摊，不该提的乱提。

4. 做好成本核算的各项基础工作

正确、及时地计算成本，做好各项基础工作是很重要的。若基础工作做得不好，就会影响成本计算的正确性和及时性。成本核算的基础工作主要有：定额管理工作；建立健全财产物资的计量、收发、领退制度；建立和健全各种原始记录，以及收集整理制度；制定厂内内部结算价格等。

5. 选择适当的成本计算方法

企业应结合自己的具体情况，选择适合本企业经营特点的成本计算方法。方法一经确定，一般不得随意变动。计算方法的选择，应同时考虑企业经营类型的特点和管理的要求。具体成本计算方法的选择，参考《成本会计》相关教材。

第二节

成本计算的一般程序

不同的成本计算对象，需要用不同的计算方法，因此，会计上形成了不同的成本计算方法。但不论哪种成本计算方法，它们在成本计算基本程序方面，一般是相同的。概括起来，主要包括以下几个方面：

一、收集、整理成本计算资料

成本计算资料的收集、整理是成本计算的前提。完整、正确地提供计算数据，是成本计算的基础。因此，企业对购进、领用的各种原材料、各项费用支出、工时动力等的消耗，产品的质量情况、在产品、半成品的内部转移和产成品的入库、出库等，都要根据各项活动的特点，分别取得或填制不同格式的原始凭证。它提供的是企业经营活动的第一手资料，是成本计算所需的原始记录。这些原始记录是否正确，提供是否及时，直接影响到成本计算的正确性和及时性。因此，成本计算的资料收集、整理工作很重要，必须以完整、正确的原始记录作为成本计算的依据。成本计算资料一般包括资产的形成、耗费或转出价值资料、待摊费用的形成和摊销方面的资料、预提费用的提取方面的资料等等。

二、确定成本核算中心和成本计算对象

成本计算对象，就是承担和归集费用的对象，即成本费用的受益对象，它是费用归集和分摊的依据。为了便于成本控制，落实成本责任制，进行成本考核以降低成本费用，应按成本责任环节（或单位）来计算成本。即计算各成本责任环节的成本。因此，在具体的成本计算前，应先根据不同的成本责任环节设立不同的成本核算中心，再按每一个成本核算中心来确定成本计算对象，计算成本。只有在职责能够明确划分和鉴别的部门、车间、班组和个人那里设置成本核算中心，对成本发生情况的控制和管理才能发挥作用。

在确定了成本核算中心后，就应按成本核算中心来确定成本计算对象。各个企业单位的成本计算对象的规模和复杂程度是不相同的。对于制造业来讲，一个成本计算对象，可以包括若干种不同产品或不同的经济活动，也可以只包括一种产品或一种经济活动；可以是一个单独的产品或项目，也可以是一批相同的项目或一组相似的产品；可以是最终产品，也可以是加工到一定程度的半成品。确定成本计算对象的基本要求是所计算的成本必须是有用的会计信息。对主要的产品，应从细确定成本计算对象；对一般的产品，可以概略地确定成本计算对象。

总之，企业应根据自身的经营性质和规模的不同，结合自身的具体情况，确定自己的成本核算中心和成本计算对象，以便正确及时地归集和分配费用，计算成本，加强成本管理和控制，落实成本责任制，提高企业的经济和社会效益。

三、确定成本计算期

要及时取得成本方面的会计信息，就必须及时进行成本计算，这就要解决在什么时候计算，多长时间计算一次成本的问题。以制造企业为例，产品生产完工之时，才是产品成本完全形成之日。因此，在产品生产完工之时计算产品生产成本，以产品生产周期作为成本计算期，是较为合理的。但是，由于有的产品生产周期过长，完全按产品生产周期来计算成本，将影响会计信息的使用者及时地取得相关的会计信息；有的产品生产

周期很短，完全按产品生产周期来计算成本，将使成本计算很频繁，不适当地加大会计核算成本。因此，成本计算期并不一定能和产品生产周期一致。如何确定成本计算期，取决于企业生产组织的特点和管理要求。如企业采用单件、小批量的生产组织方式时，可以把产品生产期作为成本计算期；若企业的生产特点是经常反复不断地大量生产同一种或几种产品，为了及时取得成本指标，加强成本计划管理，一般以会计分期作为产品成本计算期。

四、确定成本项目

产品成本的计算，是生产费用形成和分配的计算。企业发生的各项费用，可以按不同的标志进行分类。按各项费用支出的经济内容来分，可分为反映活劳动耗费的费用，如人工费用；反映劳动对象耗费的费用，如外购原材料、燃料等；反映劳动资料耗费的费用，如固定资产折旧费用等；反映用货币资金支付的费用，如差旅费、办公费、水电费等。生产费用按支出的经济内容来分类，在会计上称为费用要素，它表明了企业为进行生产支付了些什么费用，数额是多少，可以用来分析企业各个生产时期生产费用的支出水平。但是这种分类不能与成本计算对象联系起来说明生产费用的用途。为了取得更多的会计信息，还要将生产费用按其用途进行分类。生产费用按其用途分类，在会计上称为成本项目，一般包括直接材料、直接人工和制造费用等。借助于成本项目，可以清楚地了解费用的经济用途和成本的经济构成，提供更多有用的会计信息，通过对一定对象的成本项目的分析，可以初步查明成本升降的原因，挖掘降低成本的潜力。

五、正确地归集和分配各种费用

正确地归集和分配各种费用，是正确地进行成本计算的前提。它一方面要求根据真实的原始数据来正确地归集和分配各种费用，另一方面要求在费用的归集和分配中遵循相关性要求，并且费用的归集和分配要遵守国家的相关法律及规章制度。

为正确地归集和分配各种费用，就要遵循权责发生制要求，正确地确定费用的受益期限。如对产品生产来说，对应计入产品成本的费用，还应划分为应由本期产品成本负担的费用和应由其他各期产品成本负担的费用。这对于如实反映各期生产费用，正确计算各期产品成本是十分重要的。

在费用的归集、分配和成本计算中，还应严格遵守相关法律规章规定的成本开支范围和费用开支标准。不能随意扩大成本开支范围，提高费用开支标准。凡超过开支范围和开支标准的费用，经企业权力机关认可，可以计入企业相关经营活动的成本或作为某个会计期间的期间费用，但不得从企业的应纳税所得额中扣除，要视同利润进行纳税。

六、设置和登记明细分类账、编制成本计算表

在成本计算过程中，为系统地归集、分配各种应计入各种成本计算对象的费用，应按成本计算对象和成本核算项目分别设置和登记费用、成本明细分类账户，然后根据这些账户资料，编制各种成本计算表，借以计算确定各种成本计算对象的总成本和单位成本，全面、系统地反映各种成本指标的经济构成和形成情况。

初级财务会计

第三节

企业经营过程中的成本计算

制造企业的经营过程一般要经过供应、生产和销售三个阶段。各个阶段要分别计算存货采购成本、产品生产成本和产品销售成本。在存货采购成本的计算中，以原材料采购成本的计算最具代表性，由于在前面相关章节已经述及，本节仅简要说明产品生产成本和产品销售成本（主营业务成本）的基本计算方法。

一、产品制造成本的计算

计算产品制造成本，首先应确定成本计算期，产品成本计算通常是按月进行的，对于单件小批生产，生产周期较长的产品，成本计算期也可以是产品生产周期；其次，应按产品品种或批次等确定成本计算对象；然后，将生产过程中发生的应计入产品生产成本的生产费用分别分配计入各相应产品，计算其制造总成本和单位成本。

（一）产品成本项目的确定

生产过程中发生的应计入产品生产成本的生产费用，在计入相应产品成本时，是按生产费用的经济用途进行归集，计入相应的成本项目。产品成本计算的成本项目，一般由以下三项组成：

（1）直接材料。是指为产品生产而耗费的原材料、辅助材料、备品备件、外购半成品、燃料、动力、包装物、低值易耗品以及其他直接材料等。

（2）直接人工。是指直接从事产品生产的工人工资、奖金、津贴和福利费等薪酬。

（3）制造费用。是指企业各生产单位为组织和管理生产所发生的各项费用，包括车间管理人员薪酬、固定资产折旧费和修理费、机物料耗费、办公费、差旅费、水电费、劳动保护费等。

其中，第（1）、（2）项与相应产品生产的关系较为密切，一般可以直接确定应计入制造成本的金额，直接计入；第（3）项一般为应由多种产品共同负担的生产费用，不直接计入产品的制造成本，应确定适当的分配标准和合理的分配方法，分配计入。

（二）产品成本计算

企业应设置生产成本明细账，用以归集、分配生产过程中发生的应计入产品生产成本的生产费用。生产成本明细账应按产品品种、批别或类别分别设置，应采用一定的成本计算方法，计算、确定产品制造成本。

计算产品的制造成本，必须根据企业的生产类型（生产组织和工艺技术）和管理要求，采用不同的成本计算方法①。这些成本计算方法，将在《成本会计学》相关教材中详细讲解，以下举例简要说明产品成本的计算。

某企业产品生产过程中发生的相关生产费用，经整理后的有关会计凭证归纳如下：

---

① 成本计算的基本方法有品种法、分批法和分步法等；成本计算的辅助方法有定额法和分类法等。

1. 期初在产品资料（见表7－1）

表7－1　期初在产品资料　单位：元

产品名称	直接材料	直接人工	制造费用	合　计
A	320	114	118	552
B	1 600	684	676	2 960
合　计	1 920	798	794	3 512

2. 本月发生的各项生产费用（见表7－2）

表7－2　各项生产费用资料　单位：元

产品名称	直接材料	直接人工	制造费用	合　计
A	2 000	798	2 550	5 348
B	4 400	1 140		5 540
合　计	6 400	1 938	2 550	10 888

3. 期末产量资料

A产品50件已全部完工；B产品120件，其中：完工产品100件，在产品20件。在产品成本按定额成本标准计算。单位B在产品各成本项目的定额成本为：直接材料50元、直接人工8元、制造费用8.5元。

4. 产品制造成本的计算

（1）根据期初在产品成本资料，分别登记在A、B产品生产成本明细账中的相应成本项目内，见表7－3、表7－4。

（2）根据本月发生的成本资料，将其中的直接材料、直接人工，分别登记在A、B产品生产成本明细账的相应成本项目内，见表7－3、表7－4。

（3）根据本月发生的制造费用，采用一定的分配方法，分配记入A、B两种产品成本（假定按生产工人工资的比例分配：A产品生产工人工资为700元，B产品生产工人工资为1 000元）。

$$分配率=\frac{2\ 550}{700+1\ 000}=1.5$$

A产品应负担的制造费用＝700×1.5＝1 050（元）

B产品应负担的制造费用＝1 000×1.5＝1 500（元）

根据上述计算结果，分别登记在A、B产品生产成本明细账中相应项目内，见表7－3、表7－4。

（4）根据A、B产品生产成本明细账中的各成本项目记录和在产品资料，即可计算A、B两种产品总成本和单位成本，编制完工产品成本计算表，见表7－5。

上述A、B完工产品的制造成本计算根据如下计算公式求得：

完工产品制造成本＝月初在产品成本＋本月发生的生产费用－月末在产品成本

A、B两种产品制造成本计算如下：

A产品：由于A产品全部完工，没有在产品，于是其总成本就是月初在产品成本与

表 7－3　　　　生产成本明细分类账

产品名称：A 产品

2018 年		凭证	摘　要	借　方			
月	日	号数		直接材料	直接人工	制造费用	合计
			期初在产品成本	320	114	118	552
			材料费用	2 000			2 000
			生产工人薪酬		798		798
略	略	略	分配制造费用			1 050	1 050
			本期发生额合计	2 000	798	1 050	3 848
			结转完工产品成本（50 件）	2 320	912	1 168	4 400

表 7－4　　　　生产成本明细分类账

产品名称：B 产品

2018 年		凭证	摘　要	借　方			
月	日	号数		直接材料	直接人工	制造费用	合计
			期初在产品成本	1 600	684	676	2 960
			材料费用	4 400			4 400
			生产工人薪酬		1 140		1 140
			分配制造费用			1 500	1 500
略	略	略	本期发生额合计	4 400	1 140	1 500	7 040
			结转完工产品成本（100 件）	5 000	1 664	2 006	8 670
			期末在产品成本	1 000	160	170	1 330

表 7－5　　　　完工产品制造成本计算表　　　　单位：元

成本项目	A 产品（50 件）		B 产品（100 件）	
	总成本	单位成本	总成本	单位成本
直接材料	2 320	46.40	5 000	50
直接人工	912	18.24	1 664	16.64
制造费用	1 168	23.36	2 006	20.06
合　计	4 400	88	8 670	86.70

本月发生的生产费用之和，按成本项目计算如下：

A 产品成本：

直接材料 = 320 + 2 000 = 2 320

直接人工 = 114 + 798 = 912

制造费用 = 118 + 1 050 = 1 168

合计　　　　4 400（元）

B 产品：由于 120 件 B 产品尚有 20 件未完工，这样应将月初在产品成本与本期发生的生产费用的合计数，按一定的方法在完工产品和在产品之间进行分配。按本例所给的条件，B在产品按定额成本计算，其计算方法和结果如下：

B在产品成本：

直接材料 = 20 × 50 = 1 000

直接人工 = 20 × 8 = 160

制造费用 = 20 × 8.5 = 170

合计　　1 330（元）

B产成品成本：

直接材料 = 1 600 + 4 400 − 1 000 = 5 000

直接人工 = 684 + 1 140 − 160 = 1 664

制造费用 = 676 + 1 500 − 170 = 2 006

合计　　8 670（元）

二、产品销售成本的计算

产品销售成本即主营业务成本，是指已售产品的制造成本。根据已售产品的数量乘以产成品平均单位成本计算求得。平均单位成本的确定，可采用加权平均法、先进先出法和个别计价法等计价方法（本书第十章第二节介绍）。

以下仍以上例说明产品销售成本的计算方法。根据对上述某企业销售过程业务的整理，相关资料如下：

本月已售出A产品50件、B产品50件。A、B两种产成品的成本资料见表7－6、表7－7。

表7－6　　库存商品明细账

产品名称：A产品

2018年		摘要	收入			发出			结存		
月	日		数量	单价	金额	数量	单价	金额	数量	单价	金额
	1	期初余额							30	120	3 600
		本月完工入库	50	88	4 400						
		本月销售				50	100	5 000			
	30	期末余额							30	100	3 000

表7－7　　库存商品明细账

产品名称：B产品

2018年		摘要	收入			发出			结存		
月	日		数量	单价	金额	数量	单价	金额	数量	单价	金额
	1	期初余额							30	101	3 030
		本月完工入库	100	86.70	8 670						
		本月销售				50	90	4 500			
	30	期末余额							80	90	7 200

$$A\text{产成品平均单位成本}=\frac{3\ 600+4\ 400}{30+50}=100\text{（元）}$$

$$B\text{产成品平均单位成本}=\frac{3\ 030+8\ 760}{30+100}=90\text{（元）}$$

根据库存商品明细账资料，采用加权平均法，A、B产品的平均单位成本计算如下：

根据上述A、B产成品的平均单位成本，和已售A、B两种产成品的数量，即可求得A、B产品的销售成本：

A产品销售成本＝100×50＝5 000（元）

B产品销售成本＝90×50＝4 500（元）

习题与案例

一、单项选择题

1. 以下所列示的各种成本中，被称为主营业务成本的是（　　）。

A. 材料采购成本　　B. 产品生产费用

C. 产品生产成本　　D. 产品销售成本

2. 下列内容不属于材料采购成本的构成项目的是（　　）。

A. 材料的买价　　B. 外地运杂费

C. 运输途中的合理损耗　　D. 采购机构经费

3. 在企业经营过程中，当可以直接确定某种费用是为某项经营活动产生时，我们称这种费用为该成本计算对象的（　　）。

A. 生产费用　　B. 直接费用

C. 间接费用　　D. 期间费用

4. 企业购入材料发生的运杂费等采购费用，应计入（　　）。

A. 管理费用　　B. 材料采购成本

C. 生产成本　　D. 销售费用

5. 下列项目中，不属于材料采购费用的是（　　）。

A. 材料的运输费　　B. 材料的装卸费

C. 材料入库前的挑选整理费用　　D. 材料的买价

6. 下列费用不可以计入产品成本的是（　　）。

A. 直接材料费　　B. 管理费用

C. 直接人工费　　D. 制造费用

7. 某企业本期已销产品的生产成本为50 000元，销售费用为4 000元，税金及附加6 000元，其产品销售成本为（　　）元。

A. 56 000　　B. 50 000

C. 60 000　　D. 54 000

8. 企业基本生产车间主任和技术人员的工资费用，应计入（　　）。

A. 生产成本　　B. 制造费用

C. 管理费用　　D. 销售费用

9. 应计入产品成本，但不能正确划分应由何种产品负担的费用，应该（　　）。

A. 直接计入当期损益　　B. 作为管理费用处理

C. 计入制造费用，期末再分配计入产品成本　　D. 直接计入生产成本账户

10. 生产车间发生的制造费用经过分配之后，一般应记入（　　）。

A. “库存商品”账户　　B. “本年利润”账户

C. “生产成本”账户　　D. “主营业务成本”账户

二、多项选择题

1. 下列内容构成材料采购成本的有（　　）。

A. 材料的买价　　B. 采购费用

C. 增值税进项税额　　D. 采购机构经费

E. 采购人员的差旅费

2. 可以用来作为分配材料采购费用标准的有（　　）。

A. 材料的买价　　B. 材料的重量

C. 材料的种类　　D. 材料的体积

E. 以上各项均可以

3. 影响本月完工产品成本计算的因素有（　　）。

A. 月初在产品成本　　B. 本月发生的生产费用

C. 本月已销产品成本　　D. 月末在产品成本

E. 月末在产品数量

4. 产品生产成本的成本项目包括（　　）。

A. 直接费用　　B. 直接材料费

C. 直接人工费　　D. 管理费用

E. 制造费用

5. 下列各项内容中，应计入制造费用的有（　　）。

A. 车间管理人员工资　　B. 厂部管理人员工资

C. 生产车间办公费　　D. 厂部办公费

E. 生产产品领用的原材料

6. 为了正确地划分费用与成本的界限，制造企业不得（　　）。

A. 将应计入产品生产成本的生产费用计入期间费用

B. 将制造费用计入产品生产成本

C. 将期间费用计入产品生产成本

D. 将销售费用计入产品生产成本

E. 将筹集资金的费用计入产品生产成本

7. 对于制造企业而言，下列内容应通过“制造费用”账户进行核算的有（　　）。

A. 生产车间管理人员的薪酬　　B. 生产车间生产工人的薪酬

C. 生产车间固定资产折旧费　　D. 行政管理部门固定资产折旧费

E. 生产车间一般性消耗的材料费

三、业务计算题

目的：练习企业经营过程中各项成本的计算及其对企业经营成果的影响。

资料：利和股份公司所属某工厂只生产一种产品，2018 年 9 月的有关资料如下：

(1) 原材料月初余额 368 000 元，月末余额 672 000 元；在产品月初余额 125 000 元，月末余额 158 000 元；库存商品月初余额 567 800 元，月末余额 852 000 元。

(2) 本月有关项目的发生额分别为：生产工人工资 320 000 元，车间管理人员工资 100 000 元，厂部行政管理人员工资 60 000 元；本月购入材料 460 000 元，车间一般性消耗材料 72 000 元（本月发出的材料均用于车间产品的生产和一般性消耗）；本月销售产品的收入 1 280 000 元；本月发生的折旧费计 32 800 元，其中机器设备折旧费 16 000 元，车间用房的折旧费 12 000 元，厂部办公用房折旧费 4 800 元；本月发生的利息费用 3 000 元；本月发生的销售产品的广告费 20 000 元；本月销售产品应缴纳的税金 64 000 元；本月发生的保险费等合计为 10 000 元。公司适用的所得税税率为 25%。

要求：计算本月完工入库产品的生产成本、本月销售产品的成本和本月的利润总额以及净利润额各是多少。

四、案例分析题

资料：某大学会计学院的小李大学刚毕业，就在 K 公司找到了一份会计工作，被安排在财务处负责进行成本核算工作。本月终了时，他通过查阅账簿资料掌握了以下有关成本核算的情况：K 公司的主营业务是生产和销售 A 产品。本月 A 产品月初在产品的余额为 16 000 元，本月生产 A 产品发生的费用总额为 200 000 元，月末在产品的余额为 20 000 元。本月完工的 A 产品为 160 件。于是就对以下指标进行了计算：

本月完工 A 产品总成本：

200 000 − 20 000 = 180 000（元）

本月完工 A 产品单位成本：

180 000 ÷ 160 = 1 125（元）

成本管理科的王科长看了这个计算结果，笑着对小李说："你的基本计算步骤是对的，但计算的结果有误。你再好好考虑考虑，看错在了什么地方。"

要求：小李的计算结果为什么是错的？若是你的话，你将怎样计算 A 产品完工成本？

第八章

会计凭证

【学习目标】

填制和审核凭证是会计核算的专门方法之一，同时也是会计工作的初始环节。本章主要介绍会计凭证的填制和审核要求与方法。通过本章的学习，使学生了解会计凭证的作用、种类和传递程序，熟悉原始凭证填制、审核及会计凭证保管的一般要求，重点掌握各种专用记账凭证的填制方法。

第一节

会计凭证概述

一、会计凭证的含义

会计凭证简称凭证，是记录经济业务，明确经济责任，并据以登记账簿的书面证明。

会计主体办理任何一项经济业务，都必须办理凭证手续，由执行和完成该项经济业务的有关人员取得或填制会计凭证，记录经济业务的发生日期、具体内容以及数量和金额，并在凭证上签名或盖章，对经济业务的合法性、真实性和正确性负完全责任。所有会计凭证都要由会计部门审核无误后才能作为记账的依据。因此，填制和审核会计凭证，是会计信息处理的重要方法之一，同时也是整个会计核算工作的起点和基础。

二、会计凭证的作用

（一）会计凭证是提供原始资料、传递经济信息的工具

任何一项经济业务的发生，都要编制或取得会计凭证。会计凭证是记录经济活动的最原始资料，是经济或会计信息的载体。通过会计凭证的加工、整理和传递，可以直接取得和传递经济信息，既协调了会计主体内部各部门、各单位之间的经济活动，保证生产经营各个环节的正常运转，又为会计分析和会计检查提供了基础资料。

（二）会计凭证是登记账簿的依据

任何单位发生每一项经济业务，如现金的收付、商品的进出，以及往来款项的结算等，都必须通过填制会计凭证，来如实记录经济业务的内容、数量和金额，经过审核无误后登记入账。若没有合法的凭证作依据，任何经济任务都不能登记账簿。因此，做好会计凭证的填制和审核工作，是保证会计账簿资料真实性、正确性的重要条件。

（三）会计凭证是加强经济责任制的手段

由于会计凭证记录了每项经济业务的内容，并要由有关部门和经办人员签章，这就要求有关部门和有关人员对经济活动的真实性、正确性、合法性负责。这样，无疑会增强有关部门和有关人员的责任感，促使他们严格按照有关政策、法令、制度、计划或预算办事。如有发生违法乱纪或经济纠纷事件，也可借助于会计凭证确定各经办部门和人员所负的经济责任，并据以进行正确的裁决和处理，从而加强经营管理的岗位责任制。

（四）会计凭证是实行会计监督的条件

通过会计凭证的审核，可以查明各项经济业务是否符合法规、制度的规定，有无贪污盗窃、铺张浪费和损公肥私行为，从而发挥会计的监督作用，保护各会计主体所拥有资产的安全完整，维护投资者、债权人和有关各方的合法权益。

三、会计凭证的种类

会计凭证按其填制程序和用途的不同，可以分为原始凭证和记账凭证两大类。

（一）原始凭证

原始凭证是在经济业务发生时取得或填制，载明经济业务具体内容和完成情况的书面证明。它是进行会计核算的原始资料和主要依据。

原始凭证按其来源不同，可分为自制原始凭证和外来原始凭证两种。

自制原始凭证是指由本单位经办业务的部门和人员在执行或完成某项经济业务时所填制的凭证。自制原始凭证按其填制手续和内容不同，又可分为一次凭证、累计凭证和汇总原始凭证三种。

一次凭证亦称一次有效凭证，是指只记载一项经济业务或同时记载若干项同类经济业务，填制手续一次完成的凭证。例如，领料单（见表 8－1）、发货票（见表 8－2）等都是一次凭证。一次凭证只能反映一笔业务的内容，使用方便灵活，但数量较多，核算较麻烦。

表 8－1

（企业名称）

领　料　单

领料单位：　　　　　　　　　　　　　　　　　　　　　　　　　　编号：

用　　途：　　　　　　年　月　日　　　　　　　　　　　　　　　仓库：

材料类别	材料编号	材料名称	规格	计量单位	数量		单价	金　额
					请领	实发		

记账　　　　　发料　　　　　领料单位负责人　　　　　领料

表 8－2

增值税专用发票　　　　　　No

开票日期：年　月　日

购货单位	名　　称					纳税人登记号		
	地址、电话					开户银行及账号		
商品或劳务名称		规格型号	计量单位	数量	单价	金　额	税　率（%）	税　额
合　　计								
价税合计（大写）		拾　万　仟　佰　拾　元　角　分　¥						
销售单位	名　称					纳税人登记号		
	地址、电话					开户银行及账号		

销货单位（章）：　　　　收款人：　　　　复核：　　　　开票人：

累计凭证亦称多次有效凭证，是指连续记载一定时期内不断重复发生的同类经济业务，填制手续是在一张凭证中多次进行才能完成的凭证。例如，限额领料单（见表 8－3）就是一种累计凭证。使用累计凭证，由于平时随时登记发生的经济业务，并计算累计数，期末计算总数后作为记账的依据，因此能减少凭证数量，简化凭证填制手续。

汇总原始凭证亦称原始凭证汇总表，是根据许多同类经济业务的原始凭证定期加以汇总而重新编制的凭证。例如，月末根据月份内所有领料单汇总编制的领料单汇总表（亦称发料汇总表，格式见表 8－4），就是汇总原始凭证。汇总原始凭证可以简化编制记账凭证的手续，但它本身不具备法律效力。

外来原始凭证是指在经济业务发生时从其他单位或个人取得的凭证。例如，供货单位开来的发货票，运输部门开来的运费发票，银行开来的收款或支款通知等都属于外来原始凭证。外来原始凭证一般都是一次凭证。

表 8－3　　　　　　　　　　（企业名称）

限额领料单

仓　　库：2号

领料单位：加工车间　　　　　　　　　　　计划产量：2 000台

用途：制造甲产品　　　　　　　　　　　单位消耗定额：0.5千克/台

材料类别	材料编号	材料名称	规格	计量单位	单价	领料限额	全月实领	
							数　量	金　额
黑色金属	8303	圆钢	Φ3mm	千克	2	1 000	950	1 900

日期	请　　领			实　　发		代用材料			限额节余
	数量	领料单位负责人签章	领料人签　章	数量	发料人签　章	数量	单价	金额	
5	500	王克	赵明	500	李中				500
15	300	王克	赵明	300	李中				200
25	150	王克	赵明	150	李中				50

仓库负责人：林海　　　　　　　　　生产计划部门负责人：张力

表 8－4　　　　　　　　　　（企业名称）

领料单汇总表

年　月

用途（借方科目）	上　旬	中　旬	下　旬	月　计
生产成本				
甲产品				
乙产品				
制造费用				
管理费用				
在建工程				
本月领料合计				

（二）记账凭证

记账凭证是根据原始凭证进行归类、整理编制的会计分录凭证。它是登记账簿的直接依据。由于原始凭证种类繁多、格式不一，不便于在原始凭证上编制会计分录并据以记账，因此，有必要将各种原始凭证反映的经济内容加以归类整理，确认为某一会计要素（会计科目）后，编制记账凭证。从原始凭证到记账凭证是经济信息转换成会计信息的过程，是会计的初始确认阶段。

记账凭证按其用途不同，可以分为专用记账凭证和通用记账凭证两类。

专用记账凭证是指专门用于反映某一类特殊经济业务的记账凭证。这种记账凭证按其反映经济业务的内容不同，又可分为收款凭证、付款凭证和转账凭证。收款凭证和付款凭证是用来反映货币资金收入、付出业务的凭证。货币资金的收入、付出业务就是直接引起库存现金或银行存款增减变动的业务，如用现金发放职工工资、以银行存款支付费用、收到销货款存入银行等。转账凭证是用来反映非货币资金业务的凭证。非货币资金业务亦称转账业务，是指不涉及货币资金增减变动的业务，如领用原材料、产成品入库、分配费用等。

通用记账凭证是指用来反映所有经济业务的记账凭证。

专用记账凭证的一般格式，见表8－5、表8－6、表8－7。通用记账凭证的格式一般与转账凭证相同。

表8－5

（企业名称）

收款凭证

借方科目：　　　　年　月　日　　　　收字第　　号

摘　要	贷　方　科　目		金　额	记 账
	一级科目	二级或明细科目		
合　计				

附件　张

会计主管　　记账　　出纳　　审核　　填制

表8－6

（企业名称）

付款凭证

贷方科目：　　　　年　月　日　　　　付字第　　号

摘　要	借　方　科　目		金　额	记 账
	一级科目	二级或明细科目		
合　计				

附件　张

会计主管　　记账　　出纳　　审核　　填制

表8－7

（企业名称）

转账凭证

年　月　日　　　　转字第　　号

摘　要	一级科目	二级或明细科目	借方金额	贷方金额	记账
合　计					

附件　张

会计主管　　记账　　出纳　　审核　　填制

记账凭证按其填列会计科目的数目不同，可分为单式记账凭证和复式记账凭证两类。

单式记账凭证是在一张记账凭证上只填列每笔会计分录中的一方科目，其对应科目只作参考，不据以记账。填列借方科目的称为借项记账凭证，填列贷方科目的称为贷项记账凭证。这样，每笔会计分录至少要填制两张单式记账凭证，用编号将其联系起来，以便查对。设置单式记账凭证的目的，一是便于汇总，即每张凭证只汇总一次，并且可减少差错；二是为了实行会计部门内部的岗位责任制，即每个岗位人员都应对与其有关的账户负责；三是利于贯彻内部控制制度，防止差错和舞弊。但由于凭证张数多，不易保管，填制凭证的工作量较大，故使用的单位较少。单式记账凭证的一般格式，见表8-8、表8-9。

表8-8

（企业名称）

借项记账凭证

对应科目：主营业务收入　　年　月　日　　编号 $1\frac{1}{2}$

摘　要	一级科目	二级或明细科目	金　额	记　账
销售收入存入银行	银行存款		35 000	√

附件1张

会计主管　　记账　　复核　　出纳　　填制

表8-9

（企业名称）

贷项记账凭证

对应科目：银行存款　　年　月　日　　编号 $1\frac{2}{2}$

摘　要	一级科目	二级或明细科目	金　额	记　账
销售收入存入银行	主营业务收入		35 000	√

附件1张

会计主管　　记账　　复核　　出纳　　填制

复式记账凭证是在一张凭证上完整地列出每笔会计分录所涉及的全部科目。上述专用记账凭证和通用记账凭证均为复式记账凭证。复式记账凭证的优点是在一张凭证上能完整反映一笔经济业务的全貌，填写方便，附件集中，便于凭证的分析及审核；其缺点是不便于分工记账及科目汇总。

记账凭证按其包括的内容不同，可以分为单一记账凭证、汇总记账凭证和科目汇总表（亦称记账凭证汇总表、账户汇总表）三类。

单一记账凭证是指只包括一笔会计分录的记账凭证。上述专用记账凭证和通用记账凭证均为单一记账凭证。

汇总记账凭证是指根据一定时期内同类单一记账凭证定期加以汇总而重新编制的记账凭证。其目的是为了简化总分类账的登记手续。汇总记账凭证又可进一步分为汇总收款凭证、汇总付款凭证和汇总转账凭证。

科目汇总表是指根据一定时期内所有的记账凭证定期汇总重新编制的记账凭证。其目的也是为了简化总分类账的登记手续。

综合上述，会计凭证的分类归纳如图8-1所示。

- 会计凭证——按编制程序和用途分类
  - 原始凭证——按来源分类
    - 外来原始凭证
    - 自制原始凭证 —— 按填制程序和内容分类
      - 一次凭证
      - 累计凭证
      - 汇总凭证
  - 记账凭证
    - 按用途分类
      - 专用记账凭证
        - 收款凭证
        - 付款凭证
        - 转账凭证
      - 通用记账凭证
    - 按填列科目的数目分类
      - 单式记账凭证
        - 借项记账凭证
        - 贷项记账凭证
      - 复式记账凭证
    - 按包括的内容分类
      - 单一记账凭证
      - 汇总记账凭证
        - 汇总收款凭证
        - 汇总付款凭证
        - 汇总转账凭证
      - 科目汇总表

图 8－1　会计凭证分类示意图

第二节

原始凭证

一、原始凭证的基本内容

经济业务的内容是多种多样的，记录经济业务的原始凭证所包括的具体内容也各不相同。每一种原始凭证都必须客观、真实地记录和反映经济业务的发生、完成情况，都必须明确有关单位、部门及人员的经济责任。这些共同要求，决定了每种原始凭证都必须具备以下几方面的基本内容：①原始凭证的名称；②填制凭证的日期及编号；③接受凭证的单位名称；④经济业务的数量和金额；⑤填制凭证单位的名称和有关人员的签章。

有些原始凭证除了包括上述基本内容以外，为了满足计划、统计等其他业务工作的需要，还必须列入一些补充内容。例如，在有些原始凭证上，还需注明与该笔经济业务有关的计划指标、预算项目和经济合同等等。

各单位根据会计核算和管理的需要，按照原始凭证应具备的基本内容和补充内容，即可设计和印制适合本主体需要的各种原始凭证。但是，为了加强宏观管理，强化监督，堵塞偷税、漏税的漏洞，各有关主管部门应当为同类经济业务设计统一的原始凭证格式。例如，由中国人民银行设计统一的银行汇票、本票、支票；由交通部门设计统一的客运、货运单据；由税务部门设计统一的发货票、收款收据等。这样，不但可使反映同类经济业务的原始凭证内容在全国统一，便于加强监督管理，也可以节省各会计主体的印刷费用。

二、原始凭证的填制

自制原始凭证的填制有三种形式：一是根据实际发生或完成的经济业务，由经办人员直接填制，如“入库单”“领料单”等；二是根据账簿记录对有关经济业务加以归类、整理填制，如月末编制的制造费用分配表、利润分配表等；三是根据若干张反映同类经济业务的原始凭证定期汇总填制，如各种汇总原始凭证等。

外来原始凭证虽然由其他单位或个人填制，但它同自制原始凭证一样，也必须具备为证明经济业务完成情况和明确经济责任所必需的内容。

各种原始凭证填制的一般要求有以下几个方面：

（一）记录真实

凭证上记载的经济业务，必须与实际情况相符合，不允许有任何歪曲或弄虚作假。对于实物的数量、质量和金额，都要经过严格的审核，确保凭证内容真实可靠；从外单位取得的原始凭证如有丢失，应取得原签发单位盖有“财务专用章”的证明，并注明原凭证的号码、所载金额等内容，由经办单位负责人批准后，可代作原始凭证；对于确实无法取得证明的，如火车票、轮船票、飞机票等，可由当事人写出详细情况，由经办单位负责人批准后，也可代作原始凭证。

（二）手续完备

原始凭证的填制手续，必须符合内部牵制原则的要求。凡是填有大写和小写金额的原始凭证，大写与小写金额必须相符；购买实物的原始凭证，必须有实物的验收证明；支付款项的原始凭证，必须有收款方的收款证明；一式几联的凭证，必须用双面复写纸套写，单页凭证必须用钢笔填写；销货退回时，除填制退货发票外，必须取得对方的收款收据或开户行的汇款凭证，不得以退货发票代替收据；各种借出款项的收据，必须附在记账凭证上，收回借款时，应另开收据或退回收据副本，不得退回原借款收据。经有关部门批准办理的某些特殊业务，应将批准文件作为原始凭证的附件或在凭证上注明批准机关名称、日期和文件字号。

（三）内容齐全

凭证中的基本内容和补充内容都要详尽地填写齐全，不得漏填或省略不填。若项目填写不全，则不能作为经济业务的合法证明，也不能作为有效的会计凭证。为了明确经济责任，原始凭证必须由经办部门和人员签章。从外单位取得的原始凭证，必须有填制单位的公章或财务专用章；从个人取得的原始凭证，必须有填制人员的签名或盖章。自制原始凭证必须有经办部门负责人或其指定人员的签名或盖章。对外开出的原始凭证，必须加盖本单位的公章或财务专用章。

（四）书写规范

原始凭证上的文字，要按规定书写，字迹要工整、清晰，易于辨认，不得使用未经国务院颁布的简化字。合计的小写金额前要冠以人民币符号“￥”（用外币计价、结算的凭证，金额前要加注外币符号，如“HK＄”“US＄”等），币值符号与阿拉伯数字之间不得留有空白；所有以元为单位的阿拉伯数字，除表示单价等情况外，一律填写到角分，无角分的要以“0”补位。汉字大写金额数字，一律用正楷字或行书字书写，如壹、贰、叁、肆、伍、陆、柒、捌、玖、拾、佰、仟、万、亿、元、角、分、零、整。

大写金额最后为“元”的应加写“整”字断尾。

阿拉伯金额数字中间有“0”时，汉字大写金额要写“零”字，如￥1 409.50，汉字大写金额应写成人民币壹仟肆佰零玖元伍角。阿拉伯金额数字中间连续有几个“0”时，汉字大写金额中可以只写一个“零”字，如￥6 007.14，汉字大写金额应写成人民币陆仟零柒元壹角肆分。阿拉伯金额数字万位或元位是“0”，或者数字中间连续有几个“0”，元位也是“0”，但千位、角位不是“0”时，汉字大写金额中可以只写一个“零”字，也可以不写“零”字，如￥1 580.32，应写成人民币壹仟伍佰捌拾元零叁角贰分，或者写成人民币壹仟伍佰捌拾元叁角贰分；又如￥107 000.53，应写成人民币壹拾万柒仟元零伍角叁分，或者写成人民币壹拾万零柒仟元伍角叁分。阿拉伯金额数字角位是“0”，而分位不是“0”时，汉字大写金额“元”后面应写“零”字，如￥16 409.02，应写成人民币壹万陆仟肆佰零玖元零贰分。

原始凭证记载的各项内容均不得涂改。原始凭证有错误的应当由出具单位重开或者更正，更正处应当加盖出具单位印章。对于支票等重要的原始凭证若填写错误，一律不得在凭证上更正，应按规定的手续注销留存，另行重新填写。

（五）填制及时

每笔经济业务发生或完成后，经办业务的有关部门和人员必须及时填制原始凭证，做到不拖延、不积压，并要按规定的程序将其送交会计部门。

三、原始凭证的审核

为了保证原始凭证内容的真实性和合法性，防止不符合填制要求的原始凭证影响会计信息的质量，必须由会计部门对一切外来的和自制的原始凭证进行严格的审核。审核内容主要包括以下两个方面：

（一）审核原始凭证所反映的经济业务是否合法、合规、合理

审核时应以国家颁布的现行财经法规、财会制度，以及本单位制定的有关规则、预算和计划为依据，审核经济业务是否符合有关规定，有无弄虚作假、违法乱纪、贪污舞弊的行为；审核经济活动的内容是否符合规定的开支标准，是否履行规定的手续，有无背离经济效益原则和内部控制制度的要求。

（二）审核原始凭证的填制是否符合规定的要求

首先应审核原始凭证是否具备作为合法凭证所必需的基本内容，所有项目是否填写齐全，有关单位和人员是否已签字盖章；其次要审核凭证中所列数字的计算是否正确，大、小写金额是否相符，数字和文字是否清晰等。

审核原始凭证是一项十分细致而严肃的工作，必须坚持原则，依法办事。对于不真实、不合法的原始凭证，会计人员有权不予受理，并要向单位负责人报告；对于记载不准确、不完整的原始凭证应予以退回，并要求按照国家统一的会计制度的规定更正、补充。原始凭证经审核无误后，才能作为编制记账凭证和登记明细分类账的依据。

第三节

记账凭证

一、记账凭证的基本内容

记账凭证虽然种类不一，编制依据各异，但各种记账凭证的主要作用都在于对原始凭证进行归类整理，运用账户和复式记账方法，编制会计分录，为登记账簿提供直接依据。因此，所有记账凭证都应满足记账的要求，都必须具备下列基本内容：①记账凭证的名称；②填制凭证的日期和凭证的编号；③经济业务的内容摘要；④记账符号、账户（包括一级、二级或明细账户）名称和金额；⑤所附原始凭证的张数；⑥填制单位的名称及有关人员的签章。

二、记账凭证的填制

（一）记账凭证的填制要求

各种记账凭证的填制，除严格按原始凭证的填制要求外，还应注意以下几点：

1. 摘要简单明了

记账凭证的摘要应用简明扼要的语言，概括出经济业务的主要内容。既要防止简而不明，又要避免过于繁琐。为了满足登记明细分类账的需要，对不同性质的账户，其摘要填写应有所区别。例如，反映原材料等实物资产的账户，摘要中应注明品种、数量、单价；反映现金、银行存款或借款的账户，摘要中应注明收付款凭证和结算凭证的号码，以及款项增减原因、收付款单位名称等。

2. 科目运用准确

必须按会计制度统一规定的会计科目填写，不得任意简化或改动，不得只写科目编号，不写科目名称；同时，二级和明细科目也要填列齐全。应“借”、应“贷”的记账方向和账户对应关系必须清楚；编制复合会计分录，应是一“借”多“贷”或一“贷”多“借”，一般不编多“借”多“贷”的会计分录。

3. 连续编号

采用通用记账凭证，可按全部经济业务发生的先后顺序编号，若一笔经济业务需填制多张记账凭证的，可采用“分数编号法”，即按该项经济业务的记账凭证数量编列分号。例如，某笔经济业务需编制三张转账凭证，凭证的顺序号为9，则三张记账凭证的编号应分别为转字第9⅓号、9⅔号、9³⁄₃号。每月末最后一张记账凭证的号旁边要加注“全”字，以免凭证散失。编写方法主要有以下三种：第一种，将一个月的全部经济业务，按经济顺序号统一编号，每月从第1号编起。其编号方法简便，适用于采用通用记账凭证的单位使用；第二种，将一个月的全部经济业务，分收款业务、付款业务、转账业务三类按顺序编号，如收字第1号、付字第1号和转字第1号；第三种，将一个月的全部经济业务，分现金收款、银行存款收款、现金付款、银行存款付款、转账业务五类按顺序编号，如现收字第 1 号、银收字第 1 号、现付字第 1 号、银付字第 1 号和转字第 1 号。

4. 附件齐全

记账凭证所附的原始凭证必须完整无缺，并在凭证上要注明所附原始凭证的张数，以便核对摘要及所编会计分录是否正确无误。若两张或两张以上的记账凭证依据同一原始凭证，则应在未附原始凭证的记账凭证上注明“原始凭证 × 张，附于第 × 号凭证之后”，以便日后查阅。

（二）记账凭证的填制方法

采用专用记账凭证时，收款凭证和付款凭证是根据有关现金、银行存款和其他货币资金收付业务的原始凭证填制。为了保证收付业务的可靠性，也便于同银行核对账目，涉及银行存款和其他货币资金的收付业务，一般应以经银行盖章的单据（如送款单、收款通知、支款通知等）作为原始凭证。对于库存现金、银行存款和其他货币资金之间的收付业务（亦称相互划转业务），如从银行提取现金、把现金送存银行、开设外埠存款账户等，为避免重复记账，一般只编制付款凭证，不再编制收款凭证。出纳人员对于已经收讫的收款凭证和已经付款的付款凭证及其所附的各种原始凭证，都要加盖“收讫”和“付讫”的戳记，以免重收重付。

转账凭证除了根据有关转账业务的原始凭证填制外，有些转账凭证是根据账簿记录填制，如根据有关资产账户提取减值准备，将收入、费用类账户的月末余额转入“本年利润”账户，将“本年利润”账户的年末余额转入“利润分配”账户，以及更正账簿错误等。根据账簿记录编制的记账凭证一般没有原始凭证，因此并非所有的记账凭证都附原始凭证。

前已述及，大中型企业经济业务繁杂，记账凭证数量较多，为了简化登记总分类账的手续，可以在月内分数次将记账凭证进行汇总，编制汇总记账凭证或科目汇总表，然后据以登记总分类账。

汇总记账凭证分为汇总收款凭证、汇总付款凭证和汇总转账凭证三种。汇总收款凭证是根据收款凭证分别按现金和银行存款账户的借方设置，并按对应的贷方账户归类汇总。汇总付款凭证是根据付款凭证分别按现金和银行存款账户的贷方设置，并按对应的借方账户归类汇总。汇总转账凭证是根据转账凭证按账户的贷方设置，并按对应的借方账户归类汇总。这三种汇总记账凭证都应定期（如每十天或每旬）汇总一次，每月填制一张。为了便于汇总，对转账凭证的对应关系，要求保持一“借”一“贷”或一“贷”多“借”，而不宜采用一“借”多“贷”。汇总记账凭证可以反映账户的对应关系，便于了解经济业务的来龙去脉，进而利于分析和检查。但是，汇总的工作量也较繁重。汇总记账凭证的一般格式见表 8 - 10、表 8 - 11、表 8 - 12。

科目汇总表是根据收款凭证、付款凭证和转账凭证，按照相同的会计科目归类，定期（每 10 天或每旬）汇总填制。为了便于填制科目汇总表，所有记账凭证的账户对应关系应保持一借一贷，转账凭证在填制时最好复写两联，一联作为借方账户的转账凭证，另一联作为贷方账户的转账凭证。这样，就可简化汇总的手续，也能减少差错。同汇总记账凭证相比较，科目汇总表既可简化总分类账的登记手续，又能起到全部账户发生额的试算平衡作用，汇总的工作还比较简单，但它最大的缺点是无法反映账户的对应关系。科目汇总表的一般格式，见表 8 - 13。

表 8－10

汇总收款凭证

借方账户：　　　　　　年　月份　　　　　　第　　号

贷方账户	金额				记账	
	(1)	(2)	(3)	合计	借方	贷方

附注：(1) 自____日至____日　　收款凭证共计____张

(2) 自____日至____日　　收款凭证共计____张

(3) 自____日至____日　　收款凭证共计____张

表 8－11

汇总付款凭证

贷方账户：　　　　　　年　月份　　　　　　第　　号

借方账户	金额				记账	
	(1)	(2)	(3)	合计	借方	贷方

附注：(1) 自____日至____日　　付款凭证共计____张

(2) 自____日至____日　　付款凭证共计____张

(3) 自____日至____日　　付款凭证共计____张

表 8－12

汇总转账凭证

贷方账户：　　　　　　年　月份　　　　　　第　　号

借方账户	金额				记账	
	(1)	(2)	(3)	合计	借方	贷方

附注：(1) 自____日至____日　　转账凭证共计____张

(2) 自____日至____日　　转账凭证共计____张

(3) 自____日至____日　　转账凭证共计____张

表 8－13

科目汇总表

年　月　日至　日

账户名称	总账页数	本期发生额		记账凭证起讫号数
		借方	贷方	

三、记账凭证的审核

记账凭证是登记账簿的直接依据，为了保证账簿记录的正确性，确保会计信息的质量，记账前必须由专人对已编制的记账凭证进行认真、严格的审核。审核的内容主要有以下几方面：

第一，审核是否附有原始凭证，以及记账凭证的内容与所附原始凭证的内容是否相符，金额是否一致。

第二，审核使用的会计科目是否正确，二级或明细科目是否齐全，账户对应关系是否清晰，金额计算是否准确无误。

第三，审核记账凭证中有关项目是否填列齐全，有关人员是否签名盖章。

在审核中若发现记账凭证填制有错误，应查明原因，予以重填或按规定方法及时更正。只有经审核无误的记账凭证，才能据以记账。

第四节

会计凭证的传递与保管

一、会计凭证的传递

会计凭证的传递是指凭证从取得或填制时起，经过审核、记账、装订到归档保管时止，在单位内部各有关部门和人员之间按规定的时间、路线办理业务手续和进行处理的过程。

正确、合理地组织会计凭证的传递，对于及时处理和登记经济业务，协调单位内部各部门、各环节的工作，加强经营管理的岗位责任制，实行会计监督，具有重要作用。例如，对材料收入业务的凭证传递，应明确规定材料运达企业后，需多长时间验收入库，由何人负责填制收料单，何人在何时将收料单送交会计及其他有关部门；会计部门由何人负责审核收料单，由何人在何时编制记账凭证和登记账簿，由何人负责整理或保管凭证，等等。这样，既可以把材料收入业务从验收入库到登记入账的全部工作在本单位内部进行分工，并通过各部门的协作来共同完成；同时，也便于考核经办业务的有关部门和人员办事是否符合规定手续。

会计凭证的传递主要包括凭证的传递路线、传递时间和传递手续三个方面的内容。

（1）会计凭证传递路线应简捷、合理。各单位应根据经济业务的特点、机构设置、人员分工情况，以及经营管理上的需要，明确规定会计凭证的联次及其流程。既要使会计凭证经过必要的环节进行审核和处理，又要避免会计凭证在不必要的环节停留。

（2）会计凭证的传递时间是指各种凭证在各经办部门、环节所停留的最长时间。应考虑各部门和有关人员，在正常情况下办理经济业务所需时间来合理确定。明确会计凭证的传递时间，能防止拖延处理和积压凭证，保证会计工作的正常秩序，提高工作效率。任何会计凭证的传递和处理，都应在报告期内完成。否则，将会影响会计核算的及时性。

(3) 会计凭证的传递手续是指在凭证传递过程中的衔接手续。传递手续应尽量做到既完备严密，又简便易行。凭证的收发、交接都应按一定的手续制度办理，以保证会计凭证的安全和完整。

会计凭证的传递路线、传递时间和传递手续，应根据实际情况的变化及时加以修改，以确保会计凭证传递的科学化、制度化。

二、会计凭证的保管

会计凭证是各项经济活动的历史记录，是重要的经济档案。为了便于随时查阅利用，各种会计凭证在办理好各项业务手续，并据以记账后，应由会计部门加以整理归类，并送交档案部门妥善保管。

(一) 会计凭证的整理归类

会计部门在记账以后，应定期（一般为每月）将会计凭证加以整理归类，将记账凭证及其所附原始凭证，按记账凭证的编号顺序进行整理，在确保记账凭证及其所附原始凭证完整无缺后，将其折叠整齐，加上封面、封底，装订成册，并在装订线上加贴封签，以防散失和任意拆装。在封面上要注明单位名称、凭证种类、所属年月和起讫日期、起讫号码、凭证张数等。会计主管或指定装订人员要在装订线封签处签名或盖章，然后入档保管。

对于数量过多或各种随时需要查阅的原始凭证，可以单独装订保管，在封面上注明记账凭证的日期、编号、种类，同时在记账凭证上注明"附件另订"。各种经济合同和重要的涉外文件等凭证，应另编目录，单独登记保管，并在有关记账凭证和原始凭证上注明。

(二) 会计凭证的造册归档

每年的会计凭证都应由会计部门按照归档要求，负责整理立卷或装订成册。当年的会计凭证，在会计年度终了，可暂由会计部门保管 1 年；期满后，原则上应由会计部门编造清册移交本单位档案部门保管。档案部门接收的会计凭证，原则上要保持原卷册的封装，个别需要拆封重新整理的，应由会计部门和经办人员共同拆封整理，以明确责任。会计凭证必须妥善保管，存放有序，查找方便，严防毁损、丢失和泄密。

(三) 会计凭证的借阅

会计凭证原则上不得借出，如有特殊需要，须报请批准，但不得拆散原卷册，并应限期归还。需要查阅已入档的会计凭证，必须办理借阅手续。其他单位因特殊原因需要使用原始凭证的，经本单位负责人批准，可以复制。向外单位提供的原始凭证复印件，应在专设的登记簿上登记，并由提供人员和收取人员共同签名或盖章。

(四) 会计凭证的销毁

会计凭证的保管期限，一般为 15 年。保管期未满，任何人都不得随意销毁会计凭证。按规定销毁会计凭证时，必须开列清单，报经批准后，由档案部门和会计部门共同派员监销。在销毁会计凭证前，监督销毁人员应认真清点核对，销毁后，在销毁清册上签名或盖章，并将监销情况报本单位负责人。

习题与案例

一、单项选择题

1. 下列属于外来原始凭证的是（　　）。

A. 入库单　　B. 发料汇总表

C. 银行收账通知单　　D. 出库单

2. 下列业务应编制转账凭证的是（　　）。

A. 支付购买材料价款　　B. 支付材料运杂费

C. 收回出售材料款　　D. 车间领用材料

3. 企业将现金存入银行应编制（　　）。

A. 银行存款付款凭证　　B. 现金付款凭证

C. 银行存款收款凭证　　D. 现金收款凭证

4. 外来原始凭证一般都是（　　）。

A. 一次凭证　　B. 累计凭证

C. 汇总原始凭证　　D. 记账凭证

5. 会计凭证登账后的整理、装订和归档存查称为（　　）。

A. 会计凭证的传递　　B. 会计凭证的保管

C. 会计凭证的编制　　D. 会计凭证的销毁

6. 填制原始凭证时应做到大小写数字符合规范，填写正确。如大写金额“壹仟零壹元伍角整”，其小写应为（　　）。

A. 1 001.50 元　　B. ￥1 001.50

C. ￥1 001.50 元　　D. ￥1 001.5

7. 产品生产领用材料，应编制的专用记账凭证是（　　）。

A. 收款凭证　　B. 付款凭证

C. 转账凭证　　D. 一次凭证

8. 以银行存款归还银行借款的业务，应编制（　　）。

A. 转账凭证　　B. 收款凭证

C. 付款凭证　　D. 以上均可

9. 销售产品一批，部分货款已收回并存入银行，另有部分货款尚未收回，应填制的专用记账凭证是（　　）。

A. 收款凭证和转账凭证　　B. 付款凭证和转账凭证

C. 收款凭证和付款凭证　　D. 两张转账凭证

10. 借记“库存现金”，贷记“其他应收款”的会计分录，应编制的专用记账凭证是（　　）。

A. 现金收款凭证　　B. 现金付款凭证

C. 银行存款收款凭证　　D. 转账凭证

二、多项选择题

1. 下列属于一次原始凭证的有（　　）。
A. 限额领料单　　B. 领料单
C. 领料汇总表　　D. 购货发票
E. 销货发票

2. 企业购入材料一批，货款支付，材料验收入库，则应编制的全部会计凭证有（　　）。
A. 收料单　　B. 累计凭证
C. 收款凭证　　D. 付款凭证
E. 转账凭证

3. 下列属于原始凭证的有（　　）。
A. 发出材料汇总表　　B. 汇总收款凭证
C. 购料合同　　D. 限额领料单
E. 收料单

4. 下列科目中可能成为付款凭证借方科目的有（　　）。
A. 库存现金　　B. 银行存款
C. 应付账款　　D. 应交税费
E. 销售费用

5. 下列属于外来凭证的有（　　）。
A. 购入材料的发票　　B. 出差住宿费收据
C. 银行结算凭证　　D. 收款凭证
E. 转账凭证

6. 自制原始凭证按其填制程序和内容不同，可以分为（　　）。
A. 外来凭证　　B. 一次凭证
C. 累计凭证　　D. 汇总原始凭证
E. 记账编制凭证

7. 会计凭证的保管应做到（　　）。
A. 定期归档以便查阅　　B. 查阅会计凭证要有手续
C. 由企业随意销毁　　D. 保证会计凭证的安全完整
E. 办理了相关手续后方可销毁

8. 下列凭证中，属于自制原始凭证的有（　　）。
A. 购货发货票　　B. 销货发货票
C. 发出材料汇总表　　D. 差旅费报销单
E. 银行进账单

9. 下列交易或者事项中，应填制转账凭证的有（　　）。
A. 国家以厂房对企业投资　　B. 外商以货币资金对企业投资
C. 购买材料未付款　　D. 销售商品收到商业汇票一张
E. 收回前欠货款

10. 下列交易或者事项中，应填制付款凭证的有（　　）。

A. 从银行提现金备用
B. 购买材料预付定金
C. 将现金存入银行
D. 以银行存款支付前欠某单位货款
E. 销售商品未收款

11. 办公室职工李明报销差旅费800元，交回剩余现金200元，对此经济业务应填制的专用记账凭证有（　　）。

A. 库存现金收款凭证，金额200元
B. 管理费用转账凭证，金额800元
C. 可以只填制一张转账凭证
D. 必须填制两张专用凭证
E. 库存现金付款凭证，金额200元

三、业务处理题

宏鑫公司2018年8月份发生的部分交易或事项如下：

（1）8月1日，向银行取得一年期借款500 000元，存入银行；

（2）8月5日，职工张宏暂借差旅费2 000元；

（3）8月12日，领用材料一批，其中生产车间生产产品领用100 000元，行政管理部门领用4 000元；

（4）8月18日，以银行存款支付本月厂部办公费12 000元；

（5）8月31日，计算本月应纳所得税75 000元；

（6）8月31日，计算本月固定资产折旧费，其中生产车间设备折旧费10 000元，管理费用负担6 000元；

（7）8月31日，从银行提取现金8 000元备用。

要求：根据上列交易或者事项编制专用记账凭证的会计分录，并按现收、银收、现付、银付、转字进行编号。

第九章

会计账簿

【学习目标】

会计账簿记录是编制会计报表的主要依据，登记账簿是会计核算的专门方法之一。本章主要阐述账簿的格式与登记方法、错账的更正技巧，以及对账和结账等问题。通过本章的学习，使学生了解总分类账、明细分类账、特种日记账的常见格式及其适用范围，熟悉各种账簿的登记依据和登记方法，重点掌握错账的更正方法以及结账的含义和结账工作所包括的内容。

第一节 会计账簿概述

一、会计账簿的含义

在会计核算工作中，每项经济业务发生以后，首先要取得或填制会计凭证，并加以审核确认，然后据以在有关账户中进行登记。会计账簿是指以会计凭证为依据，序时、连续、系统、全面的记录和反映企业、机关和事业等单位全部经济活动的簿籍。会计账簿是由若干具有专门格式，又相互联结的账页组成的。账页是账户的载体，会计账簿则是若干账页的集合。根据会计凭证在有关账户中进行登记，即通常所说的登记账簿，也称记账。

二、会计账簿的作用

设置会计账簿是会计工作的一个重要环节，登记账簿则是会计核算的一种专门方法。科学的设置账簿和正确的登记账簿对于全面完成会计核算工作具有重要意义。

（一）会计账簿是对会计凭证资料的系统总结

在会计核算中，通过会计凭证的填制和审核，可以反映和监督每项经济业务的完成情况。但每一张会计凭证仅能反映一项或几项经济业务，所提供的信息是零星的、片断的、不连续的，不能将某一时期的全部经济活动完整地反映出来。账簿既能够提供总括的核算资料，又能够提供详细的明细分类资料；既能够提供分类核算资料，又能够提供序时核算资料，进而反映经济活动的轨迹，这对于企业加强经济核算、提高管理水平、探索资金运动的规律具有重要的作用。

（二）会计账簿是考核企业经营情况的重要依据

通过登记账簿，可以发现整个经济活动的运行情况，完整反映企业的经营成果和财务状况，评价企业的总体经营情况；同时，可以监督和促进各企业、各单位遵纪守法、依法经营。

（三）会计账簿是会计报表资料的主要来源

企业定期编制的资产负债表、利润表、现金流量表等会计报表的各项数据均来源于账簿的记录。企业在编制财务情况说明书时，对于生产经营状况、利润实现和分配情况、税金缴纳情况、各种财产物资变动情况的说明，都必须以账簿记录的数据为依据。因此，账簿的设置和登记是否准确、真实、齐全，直接影响到财务报告的质量。

三、会计账簿的种类

账簿的种类繁多，不同的账簿，其用途、形式、内容和登记方法都各不相同。为了更好地了解和使用各种账簿，有必要对账簿进行分类。在实际工作中，人们使用最多的有以下两种分类方法：

（一）按照会计账簿的用途分类

账簿按照用途可以分为序时账簿、分类账簿和备查账簿三大类。

（1）序时账簿，也称日记账，是按照经济业务完成时间的先后顺序进行逐日逐笔登记的账簿。在古代会计中也称之为“流水账”。日记账又可分为普通日记账和特种日记账。普通日记账是将企业每天发生的所有经济业务，不论其性质如何，按其先后顺序，编成会计分录记入账簿；特种日记账是按经济业务性质单独设置的账簿，它仅对特定项目按经济业务顺序记入账簿，反映其详细情况，如库存现金日记账和银行存款日记账。企业根据业务特点和管理需要，对发生频繁、需严加控制的项目，应设置特种日记账。

（2）分类账簿，是对全部经济业务按总分类账和明细分类账进行分类登记的账簿。总分类账簿，简称总账，是根据总账科目开设账户，用来分类登记全部经济业务，提供总括核算资料的账簿。明细分类账簿，简称明细账，是根据总账科目所属明细科目开设账户，用以分类登记某一类经济业务，提供明细核算资料的账簿。

（3）备查账簿，又称辅助账簿，是对某些在日记账和分类账等主要账簿中未能记载的会计事项或记载不全的经济业务进行补充登记的账簿。备查账簿也称补充登记簿，可以对某些经济业务的内容提供补充的参考资料。备查账簿根据企业实际需要设置，没有固定格式。

(二) 按照会计账簿的装订方式分类

会计账簿按照装订方式的不同可以分为订本式账簿、活页式账簿和卡片式账簿等。

(1) 订本账是将具有一定格式的账页编号并订成固定本册的账簿。其优点是可以避免账页的散失或被抽换；缺点是不能根据需要增减账页，同一时间只能由一人记账，不便于分工协作，也不便于计算机打印记账。主要适用于特种日记账和总分类账。

(2) 活页账是将零散的账页装在账夹内，可随时增添账页的账簿。其优点是可以根据需要灵活添页或排列，同一时间可以由若干会计人员分工记账，也便于计算机打印记账；缺点是账页容易散乱丢失。主要适用于一般明细账。

(3) 卡片账是将卡片作为账页，存放在卡片箱内保管的账簿。其本质是一种活页账，为防止因经常抽取造成破损而采用卡片形式。卡片账可以跨年度使用，主要适用于固定资产明细账。

第二节

会计账簿的设置与登记

一、会计账簿的设置要求与基本内容

(一) 账簿的设置要求

每个会计主体应当根据经济业务的特点和管理上的需要来确定设置哪些账簿，设置账簿应当符合以下要求：

(1) 账簿的设置能保证系统、全面地反映和监督经济活动的情况，满足经济管理的需要，为经济管理提供总括的核算资料和明细的核算资料。

(2) 账簿的设置能保证组织严密，各账簿之间既要有明确的分工，又有密切的联系，力求避免重复或遗漏设置。

(3) 账簿的格式应简便适用，便于登记、查找、更正错误和保管。

(二) 账簿的基本内容

由于管理的要求不同，所设置的账簿也不同，各种账簿所记录的经济业务也不同，其形式也多种多样，但一般都应具备以下基本内容：

(1) 封面。包括账簿名称和记账单位名称。

(2) 扉页。包括启用和截止日期；页数；册次；经管账簿人员一览表和签章；会计主管签章；账户目录等。

(3) 账页。账页的基本内容包括：①账户名称（一级科目、二级或明细科目）；②记账日期；③凭证种类和号数；④摘要；⑤金额；⑥总页次和分户页次等。

二、登记会计账簿的要求

（1）账簿必须根据审核无误的会计凭证连续、系统地登记，不能错记、漏记和重记，并将会计凭证的序号记入账簿，在记账时必须使用会计科目、子目、细目的全称，不得简化。

（2）登记账簿时必须使用钢笔，用蓝黑或黑墨水登记，不能使用圆珠笔和铅笔，红墨水只能在结账划线、改错和冲账时使用，以防篡改。

（3）各种账簿必须按照事先编定的页码连续登记，不能隔页、跳行，若发生隔页、跳行的情况，应在空页或空行处用红墨水划对角的叉线，并注明此页或此行空白，并加盖印鉴，不得任意撕毁或抽换账页。

（4）登账时或登账后若发现差错，应根据错误的具体情况，按照错账更正方法进行更正，不得刮擦、挖补、涂改和用褪色药水更改字迹，应保持账簿和字迹清晰、整洁。

（5）摘要栏的文字应简明扼要，并采用标准的简化汉字，不能使用不规范的汉字；金额栏的数字应该采用阿拉伯数字，并且对齐位数，注意“0”不能省略和连写；账簿中书写的文字和数字上面要留有适当的空格，不要写满格，一般只占格距的1/2，为更正错误留有余地。

（6）每登满一页账页，应该在该页的最后一行加计本页的发生额及余额，在摘要栏中注明“过次页”，并在下一页的首行记入上页的发生额和余额，在摘要栏内注明“承前页”，以便对账和结账。

三、日记账的格式与登记

（一）普通日记账的格式与登记

普通日记账一般只设置借方和贷方两个金额栏，分别登记各项经济业务所涉及的账户名称及其借方和贷方的金额，也称为两栏式日记账，或叫分录簿。其格式见表9－1。

表9－1 普通日记账

单位：元

2018年		凭证号数	摘　要	对应账户	金　额		过账
月	日				借方	贷方	
8	12	略	购入材料，价税款未付	在途物资	50 000		
				应交税费	8 500		
				应付账款		58 500	
8	21	略	偿还前欠款	应付账款	58 500		
				银行存款		58 500	
			……				

采用普通日记账，应按照经济业务完成时间的先后顺序，逐日逐笔进行登记。

（二）特种日记账的格式与登记

特种日记账是专门用来登记某类经济业务的日记账。常用的特种日记账主要有库存现金日记账和银行存款日记账。

1. 库存现金日记账

库存现金日记账是按照紧急业务的先后顺序登记库存现金收、付业务的日记账。由出纳人员根据审核无误的有关收款凭证和付款凭证，序时逐日逐笔地登记。其中根据现金收款凭证（若从银行提取现金，则根据银行存款付款凭证）登记收入金额，根据现金付款凭证登记支出金额。每日终了，应分别计算出库存现金收入和支出合计数，并结出账面余额。其计算公式为：

当日余额 = 上日余额 + 本日收入额 - 本日支出额

每日结出余额后，应将账面余额与库存现金实有数进行核对，检查每日库存现金收、支、存的情况，做到日清日结。对于从银行提取现金的业务，为了避免重复记账，只填制银行存款付款凭证，并根据银行存款付款凭证登记库存现金日记账的收入金额。

库存现金日记账除了三栏式外，也可采用多栏式，即在收入和支出栏内进一步设对方科目，亦即在收入栏内设应贷科目（借方为库存现金），在支出栏内设应借科目（贷方为库存现金）。三栏式库存现金日记账的格式见表 9 - 2。

表 9 - 2　　**库存现金日记账**　　单位：元

2018 年		凭证号数	摘要	对方账户	收入	支付	余额
月	日						
6	1	略	月初余额				500
6	8	略	从银行提取现金	银行存款	16 000		16 500
6	13	略	购买办公用品	管理费用		10 000	6 500
			……				

2. 银行存款日记账

银行存款日记账是用来序时反映企业银行存款的增加、减少和结存情况的账簿。该账簿由出纳人员根据银行存款的收款和付款凭证序时逐日逐笔登记，每日终了，结出该账户全日的银行存款收入、支出合计数和余额，并定期与银行对账单对账（核对方法是通过编制银行存款余额调节表来进行的，详见本书第十章）。银行存款日记账的登记方法与库存现金日记账的登记方法基本相同。银行存款日记账的格式一般为三栏式，但也可以采用多栏式。三栏式银行存款日记账的格式见表 9 - 3。

表 9 - 3　　**银行存款日记账**　　单位：元

2018 年		凭证号数	摘要	对方账户	收入	支付	余额
月	日						
6	1	略	月初余额				80 000
6	5	略	从银行提取现金	库存现金		16 000	64 000
6	9	略	收回货款	应收账款	30 000		94 000
6	12	略	归还短期借款	短期借款		40 000	54 000
			……				

设置特种日记账，既能减少根据日记账过入总分类账的过账工作量，还可以根据管

理的不同要求设置相关的日记账，而且这些日记账同一时间可以由不同的会计人员进行登记，便于分工协作，提高记账效率和明确记账责任。

四、分类账簿的格式与登记

分类账分为总分类账和明细分类账两种。

（一）总分类账

总分类账是按一级会计科目设置，提供总括资料的账簿，总分类账簿只能应用货币作为计量单位。最常用的格式为三栏式，即分为借方金额、贷方金额、余额三栏。总分类账可以按记账凭证逐笔登记，也可以将记账凭证汇总进行登记，还可以根据多栏式日记账在月末汇总登记。总之，其登记方法主要取决于所采用的会计账务处理程序（详见本书第十二章）。三栏式总账的格式见表9－4。

表9－4　　**总分类账（库存商品）**　　单位：元

2018年		凭证		摘要	借方	贷方	借或贷	余额
月	日	种类	号数					
6	1	略	略	月初余额			借	120 000
6	5	略	略	完工入库	20 000		借	140 000
6	11	略	略	销售发出		5 000	借	135 000
				……				
6	30	略	略	本月发生额及月末余额	40 000	44 000	借	116 000

（二）明细分类账

明细分类账是登记某类经济业务详细情况的账簿，它既能反映资产、负债、所有者权益、收入、费用等价值变动情况，又能反映资产的实物量增减情况和收入、费用等的具体项目变化。明细分类账主要有以下三种格式：

1. 三栏式明细账

三栏式明细账是指仅反映经济业务金额增减变动的明细账。主要适用于仅需要在金额上进行明细反映的往来款项如应收账款、应付账款、预收账款、预付账款、其他应收款、其他应付款等的明细核算。三栏式明细账的格式见表9－5。

表9－5　　**应收账款明细账**

二级科目（或明细科目）：华联公司　　单位：元

2018年		凭证		摘要	借方	贷方	借或贷	余额
月	日	种类	号数					
7	1	略	略	月初余额			借	100 000
7	7	略	略	收回前欠款		35 000	借	65 000
7	13	略	略	赊销	20 000		借	85 000
7	31	略	略	本月发生额及月末余额	20 000	35 000	借	85 000

2. 数量金额式明细账

数量金额式明细账是指在借方、贷方、余额三栏内，增设数量、单价等栏目，用以登记实物的数量和金额增减变动的明细账。适用于既需要反映金额，又需要反映数量的实物资产如原材料、库存商品、周转材料等的明细核算。其格式见表 9－6。

表 9－6　　**原材料明细账**

二级科目：原料及主要材料　　计量单位：千克
材料名称：A 材料　　最高储备：
材料规格：　　最低储备：

2018 年		摘要	入库			发出			结存		
月	日		数量	单价	金额	数量	单价	金额	数量	单价	金额
8	1	月初余额							500	2	1 000
8	5	车间领用				100	2	200	400	2	800
8	11	购入	1 000	2	2 000				1 400	2	2 800
8	14	车间领用				500	2	1 000	900	2	1 800
		……									
8	31	本月发生额及月末余额	4 000	2	8 000	3 600	2	7 200	900	2	1 800

3. 多栏式明细账

多栏式明细账是根据经济业务的特点和经营管理的要求，在某一总分类账项下，对属于同一级科目或二级科目的明细科目设置若干栏目，用以在同一账页中集中反映各有关明细项目的详细资料。主要适应于费用、成本、收入和利润等的明细核算。由于各种多栏式明细账所记录的经济业务内容不同，所需要的核算指标也不同，因此，栏目的设置也不尽相同。多栏式明细账的格式见表 9－7。

表 9－7　　**生产成本明细账**

产品名称：甲产品　　单位：元

2018 年		凭证		摘要	成本项目			
月	日	种类	号数		直接材料	直接人工	制造费用	合计
9	1	略	略	月初余额	6 000	3 400	1 600	11 000
9	3	略	略	本月领用材料	16 000			16 000
9	30	略	略	分配生产工人薪酬		5 500		5 500
9	30	略	略	分配本月电费	2 250			2 250
9	30	略	略	分配本月制造费用			3 550	3 550
9	30			本月发生额	18 250	5 500	3 550	27 300
9	30			结转完工产品成本	24 250	8 900	5 150	38 300
9	30			月末余额	0	0	0	0

第三节

对账与结账

一、对账

（一）对账的含义

对账是指对会计账目进行检查与核对。会计期间（月份、季度、年度）终了，通过检查和核对账证、账账、账实是否相符，以确保账簿记录的正确性。会计人员在填制凭证、登记账簿等一系列工作中出现的差错，或因管理工作不善而带来的财产管理中的各种问题以及其他一些因素的影响，都可能给账簿记录的真实性、正确性带来影响。为了保证账簿记录的真实、正确、可靠，必须对账簿记录的有关数据加以检查和核对。

（二）对账的内容

对账的内容一般包括以下几个方面：

1. 账证核对

账证核对是指将各种账簿记录与会计凭证进行核对。账证核对主要在日常编制凭证和记账过程中进行。必要时，也可以采用抽查核对和目标核对的方法进行。核对的重点是凭证所记载的业务内容、金额和科目是否与账簿记录一致。若发现差错，应对账簿记录和会计凭证进行复核，查出错误原因，保证账证相符。

2. 账账核对

账账核对是对各种账簿之间的有关数据进行核对。账账核对包括：①总分类账的借方期末余额合计数与贷方期末余额合计数核对相符；②明细分类账的余额合计数与对应总分类账的余额核对相符；③日记账的余额与对应总分类账的余额核对相符；④会计部门各种财产物资明细分类账的期末余额与保管或使用部门的财产物资明细分类账的期末余额核对相符；⑤本单位会计部门有关账簿的发生额和余额与外单位相应账簿的发生额和余额核对相符。

3. 账实核对

账实核对是将账面数据与实际的物资、款项进行核对。账实核对包括现金日记账账面余额与库存现金相互核对；银行存款日记账账面余额与银行各账户的银行对账单相互核对；各种材料物资明细账账面余额与材料物资实存数额相互核对；各种应收、应付款项明细账账面余额与有关的债权、债务单位相互核对。账实核对一般通过财产清查进行。

二、结账

（一）结账的含义

结账是指将一定时期内所发生的经济业务，在全部登记入账的基础上，结算出每个账户的本期发生额和期末余额，并将期末余额转入下期（或下年新账）。根据会计分期的不同，结账工作相应的可以在月末、季末、年末进行，但不能为减少本期的工作量而提前结账，也不能将本期的会计业务推迟到下期或编制报表之后再进行结账。对资产、负债和所有者权益等实账户可以在会计期末直接结账，而对收入、费用等虚账户，由于结账前应按权责发生制先进行调整，因此应在调整之后再结账。为了保证结账工作顺利进行，结账前应该做好相应准备工作，具体包括检查凭证、账簿的正确性和账项调整等。简单的说，结账工作主要由两部分构成：一是结出总分类账和明细分类账的本期发生额和期末余额（包括本期累计发生额），并将余额结转下期；二是结转损益类账户，即收入、费用类账户，并计算本期利润或亏损。

通过结账，有利于企业管理者定期总结生产经营情况，对不同会计期间的数据资料进行比较分析，以便发现问题，及时采取措施；通过结账，也有利于提供编制报表所需的数据资料，满足利益相关者做出正确决策和国家进行宏观调控的要求。

企业因撤销、合并而办理账务交接，也需要办理结账手续。

（二）结账的步骤

（1）检查截止结账日单位所发生的全部经济业务是否都已经登记入账。检查账簿记录的完整性和正确性，检查是否存在漏记、重记、错记等。

（2）编制结账凭证。在有关经济业务都已经登记入账的基础上，将各种收入、费用等账户的余额进行结转，编制各种转账凭证，结转到利润账户，再进一步编制利润分配的凭证。

（3）计算发生额和余额。计算出各账户的发生额和余额，并进行结转，最终计算出资产、负债和所有者权益类账户的本期发生额和余额。

（三）结账的方法

结账分为月结、季结和年结三种。月度结账时，应该结出本月借、贷双方的月内发生额和期末余额，在摘要栏内注明“本期发生额及期末余额”，同时，在“本期发生额及期末余额”行的上、下端各划一条红线，表示账簿记录已经结束；季度结账应在本季度最后一个月的结账数字的红线下边一行，把本季度三个月的借、贷双方月结数汇总，并在摘要栏内注明“本季发生额合计及季末余额”，同样在数字下端划一条红线；年度结账时，应将四个季度的借、贷双方季结加以汇总，在摘要栏内注明“本年发生额及年末余额”，并在数字下端划双红线，表示本年度账簿记录已经结束。年度结账后，各账户的年末余额，应转入下年度的新账簿。

第四节

错账更正方法

会计人员填制会计凭证和登记会计账簿，必须严肃认真，一丝不苟，尽最大努力防止出现会计差错，以保证会计核算信息质量。若账簿记录发生错误，必须根据错误发生的具体情况，按照规定的方法予以更正。错账更正的方法主要有划线更正法、红字更正法和补充登记法。

一、划线更正法

划线更正法是先将错误数字或文字全部划一条红线予以注销，并使原来的字迹仍然清晰可见，然后在红线上方空白处，用蓝（黑）字做出正确的记录，并由记账人员在更正处盖章。划线更正法适用于结账前或结账时发现记账凭证没有错误但账簿记录中文字或金额有错误的情况。

[例 9-1] 记账人员根据记账凭证登记账簿时，将 6 240.50 元误写成 6 420.50 元。

分析：该错误发生在结账前，凭证未错，账簿记录错误，适用划线更正法。更正时，应将错误数字 6 420.50 全部用红字划掉，然后在其上方空白处用蓝（黑）字填写正确数字 6 240.50。需要特别注意的是，不能只将错误的两位数字“42”划红线更正为“24”。

二、红字更正法

红字更正法是指用红字冲销原有错误记录以更正账簿记录的一种方法。红字更正法一般适用于下列两种情况：

第一种情况：记账后，在当年内发现记账凭证中应借、应贷的会计科目或记账方向错误，引起账簿记录错误，应采用全部红字更正法。更正的方法是：先用红字金额填写一张与原错误记账凭证内容完全相同的记账凭证，在“摘要”栏内写明“冲销错账”以及错误凭证的号数和日期，以示冲销原错误记账凭证；然后用蓝（黑）字重新填制一张正确的记账凭证，在“摘要”栏内写明“更正错误”以及冲销凭证的号数和日期，据以登记入账。

[例 9-2] 华东有限公司以银行存款 6 000 元偿还前欠购买材料款，在编制记账凭证时，应借科目误记入“其他应付款”，并已登记入账。该错误记账凭证所反映的会计分录为：

(1) 借：其他应付款　　6 000

　　贷：银行存款　　6 000

当发现记账凭证错误时，应先按照原错误分录用红字填制如下记账凭证进行更正：

(2) 借：其他应付款　　[6 000]

　　贷：银行存款　　[6 000]

根据该更正错误记账凭证用红字金额登记入账，冲销原有的错误记录，然后，用蓝字再填制一张正确的记账凭证，并据以登记入账，其会计分录如下：

(3) 借：应付账款　　6 000

　　贷：银行存款　　6 000

第二种情况：记账后，发现记账凭证所填写的会计科目、记账方向没错误，但所记金额大于应记金额，引起账簿记录错误，应采用部分红字更正法。更正的方法是：将多记的金额用红字编制一张与原记账凭证应借、应贷科目完全相同的记账凭证，在“摘要”栏内写明“冲销多记金额”以及原错误记账凭证的号数和日期，以冲销多记的金额，并据以登记入账。

[例9-3] 华东有限公司以银行存款6 000元偿还前欠购买材料款，在编制记账凭证时，将金额误记为60 000元，并已登记入账。该错误记账凭证所反映的会计分录为：

(1) 借：应付账款 60 000
　　贷：银行存款 60 000

发现错误后，应将多记的金额54 000元用红字冲销，即用红字编制一张调减的记账凭证如下：

(2) 借：应付账款 [54 000]
　　贷：银行存款 [54 000]

三、补充登记法

补充登记法是指记账凭证中的会计科目及方向正确但所填写的金额小于应记金额，从而引起账簿记录错误，应采用补充登记的方法进行更正错账的一种错账更正方法。更正的方法是：将少记的金额用蓝（黑）字编制一张与原记账凭证应借、应贷科目完全相同的记账凭证，并据以登记入账。需要注意，更正时，在"摘要"栏内写明"补记少记金额"以及原错误记账凭证的号数和日期，对于这种错误也可以采用全部红字更正法。

[例9-4] 华东有限公司购入一项专利权，共计200 000元，款已用银行存款支付。但在编制记账凭证时，将金额误记为20 000元，少记180 000元，并已登记入账。该错误记账凭证所反映的会计分录为：

(1) 借：无形资产 20 000
　　贷：银行存款 20 000

当发现上述错误时，可将少记的180 000元用蓝（黑）字另外编制一张调增的记账凭证如下：

(2) 借：无形资产 180 000
　　贷：银行存款 180 000

对于［例9-4］的记账错误，也可采用全部红字更正法，更正会计分录如下：

(3) 借：无形资产 [20 000]
　　贷：银行存款 [20 000]

(4) 借：无形资产 200 000
　　贷：银行存款 200 000

第五节 会计账簿的启用、更换与保管

一、会计账簿的启用

新的会计年度开始，每个会计主体都应该启用新的会计账簿。在启用新账簿时，应

在账簿的有关位置记录以下相关信息：

（1）设置账簿的封面与封底。除订本账不另设封面以外，各种活页账都应设置封面和封底，并登记单位名称、账簿名称和所属会计年度。

（2）填写账簿启用及经管人员一览表。在启用新会计账簿时，应首先填写扉页中的相关项目，包括单位名称、账簿名称、账簿编号、起止日期、单位负责人、主管会计、审核人员和记账人员等项目，并加盖单位公章。在会计人员发生变更时，应办理交接手续并填写“账簿启用及交接表”中的相关内容。

（3）填写账户目录。总账应按照会计科目的编号顺序填写科目名称及启用页号。在启用活页式明细分类账时，应按照所属会计科目填写科目名称和页码，在年度结账后，撤去空白账页，填写使用页码。

（4）粘贴印花税票。印花税票应粘贴在账簿的右上角，并且划线注销；在使用缴款书缴纳印花税时，应在右上角注明“印花税已缴”及缴款金额。

二、会计账簿的更换

会计账簿的更换是指在会计年度终了，将上年度的账簿更换为新账。在每一会计年度结束，新一会计年度开始时，应按会计制度的规定，更换一次总分类账、日记账和大部分明细账。少部分明细账可以继续使用，如部分财产物资明细账和债权债务明细账等。

更换账簿时，应将上年度各账户的余额直接记入新年度相应的账簿中，并在旧账簿中各账户年终余额的摘要栏内加盖“结转下年”戳记。同时，在新账簿中相关账户的第一行摘要栏内加盖“上年结转”戳记，并在余额栏内记入上年余额。

三、会计账簿的保管

会计账簿是会计工作的重要历史资料和经济档案，在经营管理中具有重要作用。因此，各单位都应按照国家有关规定，加强对会计账簿的管理，做好账簿的管理工作。账簿的保管，应该明确责任，保证账簿的安全和会计资料的完整，防止交接手续不清和可能发生的舞弊行为。在账簿交接保管时，应将该账簿的页数、记账人员姓名、启用日期、交接日期等列表附在账簿的扉页上，并由有关方面签字盖章。账簿要定期（一般为年终）收集，审查核对，整理立卷，装订成册，专人保管，严防丢失和损坏。

账簿应按照规定期限保管。各账簿的保管期限分别为：日记账一般为 30 年；固定资产卡片在固定资产报废清理后应继续保存 5 年；其他总分类账、明细分类账和辅助账簿应保存 30 年。保管期满后，按照会计档案管理办法的规定，由财会部门和档案部门共同鉴定，报经批准后进行处理。

单位合并、撤销时，其会计账簿应根据不同情况，分别移交给并入单位、上级主管部门或主管部门指定的其他单位接受保管，并由交接双方在移交清册上签名盖章。

日常管理中，账簿应由各自分管的记账人员专门保管，未经领导和会计负责人或有关人员批准，不许非经管人员翻阅、查看、摘抄和复制。会计账簿除非特殊需要或司法介入要求，一般不允许携带外出。

新会计年度对更换的旧账簿应进行整理、分类，对有些缺少手续的账簿，应补办必要的手续，然后装订成册，编制目录，办理移交手续，按期归档保管。

习题与案例

一、单项选择题

1. 银行存款日记账的收入方除了根据银行存款收款凭证登记外，有时还要根据下列哪种凭证登记（　　）。

A. 银行存款付款凭证　　B. 现金收款凭证

C. 现金付款凭证　　D. 转账凭证

2. 多栏式明细分类账适用于（　　）。

A. 应收账款明细账　　B. 产成品明细账

C. 原材料明细账　　D. 材料采购明细账

3. 可以采取数量金额式账页的是（　　）。

A. 生产成本明细账　　B. 产成品明细账

C. 材料采购明细账　　D. 产品销售成本明细账

4. 记账后，若发现记账错误是由于记账凭证所列会计科目或金额有错误引起的，可采用的更正错账方法是（　　）。

A. 红字更正法　　B. 划线更正法

C. 补充登记法　　D. AB 均可

5. “生产成本”明细账应该采用的格式是（　　）。

A. 三栏式　　B. 多栏式

C. 数量金额式　　D. 任意格式

6. “营业外收入”明细账应该采用的格式是（　　）。

A. 三栏式　　B. 多栏式

C. 数量金额式　　D. 任意格式

7. 总分类账与特种日记账的外表形式应该采用（　　）。

A. 活页式　　B. 卡片式

C. 订本式　　D. 任意外表形式

8. 总账和明细账之间进行平行登记的原因是总账与明细账的（　　）。

A. 格式相同　　B. 登记时间相同

C. 反映经济业务的内容相同　　D. 提供指标详细程度相同

二、多项选择题

1. 可以作为现金日记账记账依据的有（　　）。

A. 现金收款凭证　　B. 现金付款凭证

C. 银行存款收款凭证　　D. 银行存款付款凭证

E. 转账凭证

2. 会计上允许使用的更正错误的方法有（　　）。

A. 划线更正法
B. 红字更正法
C. 补充更正法
D. 用涂改液修正
E. 刮擦挖补

3. 账簿按用途不同可分为（　　）。

A. 序时账簿
B. 分类账簿
C. 联合账簿
D. 备查账簿
E. 活页式账簿

4. 明细分类账的格式有三栏式、多栏式、数量金额式，相应地各适用于（　　）。

A. 债权债务明细账
B. 卡片式明细账
C. 收入、费用成本式明细账
D. 活页式明细账
E. 材料物资类明细账

5. 对账的内容包括（　　）。

A. 账证核对
B. 账表核对
C. 表表核对
D. 账账核对
E. 账实核对

6. 银行存款日记账的登记依据包括（　　）。

A. 银行存款收款凭证
B. 银行存款付款凭证
C. 转账凭证
D. 现金付款凭证
E. 现金收款凭证

7. 记账后发现记账凭证中应借、应贷会计科目正确，只是金额发生错误，可以用的更正方法有（　　）。

A. 划线更正法
B. 横线登记法
C. 红字更正法
D. 补充登记法
E. 金额更正法

第十章

财产清查

【学习目标】

财产清查是会计核算的一种专门方法，也是企业内部会计控制的一项重要制度。为了保证账簿记录真实和财产保管使用合理，企业必须定期或不定期进行财产清查。本章主要阐述财产清查的一般方法及清查结果的会计处理。通过本章学习，使学生了解财产清查的含义、必要性和种类，熟悉各种材料物资、货币资金和往来款项的清查方法，重点掌握存货的盘存制度，以及财产清查结果的账务处理。

第一节 财产清查概述

一、财产清查的意义

财产清查是会计核算的专门方法之一，它是根据账簿记录，对企业的财产物资进行盘点或核对，查明各项财产的实存数与账面结存数是否相符，为定期编制会计报表提供准确的、完整的、系统的核算信息的一种方法。

企业的各项财产包括货币资金、存货、固定资产和各项债权。各项财产物资的增减变动和结存情况都通过账簿记录如实加以反映。为了保证账簿记录的正确性，必须对财产物资定期或不定期进行财产清查。

单位发生的日常经济业务，都需要通过填制和审核会计凭证、登记账簿、试算平衡和对账等一系列严密的会计处理方法，来保证账证相符和账账相符。因此，从理论上分析，会计账簿所记载的财产增减和结存情况，应该与实际的财产收发和结存相符。但在实际工作中，有很多客观原因造成了各项财产的账面数额与实际结存数额发生差异，例如财产物资在运输、保管或收发工作中有时会发生自然损耗或计量、检验不准确；财产物资在保管中有时会发生因水灾、火灾和风灾等自然灾害造成的损失；有关工作人员玩忽职守或不法分子贪污盗窃等原因造成了财产物资的损失等等。另外在实际工作中，还存在着隐性账实不符情况，例如财产物资由于企业外部环境的变化而产生了价值的贬值；应收账款因长期未经清偿而成为事实上的坏账，等等类似现象都会造成账实不符。因此，为了保证会计账簿记录的真实和准确，进一步建立健全财产物资的管理制度，确保企业财产的完整无损，就必须运用财产清查这一行之有效的会计核算方法，对各项财产进行清查，做到账实相符。财产清查的意义主要表现在以下几个方面：

（一）财产清查为会计信息系统有效运行提供一定的保证

如前所述，企业在一定会计期间内所发生的全部经济业务，都要通过收集转换阶段、储存计算阶段和资料报出阶段，即经过确认、计量、记录和汇总，以会计报表的形式输出大量的经济业务数据，为信息使用者提供真实客观的会计信息。会计信息质量的客观性是会计报表的“生命源泉”。因此，为了避免会计信息在收集转换和储存计算阶段中受到主客观因素的干扰而失真，提高会计信息的可靠性，必须查明各项财产物资的实存数，并与账簿记录相核对，为会计信息系统正常、有效地运行提供坚实的基础。

（二）财产清查为内部控制制度的实施创造有利条件

为了防止企业内部控制制度不健全、管理失控等情况的发生，《会计法》对企业建立内部控制制度问题做了明确规定。建立有效的财产内部控制制度的目的之一，是为了保证企业经营活动的有效进行，保护财产物资的安全和完整，提高会计信息质量。内部控制制度执行的好坏，又可通过财产清查加以查验。企业通过财产清查，可以查明各项财产物资是否完整，有无被不法分子挪用、贪污或盗窃等；可以查明各项财产物资的储备是否合理，利用是否充分，有无超储积压或闲置等现象，以便有关部门及时采取措施，使内部控制制度充分发挥作用。

二、财产清查的种类

财产清查的种类可按清查范围、清查时间和清查执行单位等标准进行分类。

（一）全部清查与局部清查

按照清查范围不同，财产清查可分为全部清查和局部清查两种。

1. 全部清查

全部清查是指对全部财产进行盘点和核对。制造企业全部清查对象一般包括货币资金、存货、固定资产、债权债务及对外投资等。

全部清查的范围广，时间长，工作量大，参加的人员也多，有时还会影响企业的生产经营的正常进行，因此一般在以下几种情况下采用全部清查：①年终决算之前，为确保年终决算会计信息的真实和准确，需要进行一次全部清查；②企业关停并转或改变其隶属关系，需要进行全部清查；③中外合资、国内联营，需要进行全部清查；④开展清产核资，需要进行全部清查；⑤单位主要负责人调离工作，需要进行全部清查。

2. 局部清查

局部清查是指根据需要对企业部分财产进行清查。如对库存现金应每日盘点 1 次；对银行存款至少每月同银行核对 1 次；对各种材料、在产品和产成品除年度清查外，应有计划地每月重点抽查，尤其对贵重的财产物资应至少每月清查 1 次；对债权债务，应在会计年度内至少核对 1 ~ 2 次。

(二) 定期清查与不定期清查

按照清查时间不同，财产清查可分为定期清查和不定期清查两种。

1. 定期清查

定期清查是指根据预先计划安排的时间对财产所进行清查。定期清查一般在财产管理制度中予以规定，通常在月末、季末或年末结账前进行。

2. 不定期清查

不定期清查是指根据需要所进行的临时清查。不定期清查通常在以下几种情况下进行：①更换财产物资保管员和现金出纳员时；②发生非常损失时；③有关单位对本企业进行审计查账时，等等。

(三) 内部清查与外部清查

按照清查执行单位不同，财产清查可分为内部清查和外部清查两种。

1. 内部清查

内部清查是指由本单位有关人员对本企业所进行的财产清查。

2. 外部清查

外部清查是指由单位外部有关部门或人员根据国家法律或制度规定对企业所进行的财产清查。

三、财产清查前的准备工作

(一) 组织上的准备

为了保证财产清查能够有效地进行，保证财产清查的工作质量，清查时必须成立专门领导小组，即在主管领导和总会计师的领导下，成立由财会、设备、技术、生产及行政等有关部门组成的财产清查领导小组。该领导小组的主要任务是：①制定清查工作计划，明确清查范围，安排财产清查工作的详细步骤，配备有能力的财产清查人员；②检查和督促清查工作，及时解决清查工作中出现的问题；③在清查工作结束后，总结清查工作的经验教训，撰写清查工作总结报告，并提出财产清查结果处理意见。

(二) 业务上的准备

业务准备是进行财产清查至关重要的前提条件，各有关部门必须做好以下准备工作：①会计部门要在财产清查之前将所有经济业务登记入账并结出余额，做到账账相符、账证相符，为财产清查提供可靠的依据；②财产物资保管部门要在财产清查前将各项财产物资的增减变动办好凭证手续，全部登记入账，结出各账户余额，并与会计部门的有关财产物资核对相符，同时将各种财产物资排列整齐，挂上标签，标明品种、规格及结存数量，以便进行实物盘点；③财产清查人员还要准备好有关计量器具，以及各种必要的凭证、表格等。

第二节

存货的盘存制度

财产清查的重要环节是盘点财产物资尤其是存货的实存数量，为使财产清查工作顺利进行，企业应建立科学而适用的存货盘存制度。在实际工作中，存货盘存制度有永续盘存制和实地盘存制两种。现以商品流通企业经济业务为例，简要介绍两种制度。

一、永续盘存制

（一）永续盘存制的概念

永续盘存制亦称账面盘存制，是通过设置存货明细账，逐笔或逐日地登记收入数、发出数，并随时计算出结存数的一种存货盘存制度。采用永续盘存制，存货按品种规格设置明细账；在明细账中除登记收、发、结存数量外，通常还登记金额。

采用永续盘存制，对存货仍需进行实地盘点，至少每年实地盘点一次，以验证账实是否相符。

（二）永续盘存制下的账簿组织

在永续盘存制下，各企业存货核算的账簿组织不尽相同。对库存商品而言，通常除品种外还要按大类核算，其一般的账簿组织如下：

会计部门设“库存商品”总分类账，其下按商品大类设置二级账户，进行金额核算；在二级账户下，按每种商品设置明细分类账，进行金额、数量双重计量。

仓储部门按每种商品分户设置保管账和保管卡。保管账由记账员根据收、发货单登记收、发数量，进行数量控制；保管卡挂在每种商品的堆垛存放处，由保管员根据收、发货单逐笔登记数量，以控制实存商品。

存货核算的这种总账、二级账、明细账的设置，可以进行逐级控制，相互核对，起到随时反映库存情况和保护存货安全完整的作用。在该账簿组织下，一旦库存实物中发生差错，很容易及时发现，从而便于加强对存货的日常管理。

（三）期末存货的计价和本期发出存货成本的计算

由于商品流通企业的进货费用作为期间费用处理，并不计入商品采购成本，因此，计算期末存货成本时所采用的单价即为进价。显然，若商品购进价格保持不变，期末存货的计价是十分简单的。然而，在实际工作中，同一商品的购进价格在会计期内往往不尽相同，因此，期末存货就存在计价方法的选择问题。在永续盘存制下，存货的明细分类账能随时反映商品的结存和销售数量；存货的计价方法主要有先进先出法、加权平均法和个别计价法等。

1. 先进先出法

先进先出法是假设先入库的存货先发出，即按照存货入库的先后顺序，用先入库存货的单位成本确定发出存货成本的一种方法。采用先进先出法对存货进行计价，可以将发出存货的计价工作分散在平时进行，减轻了月末的计算工作量；期末存货的计价标准为后入库存货的价格，从而使反映在资产负债表上的存货价值比较接近当前市价。但若物价持续上涨，会导致本期发出存货成本低于当前市价，致使本期利润偏高，不符合谨慎性。现举例说明如下：

［例 10－1］某商品流通企业 W 商品的期初结存和本期购销情况如下：

6 月 1 日	期初结存	150 件	单价 60 元	计 9 000 元
6 月 8 日	销售	70 件		
6 月 15 日	购进	100 件	单价 62 元	计 6 200 元
6 月 20 日	销售	50 件		
6 月 24 日	销售	90 件		
6 月 28 日	购进	200 件	单价 68 元	计 13 600 元
6 月 30 日	销售	60 件		

根据上述实例，采用先进先出法计算本期发出商品成本和期末结存商品成本如下：

本期发出商品成本 $= 70 \times 60 + 50 \times 60 + 30 \times 60 + 60 \times 62 + 40 \times 62 + 20 \times 68 = 16\ 560$（元）

期末结存商品成本 $= 180 \times 68 = 12\ 240$（元）

或 $= 9\ 000 + 6\ 200 + 13\ 600 - 16\ 560 = 12\ 240$（元）

存货采用先进先出法计价的库存商品明细分类账见表 10－1。

表 10－1　　**库存商品明细账**

品名：W 商品　　计量单位：件

2018 年		摘要	收入			发出			结存		
月	日		数量	单价	金额	数量	单价	金额	数量	单价	金额
6	1	期初结存							150	60	9 000
6	8	销售				70	60	4 200	80	60	4 800
6	15	购进	100	62	6 200				80 100	60 62	11 000
6	20	销售				50	60	3 000	30 100	60 62	8 000
6	24	销售				30 60	60 62	1 800 3 720	40	62	2 480
6	28	购进	200	68	13 600				40 200	62 68	16 080
6	30	销售				40 20	62 68	2 480 1 360	180	68	12 240
		本期销售成本				270		16 560			

2. 加权平均法

加权平均法是以加权平均单位成本为基础计算发出和结存存货成本的一种方法。因此，本期发出存货成本和期末存货成本都按该加权平均单位成本计算。在平均单位成本的计算中，考虑了各批存货的数量因素，即批量越大的成本，对平均单位成本的影响也越大。由于数量对单位成本起权衡轻重的作用，由此计算的平均单位成本称为加权平均单位成本。加权平均法又分为一次加权平均法和移动加权平均法两种。

（1）一次加权平均法又称为月末一次加权平均法，是指对于本月发出的存货，平时只登记数量，不登记单位成本和金额，按月末一次计算的加权平均单位成本计算本期发出存货成本和期末存货成本的一种方法。一次加权平均法计算比较简单，计算出的期末存货成本和本期发出存货成本都比较平稳，但由于计价工作集中在月末进行，因此平时不能从账簿中看到存货发出和结存的金额，不便于加强存货资金的日常管理。一次加权平均单位成本的计算公式如下：

$$一次加权平均单位成本=\frac{期初结存存货成本+本期入库存货成本}{期初结存存货数量+本期入库存货数量}$$

仍沿用上例，按一次加权平均法计算，本期发出商品成本和期末结存商品成本如下：加权平均单位成本 $=\frac{9\ 000+6\ 200+13\ 600}{150+100+200}=64$（元）

本期发出商品成本 =（70 + 50 + 90 + 60）×64 = 17 280（元）

期末结存商品成本 = 180 × 64 = 11 520（元）

或 = 9 000 + 6 200 + 13 600 − 17 280 = 11 520（元）

存货采用一次加权平均法计价的库存商品明细账见表 10 − 2。

表 10 − 2　　　　库存商品明细账

品名：W 商品　　　　计量单位：件

2018 年		摘　要	收　入			发　出			结　存		
月	日		数量	单价	金额	数量	单价	金额	数量	单价	金额
6	1	期初结存							150	60	9 000
6	8	销 售				70			80		
6	15	购 进	100	62	6 200				180		
6	20	销 售				50			130		
6	24	销 售				90			40		
6	28	购 进	200	68	13 600				240		
6	30	销 售				60			180	64	11 520
		本期销售成本				270	64	17 280			

（2）移动加权平均法。采用移动加权平均法是指当每次入库存货单位成本与结存单位成本不同时，重新计算一次加权平均成本，并据此计算下次入库前的发出存货成本和结存存货成本的方法。采用移动加权平均法，可以随时结转销售成本，随时提供存货明细账上的结存数量和金额，有利于对存货进行数量、金额的日常控制。但该方法下，

由于每次进货都要计算一次加权平均单位成本，会加大会计核算工作量。移动加权平均单位成本的计算公式为：

$$移动加权平均单位成本=\frac{本次入库前结存成本+本次入库存货成本}{本次入库前结存数量+本次入库存货数量}$$

仍沿用上例，按移动加权平均法计算，本期发出商品成本和期末结存商品成本如下：

第一批商品购入后的加权平均单位成本为：

$$移动加权平均单位成本=\frac{4\ 800+6\ 200}{80+100}=61.11（元）$$

第二批商品购入后的加权平均单位成本为：

$$移动加权平均单位成本=\frac{2\ 444.44+13\ 600}{40+200}=66.85（元）$$

本期发出商品成本 $=70\times60+50\times61.11+90\times61.11+60\times66.85=16\ 767$（元）

期末结存商品成本 $=180\times66.85=12\ 033$（元）

或 $=9\ 000+6\ 200+13\ 600-16\ 767=12\ 033$（元）

存货采用移动加权平均法计价的库存商品明细账见表 10－3。

表 10－3　　库存商品明细账

品名：W 商品　　计量单位：件

2018 年		摘要	收入			发出			结存		
月	日		数量	单价	金额	数量	单价	金额	数量	单价	金额
6	1	期初结存							150	60.00	9 000
6	8	销售				70	60.00	4 200	80	60.00	4 800
6	15	购进	100	62	6 200				180	61.11	11 000
6	20	销售				50	61.11	3 056	130	61.11	7 944
6	24	销售				90	61.11	5 500	40	61.11	2 444
6	28	购进	200	68	13 600				240	66.85	16 044
6	30	销售				60	66.85	4 011	180	66.85	12 033
		本期销售成本				270		16 767			

3. 个别计价法

个别计价法又称个别认定法，是指每次发出存货的成本按其购入或生产的实际成本分别计价的方法。采用个别计价法需要逐一辨认各批发出存货和期末存货的购进或生产批别，分别以购入或生产时确定的单位成本来计算确定各批发出和期末存货的成本。这种方法的优点是成本计算准确，符合实际情况。其缺点是发出存货成本分辨的工作量繁重。个别计价法适用于容易辨认，品种数量不多，且单位成本较高的存货计价。

仍沿用上例，若通过辨认确定各批销售商品的购进批别为：6 月 8 日出售的 70 件商品系期初结存的存货；6 月 20 日出售的 50 件商品系 6 月 15 日的进货；6 月 24 出售的

90 件商品中有 60 件系期初结存的存货，有 30 件系 6 月 15 日的进货；6 月 30 日出售的 60 件商品中有 5 件系期初结存的存货，有 10 件系 6 月 15 日的进货，有 45 件系 6 月 28 日的进货。

按个别计价法计算本期发出商品成本和期末结存商品成本如下：

本期发出商品成本 = 70 × 60 + 50 × 62 + 60 × 60 + 30 × 62 + 5 × 60 + 10 × 62 + 45 × 68 = 16 740（元）

期末结存商品成本 = 15 × 60 + 10 × 62 + 155 × 68 = 12 060（元）

或 = 9 000 + 6 200 + 13 600 − 16 740 = 12 060（元）

存货采用个别计价法计价的库存商品明细账见表 10 − 4。

表 10 − 4　　库存商品明细账

品名：W 商品　　计量单位：件

2018 年		摘　要	收　入			发　出			结　存		
月	日		数量	单价	金额	数量	单价	金额	数量	单价	金额
6	1	期初结存							150	60	9 000
6	8	销售				70	60	4 200	80	60	4 800
6	15	购进	100	62	6 200				80 100	60 62	11 000
6	20	销售				50	62	3 100	80 50	60 62	7 900
6	24	销售				60 30	60 62	3 600 1 860	20 20	60 62	2 440
6	28	购进	200	68	13 600				20 20 200	60 62 68	16 040
6	30	销售				5 10 45	60 62 68	300 620 3 060	15 10 155	60 62 68	12 060
		本期销售成本				270		16 740			

（四）永续盘存制的优缺点

在存货明细账中，永续盘存制下可以随时反映出每种存货的收入、发出和结存情况，并能进行数量和金额的双重控制；明细账的结存数量，可以与实际盘存数进行核对，如发生库存溢余或短缺，可查明原因，及时纠正；明细账上的结存数，还可以随时与预定的最高和最低库存限额进行比较，取得库存积压或不足的信息，从而便于及时采取相应对策。

永续盘存制下，存货的明细分类核算工作量较大，需要较多的人力和费用。

该方法在控制和保护财产物资安全完整方面具有明显的优越性，在实际工作中大多数企业采用。

初级财务会计

二、实地盘存制

（一）实地盘存制的概念及其一般程序

1. 实地盘存制的概念

实地盘存制又称为“以存计销制”或“以存计耗制”，是指通过期末盘点实物来确定存货的数量，并据以计算期末存货成本和本期发出存货成本的一种存货盘存制度。采用这一方法，平时只登记存货增加，不登记发出，期末通过盘点实物确定的实存数，倒挤出存货的发出数。

2. 实地盘存制的一般程序

实地盘存制的一般程序为：

（1）确定期末存货数量。每期期末实地盘点存货，确定存货的实际结存数量。

（2）计算期末存货成本。某种存货成本等于该项存货的数量乘以适当的单位成本；各种存货成本相加为存货总成本。

（3）计算本期可供发出存货成本。本期可供发出存货成本也称本期可供销售或耗用存货成本，它等于期初存货成本与本期入库存货成本之和。

（4）计算本期发出存货成本。它等于本期可供发出存货成本减期末存货成本。其计算公式为：

本期发出存货成本 = 期初结存存货成本 + 本期入库存货成本 − 期末结存存货成本

期末结存存货成本 = 期末存货实地盘存数 × 单位成本

（二）期末存货数量的确定

在实地盘存制下，期末存货数量的确定一般分为以下两个步骤：

1. 进行实地盘点，确定盘存数

存货的盘点方法因存货性质而异；盘点时间通常在本期营业或生产活动结束，下期营业或生产活动开始以前进行；盘存结果应填列在存货盘存表中。

2. 调整盘存数，确定存货结存数

将临近会计期末的购销单据或收发凭证进行整理，在盘存数量的基础上，考虑有关影响因素，调整求得存货实际结存数量。在商品流通企业中，对于企业已经付款但尚未收到的商品即在途商品、已经出库但尚未作销售的商品，以及已作销售但尚未提走的商品，都要进行调整，以计算出实际库存数量。其计算公式如下：

存货结存数量 = 存货盘点数量 + 在途商品数量 + 已提未销数量 − 已销未提数量

（三）期末存货的计价和本期发出存货成本的计算

实地盘存制下的存货计价方法主要有先进先出法、一次加权平均法和个别计价法。现举例说明各种存货计价方法的具体运用。

［**例 10－2**］某商品流通企业 M 商品的期末实际盘点数为 220 件，期初库存和本期购进情况为：

6月1日	期初库存	200 件	单价 10 元	计 2 000 元
6月5日	购　进	400 件	单价 12 元	计 4 800 元
6月18日	购　进	200 件	单价 15 元	计 3 000 元
	合　计			9 800 元

现分别采用先进先出法、一次加权平均法和个别计价法计算实地盘存制下期末结存商品成本和本期发出商品成本为：

(1) 按先进先出法计算：

期末结存商品成本 $=200\times15+20\times12=3\ 240$（元）[①]

本期发出商品成本 $=2\ 000+4\ 800+3\ 000-3\ 240=6\ 560$（元）

(2) 按一次加权平均法计算：

加权平均单价 $=\dfrac{2\ 000+4\ 800+3\ 000}{200+400+200}=12.25$（元）

期末结存商品成本 $=220\times12.25=2\ 695$（元）

本期发出商品成本 $=2\ 000+4\ 800+3\ 000-2\ 695=7\ 105$（元）

(3) 按个别计价法计算（假定期末结存220件商品中有50件系期初结存的存货，有70件系6月5日购进的存货，有100件系6月18日购进的存货）：

期末结存商品成本 $=50\times10+70\times12+100\times15=2\ 840$（元）

本期发出商品成本 $=2\ 000+4\ 800+3\ 000-2\ 840=6\ 960$（元）

（四）实地盘存制的优缺点

实地盘存制不需要每次记录存货发出和结存的数量，核算工作简单，工作量小。但该方法不能随时反映存货的发出和结存成本，倒挤出的各项存货的销售或耗用成本中成分复杂，除了正常销售或耗用外，可能隐含存货损耗、短缺等非正常因素，因而不便于对存货进行控制和监督，影响成本计算的准确性。

该方法仅适用于经营品种多、价值低、交易频繁的商品以及经营数量不稳定、损耗大且难以控制的鲜活商品等的商品流通企业。

第三节

财产清查的内容和方法

财产清查涉及面广、业务量大，为了保证财产清查的工作质量，提高工作效率，达到财产清查的目的，应针对清查内容采用不同的方法。

一、货币资金的清查

货币资金的清查包括对库存现金、银行存款的清查。

（一）库存现金的清查

库存现金清查的基本方法是实地盘点法。通过核对库存现金的盘点实有数与库存现金日记账的余额，来查明账实是否相符。

库存现金的清查可分为以下两种情况：

---

① 先进先出法又称为后进后出法。因此，在先进先出法下使用的期末结存存货的单位成本是最后一次或几次的进货单位成本。

1. 出纳员自查

在日常工作中，出纳员每日清点库存现金实有数额，并及时与库存现金日记账的余额核对。

2. 专门人员清查

在由专门清查人员进行的清查工作中，为了明确经济责任，出纳人员必须在场。清查人员要认真审核收付凭证和账簿记录，检查经济业务的合理和合法性。此外，清查人员还应检查企业是否存在"白条"（即不符合有关制度要求的借据）抵库等情况。

现金盘点结束后，应根据盘点的结果，填制"库存现金盘点报告表"。该表是重要的原始凭证，既有实物财产清查"盘存单"的作用，又有"实存账存对比表"的作用。"库存现金盘点报告表"填制完毕，应由盘点人和出纳员共同签章方能生效。"库存现金盘点报告表"的格式见表 10－5。

表 10－5　　库存现金盘点报告表

单位名称：　　　　年　月　日

实存金额	账存金额	实存与账存对比		备　注
		盘　盈	盘　亏	

盘点人签章：　　　　出纳员签章：

（二）银行存款的清查

银行存款的清查通常采用核对银行存款日记账与开户银行提供的"对账单"的方法。核对前，首先将截止清查日的所有银行存款收、付业务登记入账，对发生的错账、漏账应及时查清更正；然后与银行的"对账单"逐笔核对，若二者余额相符，一般说明无错误；若不相符，则可能存在着未达账项。

未达账项是指在企业和银行之间由于凭证的传递时间不同，导致一方已接到有关结算凭证并已经登记入账，而另一方由于尚未接到有关结算凭证而未入账的款项。未达账项有两大类型：一是企业已经入账而银行尚未入账的款项；二是银行已经入账而企业尚未入账的款项。具体可以分为以下 4 种情况：①企业已收款入账，银行未收款入账的款项；②企业已付款入账，银行未付款入账的款项；③银行已收款入账，企业未收款入账的款项；④银行已付款入账，企业未付款入账的款项。

任何一种未达账项存在，都会导致企业银行存款日记账余额与银行"对账单"的余额不符。对于存在的未达账项，可编制"银行存款余额调节表"予以调整。编制"银行存款余额调节表"，应在企业银行存款日记账余额和银行对账单余额的基础上，分别加减未达账项进行调整。调整后的双方余额相等，调整后的余额为企业当时实际可以动用的款项。其计算公式如下：

企业银行存款日记账余额＋银行已收企业未收款项－银行已付企业未付款项 ＝ 银行对账单余额＋企业已收银行未收款项－企业已付银行未付款项

以下举例说明"银行存款余额调节表"的具体编制方法。

［例 10 - 3］某企业 2018 年 8 月 31 日银行存款日记账的余额为 112 000 元，银行对账单的余额为 148 000 元，经核对发现以下未达账项：

（1）企业将收到的销货款 4 000 元存入银行，企业已登记银行存款增加，银行尚未记增加。

（2）企业开出转账支票 36 000 元支付购料款，企业已登记银行存款减少，银行尚未记减少。

（3）收到某单位汇来的购货款 20 000 元，银行已登记增加，企业尚未记增加。

（4）银行代企业支付水电费 16 000 元，银行已登记减少，企业尚未记减少。

根据上述资料编制"银行存款余额调节表"，见表 10 - 6。

表 10 - 6　　银行存款余额调节表

2018 年 8 月 31 日

项　　目	金额（元）	项　　目	金额（元）
企业银行存款日记账余额	112 000	银行对账单余额	148 000
加：银行已收企业未收	20 000	加：企业已收银行未收	4 000
减：银行已付企业未付	16 000	减：企业已付银行未付	36 000
调节后的存款余额	116 000	调节后的存款余额	116 000

需要特别注意，表 10 - 6 中的"调节后的存款余额"，只表明企业可以实际动用的银行存款，并非企业的银行存款实际余额；"银行存款余额调节表"只是银行存款清查的一种形式，只起到对账作用，不能作为调节账面余额的原始凭证；只有当"未达账项"变为"已达账项"，企业方可根据收到的有关原始凭证登记银行存款日记账。

二、实物财产的清查

实物财产是指具有实物形态的各种财产，主要包括原材料、半成品、在产品、产成品、周转物资和固定资产等。

（一）实物财产的清查方法

由于实物财产在实物形态、体积重量、堆放方式等方面不同，对其所采用的清查方法也有所不同。常用的实物财产的清查方法包括以下几种：

（1）实地盘点法。是指通过点数、过磅、量尺等方法来确定财产的实有数额的清查方法。一般适用于机器设备、包装好的原材料、在产品和库存商品等的清查。

（2）技术推算法。又称"估推"，是指利用技术方法对财产的实存数进行推算的一种方法。一般适用于散装的、大量成堆且难以逐一清点其实存数的各种资产，如煤、盐、化肥、饲料等的清查。

（3）抽样盘存法。是指采用抽取一定数量样品的方式对实物资产的实有数进行估算确定的一种方法。一般适用于数量多、重量和体积比较均衡的实物财产的清查。

（4）函证核对法。是指通过向对方发函方式对实物资产的实有数进行确定的一种方法。一般适用于对委托外单位加工或保管的实物资产的清查。

（二）实物财产清查使用的凭证

为了明确经济责任，进行财产清查时，实物财产的相关保管人员必须在场，并参加盘点工作。对各项财产的盘点结果，应如实准确地登记在“盘存单”上，并由有关参加盘点人员同时签章。“盘存单”是财产盘点结果的书面证明，也是反映实物财产实有数额的原始凭证。“盘存单”的一般格式见表10－7。

表10－7　　盘　存　单

单位名称：　　盘点时间：　　编号：

财产类别：　　存放地点：

序号	名称	规格型号	计量单位	实存数量	单价	金额	备注

盘点人签章：×××　　保管人签章：×××

盘点完毕，将“盘存单”中所记录的实存数与账面结存数余额相核对，如发现实物盘点结果与账面结存结果不相符时，应根据“盘存单”和有关账簿记录，填制“实存账存对比表”，以确定实物财产的盘盈或盘亏数。“实存账存对比表”是记录财产清查结果的原始凭证，也是分析盈亏原因，明确经济责任，以及进行账务处理的重要依据。“实存账存对比表”的格式与“库存现金盘点报告表”基本相似。

三、应收、应付款的清查

对各种应收、应付款的清查，应采取“询证核对法”，即通过与往来单位核对账目进行清查。清查单位应对各种往来款项记录准确，编制“往来款项对账单”，寄发或派人送交对方单位进行核对。“往来款项对账单”的格式和内容见表10－8。

表10－8　　往来款项对账单

________单位：

你单位2018年8月25日购入我单位A产品1 000件，已付货款16 000元，尚有22 000元货款未付，请核对后将回联单寄回。

清查单位：（盖章）

2018年12月18日

沿此虚线裁开，将以下回联单寄回！

往来款项对账单（回联）

清查单位：________

你单位寄来的“往来款项对账单”已经收到，经核对相符无误。

××单位（盖章）

年　　月　　日

第四节

财产清查结果的处理

一、财产清查结果的处理步骤

企业对财产清查的结果，应当按照国家有关会计准则、制度的规定进行认真处理。财产清查中发现的盘盈和盘亏等问题，需要核准金额，按规定的程序报经上级部门批准后进行会计处理。处理步骤如下：

（一）核准金额，查明原因

在对财产清查结果进行具体处理之前，应对有关原始凭证中所记录的盈亏数据做全面的核实，即核准货币资金、财产物资和债权债务的盈亏金额，并对各项差异的性质及其原因进行分析，以便针对形成盈亏的不同原因确定处理方法，提出处理意见，报送有关领导和部门批准。

（二）调整账簿记录，做到账实相符

为了做到账实相符，保证会计信息真实正确，对财产清查中发现的盘盈或盘亏，应及时根据“实存账存对比表”等原始凭证编制记账凭证，并据以调整账簿记录。

（三）进行批准后的账务处理

在有关领导和部门对所呈报的财产清查结果处理意见做出批示后，企业应及时严格按照批复意见编制有关的记账凭证，登记有关账簿。

二、财产清查结果的会计处理

为了反映和监督各单位在财产清查过程中查明的各种财产的盈亏或毁损及其报经批准后的转销数额，企业应设置“待处理财产损溢”账户。该账户属于双重性质账户，下设“待处理流动资产损溢”和“待处理固定资产损溢”两个明细分类账户，以进行明细分类核算。该账户借方登记各项财产的盘亏或毁损数额和各项盘盈财产报经批准后的转销数；贷方登记各项财产的盘盈数额和各项盘亏或毁损财产报经批准后的转销数。按规定，企业的各项盘盈、盘亏必须于期末结账前处理完毕，因此该账户期末无余额。

（一）库存现金清查结果的会计处理

库存现金清查中发现短缺或盈余时，应及时根据“库存现金盘点报告单”进行会计处理。

[例 10－4] 某企业进行库存现金清查中发现长款 150 元。其会计处理如下：

（1）批准前：

借：库存现金　　　　　　　　　　　　　　　　　　150

　　贷：待处理财产损溢——待处理流动资产损溢　　　　　　150

（2）经反复核查，未查明原因，报经批准转作营业外收入：

借：待处理财产损溢——待处理流动资产损溢　　　　　150

贷：营业外收入 150

[例 10－5] 某企业在库存现金清查中发现短款 500 元。其会计处理如下：

(1) 批准前：

借：待处理财产损溢——待处理流动资产损溢 500

贷：库存现金 500

(2) 经查，该短款属于出纳员李某的责任，应由该出纳员赔偿：

借：其他应收款——李某 500

贷：待处理财产损溢——待处理流动资产损溢 500

(二) 存货清查结果的会计处理

1. 存货盘盈的会计处理

存货盘盈时，批准前，应根据“实存账存对比表”中盘盈存货的价值记入“原材料”“生产成本”“库存商品”等账户的借方；同时记入“待处理财产损溢——待处理流动资产损溢”账户的贷方；批准后，冲减管理费用并结平“待处理财产损溢”。

[例 10－6] 某企业财产清查中盘盈 G 材料 2 000 千克。经查明是由于收发计量上的错误所造成的，按每千克 4 元入账。其会计处理如下：

(1) 批准前：

借：原材料——G 材料 8 000

贷：待处理财产损溢——待处理流动资产损溢 8 000

(2) 批准后，冲减管理费用：

借：待处理财产损溢——待处理流动资产损溢 8 000

贷：管理费用 8 000

2. 存货盘亏的会计处理

存货盘亏或毁损时，批准前，应先记入“待处理财产损溢——待处理流动资产损溢”账户的借方，同时记入有关存货账户的贷方；批准后，结平“待处理财产损溢”，并根据盘亏或毁损的原因，区分不同情况进行账务处理：

(1) 属于定额内的合理损耗，经批准后计入管理费用。

(2) 属于超定额的短缺，能确定过失人的应由过失人负责赔偿；属于保险责任范围的，应向保险公司索赔；扣除过失人或保险公司赔款和残料价值后的余额，应计入管理费用。

(3) 属于非常损失所造成的存货毁损，扣除保险公司赔款和残料价值后，应计入营业外支出。

[例 10－7] 某企业盘亏 A 产品 50 千克，单位成本 200 元。经查明，属于定额内合理损耗。其会计处理如下：

(1) 批准前：

借：待处理财产损溢——待处理流动资产损溢 10 000

贷：库存商品 10 000

(2) 批准后，计入管理费用：

借：管理费用 10 000

贷：待处理财产损溢——待处理流动资产损溢 10 000

[例 10－8] 某企业盘亏甲材料 20 件，每件 100 元。经查明，系工作人员失职造

成，应由过失人赔偿1 000元，毁损材料残值300元。其会计处理如下：

（1）批准前：

借：待处理财产损溢——待处理流动资产损溢　　2 000

　　贷：原材料——甲材料　　2 000

（2）批准后，分别不同情况处理：

①过失人赔偿：

借：其他应收款——××　　1 000

　　贷：待处理财产损溢——待处理流动资产损溢　　1 000

②残料作价入库：

借：原材料——甲材料　　300

　　贷：待处理财产损溢——待处理流动资产损溢　　300

②除过失人的赔款和残值后的盘亏数，计入管理费用：

借：管理费用　　1 020

　　贷：待处理财产损溢——待处理流动资产损溢　　700

　　　　应交税费——应交增值税（进项税额转出）①　　320

［**例10－9**］某企业盘亏丙材料一批，实际成本为5 000元。经查明，属于非常事故造成的损失，保险公司应给予3 000元的赔偿。其会计处理如下：

（1）批准前：

借：待处理财产损溢——待处理流动资产损溢　　5 000

　　贷：原材料——丙材料　　5 000

（2）批准后，分别不同情况处理：

①应由保险公司赔偿部分：

借：其他应收款——保险公司　　3 000

　　贷：待处理财产损溢——待处理流动资产损溢　　3 000

③记入营业外支出部分：

借：营业外支出　　2 800

　　贷：待处理财产损溢——待处理流动资产损溢　　2 000

　　　　应交税费——应交增值税（进项税额转出）　　800

（三）固定资产清查结果的会计处理

在固定资产清查过程中，若发现有盘亏的固定资产，应查明原因，填制固定资产盘亏报告表并写出书面报告，报经企业主管领导批准后才能计入营业外支出。在批准之前，只能作为待处理财产损溢处理。②

对于盘亏的固定资产，企业应按已提折旧额借记“累计折旧”账户，按原值贷记“固定资产”账户；按盘亏固定资产的净值借记“待处理财产损溢——待处理固定资产损溢”账户。按规定程序批准后，应按盘亏固定资产的净值借记“营业外支出”账户，

① 关于进项税转出的时间选择，本教材认为，转出时间在处理当月相对更加合理，既不违背税法，也不至于导致转出后又转进的情况发生，简化会计核算工作。

② 关于固定资产盘盈的会计处理留待后续有关课程介绍。

同时结平“待处理财产损溢——待处理固定资产损溢”账户。

［例 10－10］某企业在财产清查中，盘亏设备一台，其原价为 200 000 元，累计折旧为 50 000 元。其会计处理如下：

（1）批准前：

借：待处理财产损溢——待处理固定资产损溢　150 000
　　累计折旧　50 000
　　贷：固定资产　200 000

（2）批准后予以转销：

借：营业外支出　150 000
　　贷：待处理财产损溢——待处理固定资产损溢[1]　150 000

（四）应收、应付款清查结果的会计处理

1. 应收款项清查结果的会计处理

在财产清查过程中，如发现长期收不回的款项，即坏账，经批准应予以转销。发生的坏账及其损失不通过“待处理财产损溢”账户核算。通常采用备抵法，企业对应设置“坏账准备”账户。计提坏账准备时，借记“资产减值损失”账户，贷记“坏账准备”账户；实际发生坏账时借记“坏账准备”账户，贷记“应收账款”等账户。若确认并转销的坏账以后又收回，则应按收回的金额，借记“应收账款”等账户，贷记“坏账准备”账户，以恢复企业债权以及债务人的信誉；同时，借记“银行存款”账户，贷记“应收账款”等账户，以反映款项收回。

［例 10－11］某企业自 2016 年末开始计提坏账准备[2]。2015 年末应收账款余额为 4 000 000 元，2017 年 6 月份发生坏账 22 000 元，2017 年末应收账款余额为 4 400 000 元。2018 年 1 月份收回上年已转销的坏账 10 000 元，2018 年末应收账款余额为 5 000 000元。该企业各年坏账准备提取比例均为 5%。其有关会计处理如下：

（1）2016 年末提取坏账准备 200 000 元（4 000 000 × 5%）：

借：资产减值损失　200 000
　　贷：坏账准备　200 000

（2）2017 年 6 月发生坏账 22 000 元：

借：坏账准备　22 000
　　贷：应收账款　22 000

（3）2017 年末补提坏账准备 42 000 元［4 400 000 × 5% －（200 000 － 22 000）］：

借：资产减值损失　42 000
　　贷：坏账准备　42 000

（4）2018 年 1 月收回已转销坏账 10 000 元：

借：银行存款　10 000

---

① 若该项固定资产有尚未抵扣的增值税，则此时还需要转出其包含的进项税额，贷记“应交税费——应交增值税——进项税额转出”。

② 坏账计提方法主要有应收账款余额百分比法、账龄分析法和赊销百分比法等，本教材仅以应收账款百分比法为例，具体相关理论在后续课程中详细学习。

　　贷：应收账款　　　　10 000

借：应收账款　　　　10 000

　　贷：坏账准备　　　　10 000

（5）2018 年末补提坏账准备 20 000 元［5 000 000 × 5% －（220 000 + 10 000）］：

借：资产减值损失　　　　20 000

　　贷：坏账准备　　　　20 000

2. 应付账款清查结果的会计处理

在财产清查过程中，如发现由于债权单位的原因造成长期应付而无法支付的款项，经批准应予以转销。无法支付的款项在批准前不作账务处理，即不需通过“待处理财产损溢”账户核算，按规定的程序批准后，应将该款项计入营业外收入。

［例 10 – 12］ 在财产清查中，企业将无法支付的应付账款 20 000 元经批准予以转销。其会计处理如下：

借：应付账款　　　　20 000

　　贷：营业外收入　　　　20 000

习题与案例

一、单项选择题

1. 实地盘存制与永续盘存制的主要区别是（　　）。

A. 盘点的方法不同　　B. 盘点的目标不同

C. 盘点的工具不同　　D. 盘亏结果处理不同

2. 对财产物资的收发都有严密的手续，且在账簿中有连续的记载便于确定结存灵敏度的制度是（　　）。

A. 实地盘存制　　B. 权责发生制

C. 永续盘存制　　D. 收付实现制

3. 永续盘存制的优点是（　　）。

A. 简化了存货的日常核算工作

B. 有利于加强存货的日常管理

C. 省去了记录存货发出的经济业务

D. 在品种规格多的企业存货明细工作量小

4. 对于大量成堆难于清点的财产物资，应采用的清查方法是（　　）。

A. 实地盘点法　　B. 抽样盘点法

C. 查询核对法　　D. 技术推算盘点法在

5. 记账无误的情况下，造成银行对账单和银行存款日记账不一致的原因是（　　）。

A. 应付账款　　B. 应收账款

C. 未达账项　　D. 外埠存款

6. 下列项目的清查应采用询证核对法的是（　　）。

A. 原材料　　B. 应付账款
C. 实收资本　　D. 短期投资

7. 对于盘亏的固定资产，按规定程序批准后，应按盘亏固定资产的净值借记的会计科目是（　　）。
A. “待处理财产损溢”　　B. “营业外支出”
C. “累计折旧”　　D. “固定资产清理”

8. 对债权债务的清查应采用的方法是（　　）。
A. 询证核对法　　B. 实地盘点法
C. 技术推算盘点法　　D. 抽样盘存法

二、多项选择题

1. 导致企业银行存款日记账余额大于银行对账单余额的未达账项有（　　）。
A. 企业先收款记账而银行未收款未记的款项
B. 银行先收款记账而企业未收款未记的款项
C. 企业和银行同时收款的款项
D. 银行先付款记账而企业未付款未记账的款项
E. 企业先付款记账而银行未付款未记账的款项

2. 财产物资的盘存制度有（　　）。
A. 收付实现制　　B. 权责发生制
C. 永续盘存制　　D. 实地盘存制
E. 岗位责任制

3. 财产清查按照清查的时间可分为（　　）。
A. 全面清查　　B. 局部清查
C. 定期清查　　D. 不定期清查
E. 内部清查

4. 财产清查按照清查的执行单位不同，可分为（　　）。
A. 内部清查　　B. 局部清查
C. 定期清查　　D. 不定期清查
E. 外部清查

5. 常用的实物财产清查方法包括（　　）。
A. 实地盘点法　　B. 技术推算法
C. 函证核对法　　D. 抽样盘点法
E. 永续盘存法

6. 采用实地盘点法进行清查的项目有（　　）。
A. 固定资产　　B. 产成品
C. 银行存款　　D. 往来款项
E. 现金

7. 核对账目法适用于（　　）。
A. 固定资产的清查　　B. 现金的清查

C. 银行存款的清查　　D. 短期借款的清查
E. 预付账款的清查

8. 财产清查结果的处理步骤为（　　）。
A. 核准数字，查明原因　　B. 调整凭证，做到账实相符
C. 调整账簿，做到账实相符　　D. 进行批准后的账务处理
E. 销毁账簿资料

9. 对于盘亏的财产物资，经批准后进行账务处理，可能涉及的借方账户有（　　）。
A. 管理费用　　B. 营业外支出
C. 营业外收入　　D. 其他应收款
E. 待处理财产损益

10. “实存账存对比表”是（　　）。
A. 财产清查的重要报表　　B. 会计账簿的重要组成部分
C. 调整账簿的原始凭证　　D. 资产负债表的附表之一
E. 分析盈亏原因，明确经济责任的重要依据

三、业务处理题

1. 目的：通过本题的练习，要求学生一方面掌握未达账项的基本概念，另一方面学会编制银行存款余额调节表。

资料：某企业 2018 年 7 月 31 日的银行存款日记账账面余额为 691 600 元，而银行对账单上企业存款余额为 681 600 元，经逐笔核对，发现有以下未达账项：

（1）7 月 26 日企业开出转账支票 3 000 元，持票人尚未到银行办理转账，银行尚未登账。

（2）7 月 28 日企业委托银行代收款项 4 000 元，银行已收款入账，但企业未接到银行的收款通知，因而未登记入账。

（3）7 月 29 日，企业送存购货单位签发的转账支票 15 000 元，企业已登账，银行尚未登记入账。

（4）7 月 30 日，银行代企业支付水电费 2 000 元，企业尚未接到银行的付款通知，故未登记入账。

要求：根据以上有关内容，编制“银行存款余额调节表”，并分析调节后是否需要编制有关会计分录。

2. 目的：通过本题的练习，使学生能够掌握存货清查的会计处理。

资料：Y 企业 2018 年经财产清查，发现盘亏 B 材料 100 吨，每吨单价 200 元。经查明，属于定额内合理的损耗共计 1 000 元；属于由过失责任人赔偿共计 8 000 元；其余的属于自然灾害造成的损失，但由保险公司赔偿 6 000 元。

要求：对 Y 企业 B 材料的盘亏进行批准前和批准后的账务处理。

3. 目的：通过本题的练习，使学生能够掌握固定资产清查的会计处理。

资料：W 企业 2018 年在财产清查中，发现盘亏机器设备一台，账面原值为 280 000 元，已提折旧额为 100 000 元。

要求：对 W 企业盘亏的固定资产进行批准前和批准后的账务处理。

4. 目的：通过本题的练习，使学生能够掌握准确地计算存货发出成本和期末存货成本。

资料：某企业1月份某存货的期初数额与购进数额如下：

（1）1月1日，上期转入100吨，单价20元。

（2）1月10日购入80吨，单价21元。

（3）1月30日购入100吨，单价22元。

假定月末存货数量为150吨，要求：分别按存货发出采用先进先出法和加权平均法计算在实地盘存制下月末结存存货成本和本月发出存货成本。

5. 目的：通过本题的练习，使学生能够掌握坏账准备的会计处理。

资料：某企业自2016年末开始计提坏账准备。2016年末应收账款余额为500 000元，2017年3月份发生坏账损失5 300元，2017年末应收账款余额为600 000元，2018年2月份收回上年已转销的坏账8 000元，2018年末应收账款余额为400 000元。该企业各年坏账准备提取比例均为3%。要求计算该企业各年的坏账准备补提或冲销数额并进行相应的账务处理。

四、案例分析题

资料：光华会计师事务所受托对东海钢铁厂的存货进行审计，发现存在下列问题：

1. 年终经财产清查发现，原材料账实不符

该钢铁厂已经建立了完善的内部控制制度。在存货的管理中实行了采购人员、运输人员、保管人员等不同岗位分工负责的内部牵制制度。然而在实际操作中，由于三者合伙作弊，使内控制度失去了监督作用。该钢铁厂2017年根据生产需要每月需要购进各种型号的铁矿石1 000吨，货物自提自用。2017年7月，采购人员张某办理购货手续后，将发票提货联交由本企业汽车司机胡来负责运输，胡来在运输途中，一方面将600吨铁矿石卖给某企业，另一方面将剩余的400吨铁矿石运到本企业仓库，交保管员王虎按1 000吨验收入库，三个人随即分得赃款。财会部门从发票、运单、入库单等各种原始凭证的手续上看，完全符合规定，照例如数付款。可是在进行年终财产清查时才发现账实不符的严重情况，只得将不足的原材料数量金额先做流动资产的盘亏处理，期末处理时，部分做管理费用处理，部分做营业外支出处理。请问该企业的会计处理是否妥当？应该如何处理？

2. 未经税务部门批准，擅自更改原材料的计价方法，以达到调节产品成本的目的

东海钢铁厂采用实际成本法进行原材料核算。多年来该厂一直采用加权平均法计算确定发出矿石的实际成本，2017年铁矿石价格上涨严重，该企业为了提高利润，擅自变更了发出原材料实际成本的计算方法，将加权平均法变更为先进先出法。经测算，截止到本年末，与按加权平均法计算的结果相比，领用铁矿石的实际成本相差280 000元，即少计了当年的成本280 000元，多计了利润280 000元。该厂在年终财务报告中，对该变更事项及有关结果未予以披露。请问这种做法违反了什么原则？应该如何处理？

3. 毁损材料不报废，制造虚盈实亏

该钢铁厂2018年1月发生了一场火灾，材料损失达90万元。保险公司可以赔偿30万元。企业在预计全年收支情况后，可知若报列材料损失，就会使利润下降更加严重。为保证利润指标的实现，该钢铁厂领导要求财会部门不列报毁损材料。

要求：这样做的结果是什么？应该如何进行会计处理？

第十一章

财务报告

【学习目标】

本章重点介绍了会计核算的基本方法——编制财务会计报告。目的是使初学者了解财务会计报告的基本概念，掌握财务会计报告的基本编制方法，较为熟练地掌握资产负债表和利润表的基本编制方法。

第一节

财务报告概述

一、财务报告的定义与种类

（一）财务报告的定义

财务报告是指企业对外提供的反映企业某一特定日期财务状况和某一会计期间经营成果、现金流量等会计信息的文件。财务报告的主要作用是向财务报告使用者提供真实、公允的信息，用于落实和考核企业经营者经济责任的履行情况，并有助于包括所有者在内的财务报告使用者的经济决策。我国《企业财务报告条例》规定：“企业不得编制和对外提供虚假的或隐瞒重要事实的财务报告。企业负责人对本企业财务报告的真实性、完整性负责。”

（二）财务报告的种类

我国《企业财务报告条例》中规定：“企业的财务报告分为年度、半年度、季度和月度财务报告。”月度、季度财务报告是指月度和季度终了提供的财务报告；半年度财务报告是指在每个会计年度的前6个月结束后对外提供的财务报告；年度财务报告是指年度终了对外提供的财务报告。其中将半年度、季度和月度财务报告统称为中期财务报告。

通常情况下，企业年度财务报告的会计期间是指公历每年的1月1日至12月31日；半年度财务报告的会计期间是指公历每年的1月1日至6月30日，以及7月1日至12月31日；季度财务报告的会计期间是指公历每一季度；月度财务报告的会计期间则是指公历每月1日至最后1日。

二、财务报告的构成

《企业会计准则——基本准则》第四十四条规定：“企业的财务报告由会计报表、会计报表附注和其他应当在财务报告中披露的相关信息和资料。”企业对外提供的财务报告的内容、会计报表种类和格式、会计报表附注的主要内容等，由会计准则规定；企业内部管理需要的会计报表由企业自行规定。

（一）会计报表

根据《企业会计准则第30号——财务报表列报》的规定，企业对外提供的会计报表至少包括资产负债表、利润表、现金流量表和所有者权益（或股东权益）变动表。

（二）会计报表附注

会计报表附注是对在资产负债表、利润表、现金流量表和所有者权益变动表等报表中列示项目的文字描述或明细资料，以及对未能在这些报表中列示项目的说明等。

三、财务报告的基本要求

（一）财务报告的质量要求

企业应当按照《企业财务会计报告条例》的规定，编制和对外提供真实、完整的财务报告。财务报告的真实性，是指企业财务报告要真实地反映经济业务的实际发生情况，不能人为地扭曲，以使企业财务报告使用者通过企业财务报告了解有关单位实际的财务状况、经营成果和现金流量。财务报告的完整性，是指提供的企业财务报告要符合规定的格式和内容，不得漏报或者任意取舍，以使企业财务报告使用者全面地了解有关单位的整体情况。

（二）财务报告的时间要求

会计信息的价值在于帮助所有者或其他方面作出经济决策，因此，企业提供会计信息应当及时，不得提前或延后。

企业应当依照有关法律、行政法规规定的结账日进行结账。年度结账日为公历年度每年的12月31日；半年度、季度、月度结账日分别为公历年度每半年、每季、每月的最后一天。月度财务报告应当于月度终了6天内（节假日顺延，下同）对外提供；季度财务报告应当于季度终了15天内对外提供；半年度财务报告应当于年度中期结束60天内（相当于两个连续的月份）对外提供；年度财务报告应当于年度终了4个月内对外提供。

（三）财务报告的形式要求

企业对外提供的会计报表应当依次编定页数，加具封面，装订成册，加盖公章。封面上应当注明企业名称、企业统一代码、组织形式、地址、报表所属年度或者月份、报出日期，并由企业负责人和主管会计工作的负责人、会计机构负责人（会计主管人员）签名并盖章；设置总会计师的企业，还应当由总会计师签名并盖章。

（四）财务报告的编制要求

在编制财务报告过程中，应遵守下列要求：

（1）企业在编制年度财务报告前，应当全面清查资产、核实债务，包括结算款项、存货、投资、固定资产、在建工程等。在年度中，应根据具体情况，对各项财产物资和结算款项进行重点抽查、轮流清查或者定期清查。企业清查、核实后，应当将清查、核实的结果及其处理办法向企业董事会或相应机构报告，并根据国家统一规定进行相应会计处理。

企业在编制财务报告前，除应当全面清查资产、核实债务外，还要做好结账和对账工作，并检查会计核算中可能存在的各种需要调整的情况。

（2）企业在编制财务报告时，应当按照国家统一规定的会计报表格式和内容，根据登记完整、核对无误的会计账簿记录和其他有关资料编制会计报表，做到内容完整、数字真实、计算准确，不得漏报或者任意取舍。会计报表之间、会计报表各项目之间，有对应关系的数字应当相互一致；会计报表中本期与上期的有关数字应当相互衔接。会计报表附注和财务情况说明书应当对会计报表中需要说明的事项做出真实、完整、清楚的说明。

第二节

资产负债表

一、资产负债表的内容与格式

资产负债表是反映企业在某一特定日期财务状况的报表。主要提供有关企业财务状况方面的信息，属于静态报表。资产负债表可以反映企业在某一特定日期的资产总额及其结构，表明企业拥有或控制的资源及其分布情况；可以反映企业在某一特定日期的负债总额及其结构，表明企业未来需要用多少资产或劳务清偿债务以及清偿期长短；可以反映企业所有者在某一特定日期所拥有的权益，据以判断资本保值、增值情况以及对负债的保障程度。

资产负债表分为表首和正表两部分。表首概括地说明报表名称、编制单位、编制日期、报表编号、货币名称和计量单位等。正表列示用以说明企业财务状况的各个项目，有报告式和账户式两种格式。报告式资产负债表是上下结构，上半部列示资产，下半部列示负债和所有者权益。具体排列形式又有两种：一是按“资产 = 负债 + 所有者权益”的原理排列；二是按“资产 − 负债 = 所有者权益”的原理排列。账户式资产负债表是左右结构，左边列示资产，右边列示负债和所有者权益。在我国，资产负债表采用账户式，资产负债表左右双方平衡，即资产总和等于负债和所有者权益总和。

资产负债表中资产按照其流动性分类分项列示，包括流动资产和非流动资产；负债按照其流动性分类分项列示，包括流动负债和非流动负债等；所有者权益按照实收资本（股本）、资本公积、其他综合收益、盈余公积和未分配利润等项目分项列示。资产负债表的基本格式和内容见表 11－1。

表 11－1 资产负债表

会企 01 表

编制单位： 年 月 日 单位：元

资产	期末余额	年初余额	负债和所有者权益（或股东权益）	期末余额	年初余额
流动资产：			流动负债：		
货币资金			短期借款		
交易性金融资产			交易性金融负债		
应收票据			应付票据		
应收账款			应付账款		
预付账款			预收款项		
应收利息			应付职工薪酬		
应收股利			应交税费		
其他应收款			应付利息		
存货			应付股利		
一年内到期的非流动资产			其他应付款		
其他流动资产			一年内到期的非流动负债		
流动资产合计			其他流动负债		
非流动资产：			流动负债合计		
可供出售金融资产			非流动负债：		
持有至到期投资			长期借款		
长期应收款			应付债券		
长期股权投资			长期应付款		
投资性房地产			专项应付款		
固定资产			预计负债		
在建工程			递延所得税负债		
工程物资			其他非流动负债		
固定资产清理			非流动负债合计		

续表

资 产	期末余额	年初余额	负债和所有者权益（或股东权益）	期末余额	年初余额
无形资产			负债合计		
开发支出			所有者权益（或股东权益）:		
长期待摊费用			实收资本（或股本）		
递延所得税资产			资本公积		
其他非流动资产			其他综合收益		
非流动资产合计			盈余公积		
			未分配利润		
			所有者权益（或股东权益）合计		
资产总计			负债和所有者权益（或股东权益）总计		

二、资产负债表的编制方法

（一）资产负债表中的“年初数”和“期末数”

《企业财务报告条例》规定：“年度、半年度会计报表至少应当反映两个年度或者相关两个期间的比较数据。”因此，企业需要编制比较资产负债表，表内各项目需要分为“年初数”和“期末数”两栏分别填列。

表内“年初数”栏内各项目数字，应根据上年末资产负债表“期末数”栏内所列数字填列。若本年度资产负债表规定的各个项目的名称和内容同上年度不相一致，应对上年年末资产负债表各项目的名称和数字按照本年度的规定进行调整，按调整后的数字填入本表“年初数”栏内。

“期末数”是指某一会计期末的数字，即月末、季末、半年末或年末的数字。资产负债表各项目“期末数”栏内的数字，可通过以下几种方式取得：

1. 根据某个总账账户的期末余额直接填列

根据有关总账账户的期末余额直接填列的项目主要有“交易性金融资产”“固定资产清理”“递延所得税资产”“短期借款”“交易性金融负债”“应付票据”“应付利息”“应付股利”“应交税费”“应付职工薪酬”“其他应付款”“递延所得税负债”“实收资本（股本）”“资本公积”“盈余公积”等项目。一般情况下，资产类项目直接根据其总账账户的借方余额填列，负债和所有者权益类项目直接根据其总账账户的贷方余额填列。

需要注意的是，“固定资产清理”账户是根据其总账账户借方期末余额填列的，如为贷方余额，则以“-”号填列；某些负债项目，如“应交税费”“应付职工薪酬”等，是根据其总账账户的贷方期末余额填列的，但如果这些账户期末余额在借方，则以“-”号填列。

2. 根据若干个总账账户的期末余额分析计算填列

根据若干总账账户期末余额分析计算填列的项目主要有“货币资金”“存货”“未分配利润”等项目。其计算公式为：

(1) 货币资金 = 库存现金 + 银行存款 + 其他货币资金

(2) 存货 = 材料采购（在途物资）+原材料 + 生产成本 + 库存商品 + 周转材料 + 委托加工物资 + 材料成本差异（超支差异为正数，节约差异为负数）－商品进销差价（贷方余额）+发出商品－存货跌价准备（贷方余额）

“存货跌价准备”账户是存货资产的备抵账户，存货资产如发生减值，其减值金额在“存货跌价准备”账户中反映。

(3) 未分配利润 = 本年利润（贷方余额为正数）+利润分配（贷方余额为正数）

“未分配利润”项目平时应根据“本年利润”和“利润分配”账户的余额分析计算填列。这两个账户的贷方余额表示利润金额，用正数表示；借方余额表示亏损金额，用负数表示。年度终了，“本年利润”结转后余额为零，“未分配利润”项目可以只根据“利润分配”账户的期末余额填列。

[例 11－1] 资料如下：

表 11－2　　**某企业 2018 年 6 月 30 日结账后有关总账账户余额**　　单位：元

总账账户名称	借方余额	贷方余额	总账账户名称	借方余额	贷方余额
库存现金	3 500		生产成本	110 000	
银行存款	120 000		库存商品	130 000	
其他货币资金	200 000		本年利润		210 000
在途物资	20 000		利润分配	80 000	
原材料	120 000				

根据以上总账账户数据资料，有关资产负债表项目金额计算如下：

货币资金 = 3 500 + 120 000 + 200 000 = 323 500（元）

存货 = 20 000 + 120 000 + 110 000 + 130 000 = 380 000（元）

未分配利润 = 210 000 － 80 000 = 130 000（元）

3. 根据有关总账所属的明细分类账户的期末余额分析计算填列

根据有关总账所属明细账的期末余额分析计算填列的项目主要有“应收账款”“预收账款”“预付账款”“应付账款”等项目。其计算公式为：

(1)“应收账款”项目金额 = 应收账款账户所属明细账户借方余额之和 + 预收账款账户所属明细账户借方余额之和－坏账准备

(2)“预收账款”项目金额 = 预收账款账户所属明细账户贷方余额之和 + 应收账款账户所属明细账户贷方余额之和

(3)“预付账款”项目金额 = 预付账款账户所属明细账户借方余额之和 + 应付账款账户所属明细账户借方余额之和

(4)“应付账款”项目金额 = 应付账款账户所属明细账户贷方余额之和 + 预付账款账户所属明细账户贷方余额之和

［例 11－2］资料如下：

表 11－3　　某企业 2018 年 6 月 30 日结账后有关总账及其明细账户余额　　单位：元

总账账户	明细账户	借方余额	贷方余额	总账账户	明细账户	借方余额	贷方余额
应收账款	A 公司	80 000		应付账款	E 公司		40 000
	B 公司		70 000		F 公司	120 000	
预收账款	C 公司	60 000		预付账款	M 公司	60 000	
	D 公司		50 000		N 公司		90 000

根据以上明细账户数据资料，有关资产负债表项目金额计算如下：

“应收账款”项目金额＝80 000＋60 000＝140 000（元）

“预收账款”项目金额＝70 000＋50 000＝120 000（元）

“应付账款”项目金额＝40 000＋90 000＝130 000（元）

“预付账款”项目金额＝120 000＋60 000＝180 000（元）

4. 根据有关总账及其明细分类账户的期末余额分析计算填列

根据有关总账及其明细分类账户的期末余额分析计算填列的项目有“长期借款”“长期待摊费用”“长期借款”“应付债券”“长期应付款”等项目。这些长期项目随着时间的推移，如果即将于 1 年内到期时，应根据明细账的记录，将其金额从总账金额中减去，归入“一年内到期的非流动资产”或“一年内到期的非流动负债”项目。

5. 根据有关资产类账户与其备抵账户抵销后的净额填列

根据有关资产类账户与其备抵账户抵销后的净额填列的项目有“应收账款”“应收票据”“其他应收款”“存货”“持有至到期投资”“长期股权投资”“固定资产”“在建工程”“无形资产”等项目。有关总账账户与其备抵账户见表 11－4。

表 11－4　　总账账户及其备抵账户对应表

总账账户或报表项目	总账账户的备抵账户
应收票据	坏账准备
应收账款	
其他应收款	
存货	存货跌价准备
持有至到期投资	持有至到期投资减值准备
长期股权投资	长期股权投资减值准备
固定资产	累计折旧、固定资产减值准备
无形资产	累计摊销、无形资产减值准备

（二）资产负债表中各项目的填列方法

（1）“货币资金”项目，反映企业库存现金、银行存款、外埠存款、银行汇票存款、银行本票存款、信用证保证金存款等的合计数。本项目应根据“库存现金”“银行存款”和“其他货币资金”账户的期末余额合计填列。

（2）“交易性金融资产”项目，反映企业购入的各种能随时变现、并准备随时变现的股票、债券和基金投资。本项目应根据“交易性金融资产”账户的期末余额填列。

(3)“应收票据”项目，反映企业收到的未到期也未向银行贴现的应收票据，包括商业承兑汇票和银行承兑汇票。本项目应根据“应收票据”账户的期末余额填列。已向银行贴现和已背书转让的应收票据不包括在本项目内。

(4)“应收账款”项目，反映企业因销售商品、产品和提供劳务等而应向购买单位收取的各种款项，减去已计提的坏账准备后的净额。本项目应根据“应收账款”和“预收账款”账户所属各明细科目的期末借方余额合计，减去“坏账准备”账户中有关应收账款计提的坏账准备期末余额后的金额填列。

(5)“预付账款”项目，反映企业预付给供应单位的款项。本项目应根据“预付账款”和“应付账款”账户所属各明细账的期末借方余额合计填列。

(6)“应收利息”项目，反映企业因债权投资而应收取的利息。本项目应根据“应收利息”账户的期末余额填列。

(7)“应收股利”项目，反映企业因股权投资而应收取的现金股利，企业应收其他单位的利润，也包括在本项目内。本项目应根据“应收股利”账户的期末余额填列。

(8)“其他应收款”项目，反映企业对其他单位和个人的应收和暂付的款项，减去已计提的坏账准备后的净额。本项目应根据“其他应收款”账户的期末余额，减去“坏账准备”账户中有关其他应收款计提的坏账准备期末余额后的金额填列。

(9)“存货”项目，反映企业期末库存、在途和加工中的各项存货的价值，包括各种原材料、商品、在产品、半成品和周转物资等。本项目应根据“在途物资”(或“材料采购”)“原材料”“库存商品”“周转物资”“委托加工物资”“半成品”和“生产成本”等账户的期末余额合计，减去“存货跌价准备”账户期末余额后的金额填列。材料采用计划成本核算，以及库存商品采用售价金额核算的企业，还应按加或减“材料成本差异”和“商品进销差价”后的金额填列。

(10)“其他流动资产”项目，反映企业除以上流动资产项目外的其他流动资产，本项目应根据有关账户的期末余额填列。如其他流动资产价值较大的，应在会计报表附注中披露其内容和金额。

(11)“可供出售金融资产”项目，反映期末企业可供出售金融资产的公允价值，包括企业持有的划分为可供出售的股票投资、债券投资等金融资产。本项目按照总账中“可供出售金融资产”的账面余额填列。

(12)“持有至到期投资”项目，反映期末企业的持有至到期投资的摊余成本减去“持有到期投资减值准备”后的余额。

(13)“长期应收款”项目，反映期末企业尚未收回的各种长期应收款项的余额，包括融资租赁产生的应收款项、采用递延方式具有融资性质的销售商品和提供劳务等产生的款项等。

(14)“长期股权投资”项目，反映企业持有的采用成本法和权益法核算的长期股权投资的价值。本项目需要考虑“长期股权投资减值准备”的期末余额。

(15)“投资性房地产”项目，反映企业持有的投资性房地产的成本。企业采用公允价值计量模式计量的投资型房地产，反映投资性房地产的公允价值。在成本模式下，本项目要考虑“投资性房地产减值准备”的期末余额。

（16）“固定资产”项目，反映企业的各种固定资产净值。融资租入的固定资产，其原价及已提折旧也包括在内。融资租入固定资产原价应在会计报表附注中另行反映。本项目应根据“固定资产”余额减去“累计折旧”和“固定资产减值准备”的余额后的金额填列。

（17）“在建工程”项目，反映企业期末各项未完工程的实际支出，包括交付安装的设备价值、未完建筑安装工程已经耗用的材料、工资等支出、预付出包工程的价款、已经建筑安装完毕但尚未交付使用的工程等的可收回金额。本项目应根据“在建工程”期末余额，减去“在建工程减值准备”期末余额后的金额填列。

（18）“工程物资”项目，反映企业为在建工程准备的各种物资的成本，包括工程用材料、尚未安装的设备以及为生产准备的工器具等。

（19）“固定资产清理”项目，反映企业因出售、毁损、报废等原因转入清理但尚未清理完毕的固定资产的账面价值，以及固定资产清理过程中所发生的清理费用和变价收入等各项金额的差额。本项目应根据“固定资产清理”账户的期末借方余额填列；如“固定资产清理”账户期末为贷方余额，以“－”号填列。

（20）“无形资产”项目，反映企业各项无形资产的期末可收回金额。本项目应根据“无形资产”账户的期末余额，减去“无形资产减值准备”账户期末余额后的金额填列。

（21）“开发支出”项目，反映企业自行研究开发无形资产在期末尚未完成开发阶段的无形资产的价值。本项目应根据“研发支出”账户的期末余额填列。

（22）“长期待摊费用”项目，反映企业尚未摊销的摊销期限在 1 年以上（不含 1 年）的各种费用，如租入固定资产改良支出、摊销期限在 1 年以上（不含 1 年）的其他待摊费用。长期待摊费用中在 1 年内（含 1 年）摊销的部分，应在本表“预付账款”等项目填列。本项目应根据“长期待摊费用”账户的期末余额减去 1 年内（含 1 年）摊销的数额后的金额填列。

（23）“递延所得税资产”项目，反映企业确认的递延所得税资产的期末余额。

（24）“其他非流动资产”项目，反映企业除以上资产以外的其他长期资产。本项目应根据有关账户的期末余额填列。如其他长期资产价值较大的，应在会计报表附注中披露其内容和金额。

（25）“短期借款”项目，反映企业借入尚未归还的 1 年期以下（含 1 年）的借款。本项目应根据“短期借款”账户的期末余额填列。

（26）“交易性金融负债”项目，反映企业承担的交易性金融负债的公允价值。

（27）“应付票据”项目，反映企业为了抵付货款等而开出、承兑的尚未到期付款的应付票据，包括银行承兑汇票和商业承兑汇票。本项目应根据“应付票据”账户的期末余额填列。

（28）“应付账款”项目，反映企业购买原材料、商品和接受劳务供应等而应付给供应单位的款项。本项目应根据“应付账款”和“预付账款”账户所属各有关明细账的期末贷方余额合计填列。

（29）“预收账款”项目，反映企业预收购买单位的账款。本项目应根据“预收账款”和“应收账款”所属各有关明细科目的期末贷方余额合计填列。

（30）“应付职工薪酬”项目，反映企业应付未付的职工薪酬。应付职工薪酬包括应付职工的工资、奖金、津贴、补贴、职工福利费、医疗保险费、养老保险费和住房公积金等。本项目应根据“应付职工薪酬”账户期末贷方余额填列。如“应付职工薪酬”账户期末有借方余额，以“-”号填列。

（31）“应交税费”项目，反映企业期末未交、多交或未抵扣的各种税金和其他费用。本项目应根据“应交税费”账户的期末贷方余额填列；如“应交税费”账户期末为借方余额，以“-”号填列。

（32）“应付利息”项目，反映企业应付未付的利息，主要指企业按照合同约定应支付的利息，包括短期借款、到期还本分期付息的长期借款和应付债券等应支付的利息。本项目应根据“应付利息”账户的期末余额填列。

（33）“应付股利”项目，反映企业尚未支付的现金股利或利润。本项目应根据“应付股利”账户的期末余额填列。

（34）“其他应付款”项目，反映企业所有应付和暂收其他单位和个人的款项。本项目应根据“其他应付款”账户的期末余额填列。

（35）“一年内到期的非流动负债”项目，反映长期负债各项目中将于1年内（含1年）到期的长期负债的金额。

（36）“其他流动负债”项目，反映企业除以上流动负债以外的其他流动负债。本项目应根据有关账户的期末余额填列。如其他流动负债价值较大的，应在会计报表附注中披露其内容及金额。

（37）“长期借款”项目，反映企业借入尚未归还的1年期以上（不含1年）的借款本息。本项目应根据“长期借款”账户的期末余额填列，1年内到期的长期借款不在此列示。

（38）“应付债券”项目，反映企业发行的尚未偿还的各种长期债券的本息。本项目应根据“应付债券”账户的期末余额填列。1年内到期的应付债券本金及利息不在此列示。

（39）“长期应付款”项目，反映企业除长期借款和应付债券以外的应付未付的各种长期应付款项，包括应付融资租入固定资产的租赁费、以分期付款方式购入固定资产等发生的应付款项等。本项目根据“长期应付款”账户的期末余额填列。1年内到期的长期应付款不在此列示。

（40）“专项应付款”项目，反映企业尚未转销的政府作为企业所有者投入的具有专项或特定用途的款项。本项目应根据“专项应付款”账户的期末余额填列。

（41）“预计负债”项目，反映企业预计负债的期末余额。本项目应根据“预计负债”账户的期末余额填列。

（42）“递延所得税负债”项目，反映企业已确认的递延所得税负债。

（43）“其他非流动负债”项目，反映企业除以上长期负债项目以外的其他长期负债。本项目应根据有关账户的期末余额填列。如其他长期负债价值较大的，应在会计报表附注中披露其内容和金额。

（44）“实收资本（或股本）”项目，反映企业各投资者实际投入的资本（或股本）总额。本项目应根据“实收资本（或股本）”账户的期末余额填列。

（45）“资本公积”项目，反映企业资本公积的期末余额。本项目应根据“资本公积”账户的期末余额填列。

（46）“盈余公积”项目，反映企业盈余公积的期末余额。本项目应根据“盈余公积”账户的期末余额填列。

（47）“未分配利润”项目，反映企业尚未分配的利润。本项目应根据“本年利润”账户和“利润分配”账户的余额计算填列。未弥补的亏损，在本项目内以“-”号填列。

第三节 利润表

一、利润表的内容与格式

利润表是反映企业在一定会计期间经营成果的报表，属于动态报表。通过利润表可以反映企业一定会计期间的收入实现情况和费用耗费情况；可以反映企业一定会计期间生产经营活动的成果，据以判断资本保值、增值情况。

一般情况下，利润表主要反映以下几方面的内容：①构成营业利润的各项要素。以营业收入为起点，减去营业成本、税金及附加、销售费用、管理费用、财务费用和资产减值损失，再加上公允价值变动净收益和投资净收益求得营业利润。②构成利润总额的各项要素。在营业利润的基础上，加上营业外收入，减去营业外支出求得利润总额。③构成净利润的各项要素。在利润总额的基础上，减去所得税费用后求得净利润。

利润表包括表首和正表两部分。表首概括地说明报表名称、编制单位、编制日期、报表编号、货币名称和计量单位等；正表反映形成经营成果的各个项目及其计算过程。

利润表正表的格式一般有单步式和多步式两种。单步式利润表是将当期所有的收入[①]列在一起，将所有的费用列在一起，两者相减直接一步到位计算当期净损益。多步式利润表是将当期的收支项目按性质归类，按利润形成的主要环节列示一些中间性利润指标（如营业利润、利润总额、净利润），分步计算当期净损益。在我国，利润表一般采用多步式，具体格式和内容见表11-5。

表11-5 **利 润 表** 会企02表

编制单位： 年 单位：元

项 目	本期金额	上期金额
一、营业收入		
减：营业成本		
税金及附加		

① 单步式利润表中所指的“收入”是广义的收入，包括营业外收入。

续表

项　　目	本期金额	上期金额
销售费用		
管理费用		
财务费用		
资产减值损失		
加：公允价值变动收益（损失以“-”号填列）		
投资收益（损失以“-”号填列）		
其中：对联营企业和合营企业的投资收益		
二、营业利润（亏损以“-”号填列）		
加：营业外收入		
减：营业外支出		
其中：非流动资产处置损失		
三、利润总额（亏损总额以“-”号填列）		
减：所得税费用		
四、净利润（净亏损以“-”号填列）		
五、每股收益：		
（一）基本每股收益		
（二）稀释每股收益		

二、利润表的编制方法

（一）利润表中的“本期金额”与“上期金额”

《企业财务会计报告条例》规定：“年度、半年度会计报表至少应当反映两个年度或者相关两个期间的比较数据。”因此，企业需要提供比较利润表，利润表各项目需要分为“本期金额”和“上年金额”两栏分别填列。

利润表中的“本期金额”栏反映各项目的本期实际发生数。“上期金额”栏应根据上年该期利润表“本期金额”栏内所列数据填列。若上年该期利润表规定的各个项目名称和内容与本期不一致，应对上年该期利润表各项目的名称和数字按本期的规定进行调整，填入“上期金额”栏。

（二）利润表中各项目的填列方法

利润表中各项目的金额，一般根据有关账户的本期发生额来填列。“本月数”栏内各项数字，根据以下方法填列：

（1）“营业收入”项目，反映企业经营业务所取得的收入总额。本项目应根据“主营业务收入”账户和“其他业务收入”账户的发生额合计填列。

（2）“营业成本”项目，反映企业经营业务发生的实际成本。本项目应根据“主营业务成本”账户和“其他业务成本”账户的发生额合计填列。

（3）“税金及附加”项目，反映企业经营业务应负担的消费税、城市维护建设税、资源税、土地增值税、印花税、车船税、土地使用税、房产税和教育费附加等。本项目应根据“税金及附加”账户的发生额分析填列。

（4）“销售费用”项目，反映企业在销售商品和商品流通企业在购入商品等过程中发生的费用。本项目应根据“销售费用”账户的发生额分析填列。

（5）“管理费用”项目，反映企业发生的管理费用。本项目应根据“管理费用”账户的发生额分析填列。

（6）“财务费用”项目，反映企业发生的财务费用。本项目应根据“财务费用”账户的借方发生额分析填列；若为贷方发生额，以“-”号表示。

（7）“资产减值损失”项目，反映企业因资产减值而发生的损失。本项目应根据“资产减值损失”账户的发生额分析填列。

（8）“公允价值变动损益”项目，反映企业资产因公允价值变动而发生的净损益。本项目应根据“公允价值变动损益”账户的发生额分析填列；若为公允价值变动损失，以“-”号表示。

（9）“投资收益”项目，反映企业以各种方式对外投资所发生的净收益。本项目应根据“投资收益”账户的发生额分析填列；若为投资损失，以“-”号填列。

（10）“营业外收入”项目，反映企业发生的与其经营活动无直接关系的各项收入。本项目应根据“营业外收入”账户的发生额分析填列。

（11）“营业外支出”项目，反映企业发生的与其经营活动无直接关系的各项支出。本项目应根据“营业外支出”账户的发生额分析填列。

（12）“所得税费用”项目，反映企业按规定从本期损益中减去的所得税费用。本项目应根据“所得税费用”账户的发生额分析填列。

（13）“净利润”项目，反映企业实现的净利润。若为净亏损，以“-”号填列。

（14）“基本每股收益”和“稀释每股收益”项目，反映企业根据每股收益准则计算的两种每股收益指标的金额。

第四节

现金流量表

一、现金流量表的定义及内容

现金流量表是反映企业一定会计期间现金和现金等价物流入和流出情况的报表，属于动态报表。企业编制现金流量表的主要目的，是为会计报表使用者提供企业一定会计期间内现金和现金等价物流入和流出的信息，以便于会计报表使用者了解和评价企业获取现金和现金等价物的能力，并据以预测企业未来现金流量。因此，现金流量表在评价企业经营业绩、衡量企业财务资源和财务风险以及预测企业未来前景方面，有着十分重要的作用。现金流量表有助于评价企业支付能力、偿债能力和周转能力；有助于预测企业未来现金流量；有助于分析企业收益质量及影响现金净流量的因素。

在现金流量表中，企业应当按照经营活动、投资活动和筹资活动的现金流量分类分项列示。经营活动的现金流量应当按照其经营活动现金流入和流出的性质分项列示；投资活动的现金流量应当按照其投资活动现金流入和流出的性质分项列示；筹资活动的现金流量应当按照其筹资活动现金流入和流出的性质分项列示。

（一）经营活动产生的现金流量

经营活动是指企业投资活动和筹资活动以外的所有交易和事项。即除投资活动和筹资活动以外的所有交易和事项，都可归属于经营活动。对于工商企业而言，经营活动主要包括：销售商品、提供劳务、购买商品、接受劳务、支付税费等等。

通常情况下，经营活动产生的现金流入项目主要有销售商品、提供劳务收到的现金、收到的税费返还以及收到的其他与经营活动有关的现金。经营活动产生的现金流出项目主要有购买商品、接受劳务支付的现金、支付给职工以及为职工支付的现金、支付的各项税费以及支付的其他与经营活动有关的现金。

（二）投资活动产生的现金流量

投资活动是指企业长期资产的购建和不包括在现金等价物范围内的投资及其处置活动。

通常情况下，投资活动产生的现金流入项目主要有、收回投资所收到的现金、取得投资收益所收到的现金、处置固定资产、无形资产和其他长期资产所收回的现金净额以及收到的其他与投资活动有关的现金。投资活动产生的现金流出项目主要有购建固定资产、无形资产和其他长期资产所支付的现金、投资所支付的现金以及支付的其他与投资活动有关的现金。

（三）筹资活动产生的现金流量

筹资活动是指导致企业资本及债务规模和构成发生变化的活动。

通常情况下，筹资活动产生的现金流入项目主要有吸收投资所收到的现金、取得借款所收到的现金以及收到的其他与筹资活动有关的现金。筹资活动产生的现金流出项目主要有偿还债务所支付的现金、分配股利、利润或偿付利息所支付的现金以及支付的其他与筹资活动有关的现金。

需要注意的是，对于企业日常活动之外特殊的、不经常发生的特殊项目，如自然灾害损失、保险赔款、捐赠等，企业应当将其归并到相关类别中，单独反映。

二、现金流量表的编制基础

现金流量表以现金及现金等价物为编制基础，此处的现金包括库存现金、可以随时用于支付的存款等。现金及现金等价物具体包括以下内容：

（一）库存现金

库存现金是指企业持有的、可随时用于支付的现金限额。

（二）银行存款

银行存款是指企业存在金融机构、随时可以用于支付的存款，它与银行存款账户核算的银行存款基本一致，主要的区别是编制现金流量表所指的银行存款是可以随时用于支付的银行存款，如结算户存款、通知存款等。

（三）其他货币资金

其他货币资金是指企业存在金融机构有特定用途的资金，与其他货币资金账户核算的其他货币资金基本相同，主要包括外埠存款、银行汇票存款、银行本票存款、信用证保证金存款、在途货币资金等。

(四) 现金等价物

现金等价物是指企业持有的期限短、流动性强、易于转换为已知金额的现金且价值变动风险很小的投资。这一定义包含了判断一项投资是否属于现金等价物的4个条件：期限短；流动性强；易于转换为已知金额的现金和价值变动风险很小。其中“期限短、流动性强”强调变现能力；“易于转换为已知金额的现金、价值变动风险较小”则强调了支付能力的大小。

三、现金流量表的格式

现金流量表分为表首和正表两部分。

表首概括地说明报表名称、编制单位、编制日期、报表编号、货币名称、计量单位等。

正表反映现金流量表的各个项目内容。正表有5项：①经营活动产生的现金流量；②投资活动产生的现金流量；③筹资活动产生的现金流量；④汇率变动对现金的影响；⑤现金及现金等价物净增加额。其中，经营活动产生的现金流量按直接法编制。

现金流量表的基本格式见表11－6。

表11－6　　**现金流量表**

会企03表

编制单位：　　年　　单位：元

项　目	本期金额	上期金额
一、经营活动产生的现金流量：		
销售商品、提供劳务收到的现金		
收到的税费返还		
收到其他与经营活动有关的现金		
经营活动现金流入小计		
购买商品、接受劳务支付的现金		
支付给职工以及为职工支付的现金		
支付的各项税费		
支付其他与经营活动有关的现金		
经营活动现金流出小计		
经营活动产生的现金流量净额		
二、投资活动产生的现金流量：		
收回投资收到的现金		
取得投资收益收到的现金		
处置固定资产、无形资产和其他长期资产收回的现金净额		
处置子公司及其他营业单位收到的现金净额		
收到其他与投资活动有关的现金		

续表

项目	本期金额	上期金额
投资活动现金流入小计		
购建固定资产、无形资产和其他长期资产支付的现金		
投资支付的现金		
取得子公司及其他营业单位支付的现金净额		
支付其他与投资活动有关的现金		
投资活动现金流出小计		
投资活动产生的现金流量净额		
三、筹资活动产生的现金流量：		
吸收投资收到的现金		
取得借款收到的现金		
收到其他与筹资活动有关的现金		
筹资活动现金流入小计		
偿还债务支付的现金		
分配股利、利润或偿付利息支付的现金		
支付其他与筹资活动有关的现金		
筹资活动现金流出小计		
筹资活动产生的现金流量净额		
四、汇率变动对现金及现金等价物的影响		
五、现金及现金等价物净增加额		
加：期初现金及现金等价物余额		
六、期末现金及现金等价物余额		

第五节

所有者权益（或股东权益）变动表

一、所有者权益变动表的内容

所有者权益变动表是指反映构成所有者权益各组成部分当期增减变动情况的报表。所有者权益变动表应当全面反映一定时期所有者权益变动的情况，不仅包括所有者权益总量的增减变动，还包括所有者权益增减变动的重要结构性信息，特别是要反映直接计入所有者权益的利得和损失，让报表使用者准确理解所有者权益增减变动的根源。

在所有者权益变动表中，企业至少应当单独列示反映下列信息的项目：①净利润；②其他综合收益；③会计政策变更和差错更正的累积影响金额；④所有者投入资本和向所有者分配利润等；⑤提取的盈余公积；⑥实收资本或股本、资本公积、盈余公积、未分配利润的期初和期末余额及其调节情况。

二、所有者权益变动表的填列方法

（一）上年金额栏的填列方法

所有者权益变动表“上年金额”栏内各项数字，应根据上年度所有者权益变动表“本年金额”栏内所列数字填列。若上年度所有者权益变动表规定的各个项目的名称和内容同本年度不一致，应对上年度所有者权益变动表各项目的名称和数字按本年度的规定进行调整，填入所有者权益变动表“上年金额”栏内。

（二）本年金额栏的填列方法

所有者权益变动表“本年金额”栏内各项数字一般应根据“实收资本（或股本）”“资本公积”“盈余公积”“利润分配”“库存股”和“以前年度损益调整”科目的发生额分析填列。

三、所有者权益变动表的结构

为了清晰反映构成所有者权益各组成部分当期的增减变动情况，所有者权益变动表应当以矩阵的形式列示：一方面，列示导致所有者权益变动的交易或事项，从所有者权益变动的来源对一定时期内所有者权益变动情况进行全面反映；另一方面，按照所有者权益各组成部分（包括实收资本、资本公积、盈余公积、未分配利润和库存股）及其总额列示交易或事项对所有者权益的影响。此外，企业还需要提供比较所有者权益变动表，对所有者权益变动表的各项目分别在“本年金额”和“上年金额”两栏中填列。所有者权益变动表的具体格式见表 11－7。

表 11－7　　　　所有者权益变动表

会企 04 表

编制单位：　　　　　年度　　　　　单位：元

项目	本年金额						上年金额					
	实收资本（或股本）	资本公积	减：库存股	盈余公积	未分配利润	所有者权益合计	实收资本（或股本）	资本公积	减：库存股	盈余公积	未分配利润	所有者权益合计
一、上年年末余额												
加：会计政策变更												
前期差错更正												
二、本年年初余额												
三、本年增减变动金额（减少以“－”号填列）												
（一）净利润												

续表

项　目	本年金额						上年金额					
	实收资本（或股本）	资本公积	减：库存股	盈余公积	未分配利润	所有者权益合计	实收资本（或股本）	资本公积	减：库存股	盈余公积	未分配利润	所有者权益合计
（二）直接计入所有者权益的利得和损失												
1. 可供出售金融资产公允价值变动净额												
2. 权益法下被投资单位其他所有者权益变动的影响												
3. 与计入所有者权益项目相关的所得税影响												
4. 其他												
上述（一）和（二）小计												
（三）所有者投入和减少资本												
1. 所有者投入资本												
2. 股份支付计入所有者权益的金额												
3. 其他												
（四）利润分配												
1. 提取盈余公积												
2. 对所有者（或股东）的分配												
3. 其他												
（五）所有者权益内部结转												
1. 资本公积转增资本（或股本）												
2. 盈余公积转增资本（或股本）												
3. 盈余公积弥补亏损												
4. 其他												
四、本年年末余额												

第六节

会计报表附注

一、会计报表附注的意义

会计报表附注是对在资产负债表、利润表、所有者权益变动表和现金流量表等报表中列示项目的文字描述或明细资料，以及对未能在这些报表中列示项目的说明等。

会计报表附注应当披露财务报表的编制基础，相关信息应当与资产负债表、利润表、所有者权益变动表和现金流量表等报表中列示的项目相互参照。

二、会计报表附注的内容

按照《企业会计准则第30号——财务报表列报》的规定，会计报表附注一般应当按照下列顺序披露：①财务报表的编制基础；②遵循企业会计准则的声明；③重要会计政策的说明，包括财务报表项目的计量基础和会计政策的确定依据等；④重要会计估计的说明，包括下一会计期间内很可能导致资产、负债账面价值发生重大调整的会计估计的确定依据等；⑤会计政策和会计估计变更以及差错更正的说明；⑥对已在资产负债表、利润表、现金流量表和所有者权益变动表中列示的重要项目的进一步说明，包括终止经营税后利润的金额及其构成情况等；⑦或有和承诺事项、资产负债表日后非调整事项、关联方关系及其交易等需要说明的事项。

企业应当在附注中披露在资产负债表日后、财务报表批准报出日前提议或宣布发放的股利总额和每股股利金额（或向投资者分配的利润总额）。

若下列各项没有在与财务报表一起公布的其他信息中披露的，企业应当在附注中披露：①企业注册地、组织形式和总部地址；②企业的业务性质和主要经营活动；③母公司以及集团最终母公司的名称。

习题与案例

一、单项选择题

1. 依照我国会计准则的要求，资产负债表采用的格式为（　　）。

A. 单步报告式　　B. 多步报告式

C. 账户式　　D. 混合式

2. 依照我国会计准则的要求，利润表所采用的格式为（　　）。

A. 单步报告式　　B. 多步报告式

C. 账户式　　D. 混合式

3. 资产负债表是反映企业（　　）财务状况的会计报表。

A. 某一特定日期　　B. 一定时期内

C. 某一年份内　　D. 某一月份内

4. 在下列各个会计报表中，属于反映企业对外的静态报表的是（　　）。

A. 利润表　　B. 成本报表

C. 现金流量表　　D. 资产负债表

5. 所有者权益变动表是（　　）。

A. 利润表的附表　　B. 资产负债表的附表

C. 现金流量表的附表　　D. 会计报表的主表

6. 编制会计报表时，以“资产 = 负债 + 所有者权益”这一会计等式作为编制依据的会计报表是（　　）。

A. 利润表　　B. 所有者权益变动表

C. 资产负债表　　D. 现金流量表

7. 编制会计报表时，以“收入 - 费用 = 利润”这一会计等式作为编制依据的会计报表是（　　）。

A. 利润表　　B. 所有者权益变动表

C. 资产负债表　　D. 现金流量表

8. 某企业“应付账款”明细账期末余额情况如下：W 企业贷方余额为 200 000 元，Y 企业借方余额为 180 000 元，Z 企业贷方余额为 300 000 元。假如该企业“预付账款”明细账均为借方余额，则根据以上数据计算的反映在资产负债表上应付账款项目的数额为（　　）元。

A. 680 000　　B. 320 000

C. 500 000　　D. 80 000

9. 资产负债表中的“存货”项目，应根据（　　）。

A.“存货”账户的期末借方余额直接填列

B.“原材料”账户的期末借方余额直接填列

C.“原材料”“生产成本”和“库存商品”等账户的期末借方余额之和填列

D.“原材料”“在产品”和“库存商品”等账户的期末借方余额之和填列

二、多项选择题

1. 企业的下列报表中，属于对外的会计报表的有（　　　　）。

A. 资产负债表　　B. 利润表

C. 所有者权益变动表　　D. 制造成本表

E. 现金流量表

2. 在利润表中，应列入“税金及附加”项目中的税金有（　　　　）。

A. 增值税　　B. 消费税

C. 城市维护建设税　　D. 资源税

E. 教育费附加

3. 利润表提供的信息包括（　　　　）。

A. 实现的营业收入　　B. 发生的营业成本

C. 资产减值损失　　D. 利润或亏损总额
E. 企业的财务状况
4. 下列各项目中，属于资产负债表中的流动资产项目的有（　　）。
A. 货币资金　　B. 待摊费用
C. 应收账款　　D. 投资性房地产
E. 预收账款
5. 构成营业利润的要素主要包括（　　）。
A. 营业收入　　B. 营业成本
C. 税金及附加　　D. 销售费用
E. 管理费用
6. 现金及现金等价物主要包括的内容有（　　）。
A. 库存现金　　B. 银行存款
C. 其他货币资金　　D. 现金等价物
E. 外埠存款

三、业务计算题

1. 鑫欣公司 2018 年 12 月 31 日全部总账和有关明细账余额见下表：

鑫欣公司总账和有关明细账余额

2018 年 12 月 31 日

总账	明细账户	借方余额	贷方余额	总账	明细账户	借方余额	贷方余额
库存现金		6 000		短期借款			360 000
银行存款		90 000		应付账款			60 000
交易性金融资产		84 000			F 企业		42 000
应收账款		138 000			H 企业	30 000	
	A 企业	60 000			W 企业		48 000
	B 企业		12 000	预收账款			6 000
	C 企业	90 000			U 企业		24 000
预付账款		28 200			V 企业	18 000	
	D 企业	30 000		其他应付款			72 000
	E 企业		1 800	应付职工薪酬			208 200
其他应收款		60 000		应交税费			360 000
原材料		162 000		应付利润			120 000
生产成本		48 000		长期借款			384 000
库存商品		120 000		实收资本			1 680 000
长期股权投资		1 362 000		盈余公积			132 480
固定资产		2 400 000		利润分配	未分配利润		959 520
累计折旧			360 000				
无形资产		180 000					
长期待摊费用		24 000					

要求：根据相关资料编制填列该企业资产负债表。

2. 资料：大华企业（一般纳税人）2018 年 8 月发生下列经济业务：

（1）企业销售甲产品 1 000 件，每件售价 80 元，货款已通过银行收讫。

（2）企业同城销售给红星厂乙产品 900 件，每件售价 50 元，但货款尚未收到。

（3）结转已售甲、乙产品的生产成本。其中：甲产品生产成本 65 400 元；乙产品生产成本 36 000 元。

（4）以银行存款支付本月销售甲、乙两种产品的销售费用 1 520 元。

（5）根据规定计算应交纳城市维护建设税 8 750 元。

（6）王某外出归来报销因公务出差的差旅费 350 元（原已预支 400 元）。

（7）以现金 1 000 元支付厂部办公费。

（8）企业收到红星厂前欠货款 45 000 元，并存入银行。

（9）没收某单位逾期未退回的包装物押金 6 020 元。

（10）年初，用银行存款支付车间全年材料仓库的租赁费 2 400 元。

（11）根据上述有关经济业务，结转本期营业收入、营业外收入。

（12）根据上述有关经济业务结转本月营业成本，销售费用，相关税费、管理费用。

（13）根据本期实现的利润总额，按 25% 税率计算应交所得税。

要求：根据相关资料编制填列该企业 8 月份利润表。

四、案例

资料：审计人员在查阅上京企业的 2018 年 10 月份的会计报表时，发现“应收账款”总账与明细账金额之和不相等，对总账所记载的一些“应收账款”数额，明细账中并未作登记。审计人员根据账簿记录调阅有关记账凭证，发现三张记账凭证后未附有原始凭证。其中：

10 月 12 日 9#凭证编制的会计分录是：

借：应收账款　　585 000

　　贷：主营业务收入　　500 000

　　　　应交税费——应交增值税（销项税额）　　85 000

10 月 17 日 15#凭证编制的会计分录是：

借：应收账款　　117 000

　　贷：主营业务收入　　100 000

　　　　应交税费——应交增值税（销项税额）　　17 000

10 月 23 日 20#凭证编制的会计分录是：

借：应收账款　　92 000（红字）

　　贷：应交税金——应交增值税（销项税额）　　92 000（红字）

经审查，上京企业在上述 10 月份的三张会计凭证均为虚列，三笔业务中在“库存商品”明细账和“主营业务成本”明细账均未作登记，准备于下年年初作销货退回处理。

要求：（1）分析上京企业此举对企业报表的影响。

（2）上京企业的目的是什么？说出你认为的企业所为的几种可能性。

（3）上述问题在年终结账前发现，上京企业应如何调账？

第十二章

会计循环与会计核算组织程序

【学习目标】

本章主要介绍会计循环和会计核算组织程序。通过本章学习，使学生了解会计循环的过程，了解各种会计核算组织程序所运用的记账凭证的种类，重点掌握记账凭证核算组织程序和科目汇总表核算组织程序下的账务处理步骤。

第一节 会计循环

会计循环是指一个会计主体在一定的会计期间内，从经济业务发生取得或填制会计凭证起，到登记账簿，编制会计报表止的一系列处理程序。会计循环过程中的内容可概括为：①根据原始凭证填制记账凭证，按照复式记账法为经济业务编制会计分录；②根据编制的记账凭证登记有关账户，包括日记账、明细分类账和总分类账；③根据分类账户的记录，编制结账（调整）前试算表；④按照权责发生制的要求，编制调整分录并过账；⑤编制结账分录并登记入账，结清损益类账户和利润账户；⑥根据全部账户数据资料，编制结账后试算表；⑦根据账户的数据资料，编制会计报表。

以上 7 个环节全面的反映了一个会计主体在一定会计期间内的会计核算工作的全部内容，构成了一个完整的会计循环。其中前 3 个环节属于会计主体日常的会计核算工作内容；后 4 个环节属于会计主体在会计期末的会计核算工作内容。

会计循环的过程如图 12－1 所示。

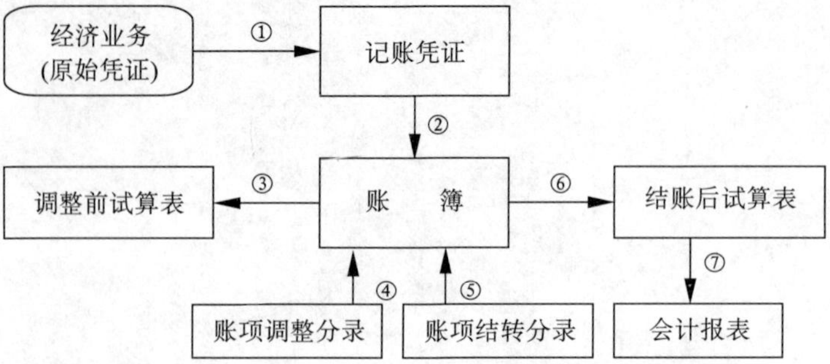

图 12－1 会计循环过程示意图

从会计循环的过程可以看出，任何会计主体要核算和监督所发生的经济业务，都必须要采用适合的会计核算方法。取得和填制会计凭证、登记会计账簿和编制会计报表，是会计主体在会计核算中常用的三种核算方法。在企业持续经营的过程中，会计循环通过填制各种记账凭证、登记各种账簿和编制各种会计报表，在每一个会计期间周而复始地进行着。

第二节 会计核算组织程序

一、会计核算组织程序概述

（一）会计核算组织程序的基本概念

会计核算组织程序也称账务处理程序或会计核算形式，它是指在会计循环中，会计主体采用的会计凭证、会计账簿、会计报表的种类和格式以及与记账程序相互结合的方式。其中记账程序是指企业在会计循环中，利用不同种类和格式的会计凭证、会计账簿和会计报表对发生的经济业务进行记录和反映的具体做法。

会计凭证、会计账簿和会计报表是会计用以记录和储存会计信息的重要载体。在实务中所使用的会计凭证（特别是其中的记账凭证）、会计账簿和会计报表种类繁多，格式也各不相同。会计主体应当根据选定的业务处理程序和方法，选择一定种类和格式的会计凭证（特别是其中的记账凭证）、会计账簿和会计报表。对其所发生的经济业务如何进行具体处理，特别是如何在有关的总分类账户中进行登记，有不同的做法。也就是说，即使是对于同样内容的经济业务进行账务处理，由于所采用的会计凭证、会计账簿和会计报表的种类与格式不同，会计主体采用不同记账程序使用截然不同的方法，形成各不相同的记账程序。

综合以上分析，会计核算组织程序就是指在会计循环中，会计主体所采用的会计凭证、会计账簿、会计报表的种类和格式与一定的记账程序有机结合的方法和步骤。对会计核算组织程序的基本含义，可结合图 12－2 加以理解。

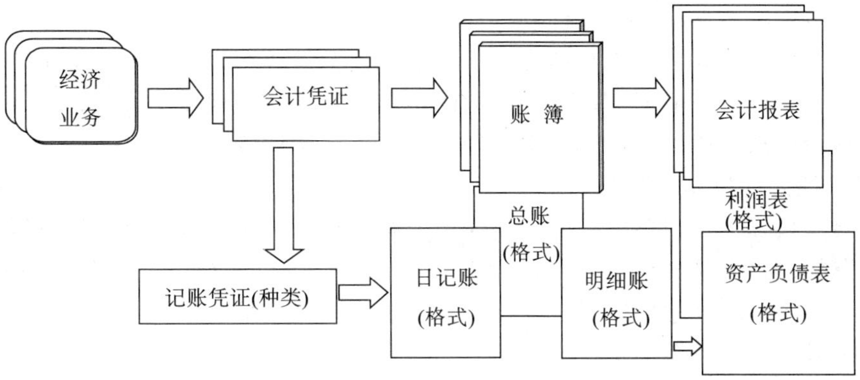

图 12－2　会计核算组织程序示意图

（二）会计核算组织程序的意义

会计核算组织程序是否科学合理，会对整个会计核算工作产生诸多方面的影响。确定科学合理的会计核算组织程序，对于能够保证准确、及时提供系统而完整的会计信息，具有十分重要的意义，是会计部门和会计人员的一项重要工作。

1. 有利于规范会计核算组织工作

会计核算工作是需要会计部门和会计人员之间的密切配合，有了科学合理的会计核算组织程序，会计机构和会计人员在进行会计核算的过程中就能做到有序可循，按照不同的责任分工，有条不紊地处理好各个环节上的会计核算工作内容。

2. 有利于保证会计核算工作质量

在进行会计核算过程中，保证会计核算工作质量是对会计工作的基本要求。建立起科学合理的会计核算组织程序，形成加工和整理会计信息的正常机制，是提高会计核算工作质量的重要保障。

3. 有利于提高会计核算工作效率

会计核算工作效率的高低，直接关系到提供会计信息上的及时性和相关性。按照既定的会计核算组织程序进行会计信息的处理，将会大大提高会计核算工作效率，保证会计信息整理、加工和对外报告的顺利进行。

4. 有利于降低会计核算工作成本

组织会计核算的过程也是对人力、物力和财力的消耗过程，因此，要求会计核算本身也要讲究经济效益，根据“效益 > 成本”原则设计会计核算组织程序。会计核算组织程序安排得科学合理，选用的会计凭证、会计账簿和会计报表种类适当，格式适用，数量适中，在一定程度上也能够降低会计核算工作的成本，节约会计核算方面的支出。

5. 有利于发挥会计核算工作的作用

会计核算工作的重要作用是对企业发生的交易和事项进行记录，并保证记录的正确性、完整性和合理性，这种作用是通过会计核算和监督职能的发挥而体现出来的。在建立规范会计核算组织程序的基础上，保证了会计核算工作质量，提高了会计核算工作效率，就能够在经营管理等方面更好的发挥会计核算工作的作用。

（三）设计会计核算组织程序的原则

1. 从会计主体的实际情况出发

应充分考虑本会计主体经济活动的性质、经济管理的特点、规模的大小、经济业务的繁简以及会计机构和会计人员的设置等因素，使会计核算组织程序与本单位会计核算工作的需要相适应。一般而言，在经济活动内容比较庞杂，规模比较大，经济业务繁多的企业，其会计核算组织程序相对也比较复杂，反之则比较简单。

2. 以保证会计核算质量为立足点

确定会计核算组织程序的目的是要保证能够准确、及时和完整的提供系统而完备的会计信息资料，以满足会计信息的使用者了解会计信息，并据以做出经济决策的需要。因而，会计核算组织程序应以保证会计信息质量为根本立足点。

3. 力求降低会计核算成本

在满足会计核算工作需要，保证会计核算工作质量，提高会计核算工作效率的前提下，力求简化会计核算手续，节省会计核算时间，降低会计核算成本。

4. 有利于建立会计工作岗位责任制

设计会计核算组织程序，要有利于会计部门和会计人员的分工与合作，有利于明确各会计人员工作岗位的职责。同时，又应有利于不同程序之间的相互牵制。

以上各项是建立会计核算组织程序的基本要求，但在实际工作中，由于各个会计主体的具体情况不同，会计核算的组织程序也不可能完全相同。常用的会计核算组织程序主要有以下几种：记账凭证核算组织程序、科目汇总表核算组织程序和汇总记账凭证核算组织程序等。

二、记账凭证核算组织程序

（一）记账凭证核算组织程序的含义

记账凭证核算组织程序是指根据经济业务发生以后所填制的各种记账凭证直接逐笔登记总分类账，并定期编制会计报表的一种账务处理程序。记账凭证核算组织程序是一种最基本的核算组织程序，其他核算组织程序都是在此基础上发展演变而成。

（二）记账凭证核算组织程序的特点

记账凭证核算组织程序的特点：直接根据各种记账凭证逐笔登记总分类账。

（三）记账凭证核算组织程序下账务处理的基本步骤

在记账凭证核算组织程序下，对经济业务进行账务处理程序大体要经过以下 6 个步骤：

（1）经济业务发生以后，根据有关的原始凭证或原始凭证汇总表填制各种专用记账凭证（收款凭证、付款凭证和转账凭证）；

（2）根据收款凭证和付款凭证逐笔登记库存现金日记账和银行存款日记账；

（3）根据记账凭证并参考原始凭证或原始凭证汇总表，逐笔登记各种明细分类账；

（4）根据各种记账凭证逐笔登记总分类账；

（5）月末，将日记账、明细分类账的余额与总分类账中相应账户的余额进行核对；

（6）月末，根据总分类账和明细分类账的资料编制会计报表。

记账凭证核算组织程序的账务处理基本步骤如图 12－3 所示。

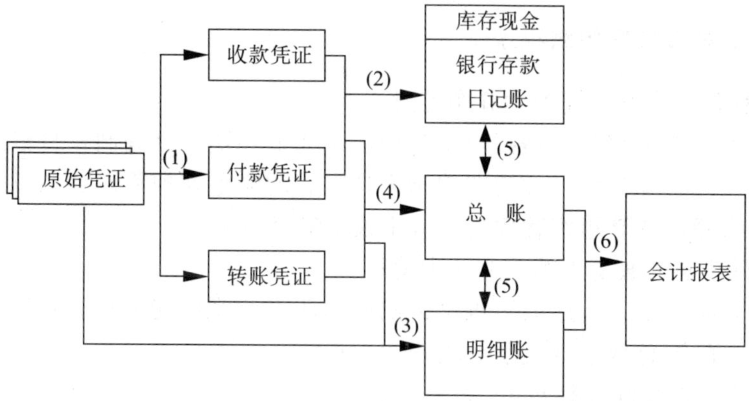

图 12－3 记账凭证核算组织程序账务处理步骤示意图

（四）记账凭证核算组织程序的优点、缺点及适用范围

1. 记账凭证核算组织程序的优点

（1）在记账凭证上能够清晰反映账户之间的对应关系。在记账凭证核算组织程序下，所采用的是专用记账凭证或通用记账凭证，当一笔简单的经济业务发生以后，利用一张记账凭证就可以编制出该笔经济业务的完整会计分录；在比较复杂的经济业务发生以后，也可以利用多张凭证为其编制简单分录，或编制涉及两个以上会计科目的复杂分录。因而，在每一张记账凭证上，账户之间的对应关系都能一目了然。

（2）在总分类账上能够比较详细地反映经济业务的发生情况。在记账凭证核算组织程序下，不仅对各种日记账和明细分类账采取逐笔登记的方法，对于总分类账的登记方法也是如此。因而，在总分类账上能够详细清晰地反映所发生的经济业务的情况。

（3）总分类账登记方法简单，易于掌握。如上所述，根据记账凭证直接逐笔登记总分类账，是记账凭证核算组织程序的特点，登记方法与明细账的登记要求是一样的，是一种最易于掌握的登记方法。

2. 记账凭证核算组织程序的缺点

（1）总分类账登记工作量过大。对发生的每一笔经济业务都要根据记账凭证逐笔在总分类账中进行登记，实际上与登记日记账和明细分类账的做法一样，是一种简单的重复登记，势必要增大登记总分类账的工作量，特别是在经济业务量比较多的情况下更是如此。

（2）账页耗用多，预留账页多少难以把握。由于总分类账对发生的所有经济业务要重复登记一遍，会造成一定的账页浪费。若是在一个账簿上设置多个账户，由于登记业务的多少很难预先确定，预留账页很难把握，预留过多会形成浪费，预留过少又会影响账户登记上的连续性。

3. 记账凭证核算组织程序的适用范围

记账凭证核算组织程序一般只适用于规模较小、经济业务量比较少、需要编制记账凭证不是很多的会计主体。若业务量过小，也可使用通用记账凭证，以避免凭证种类的多元化而造成的凭证方面的过多支出。

三、科目汇总表核算组织程序

（一）科目汇总表核算组织程序的定义

科目汇总表核算组织程序是指根据各种记账凭证定期汇总编制科目汇总表，然后根据科目汇总表登记总分类账，并定期编制会计报表的账务处理程序。科目汇总表核算组织程序是在记账凭证核算组织程序的基础上发展和演变而来。

（二）科目汇总表核算组织程序的特点

科目汇总表核算组织程序的特点是定期根据所有记账凭证汇总编制科目汇总表，根据科目汇总表上的汇总数字登记总分类账。

（三）科目汇总表的编制方法

1. 编制科目汇总表的基本方法

科目汇总表根据记账凭证汇总编制。基本的编制方法是：根据一定时期内的全部记账凭证，按照相同会计科目进行归类，定期（每 10 天或 15 天，或每月一次）分别汇总每一个账户的借、贷双方的发生额，并将其填列在科目汇总表的相应栏内，反映全部账户的借、贷方发生额。根据科目汇总表登记总分类账时，只需将该表中汇总的各科目的本期借、贷方发生额合计数，分次或月末一次记入相应总分类账的借方或贷方。

2. 科目汇总表的编制举例

[**例 12－1**] 某企业在 2018 年 9 月份发生如下经济业务，在记账凭证上编制的会计分录如图 12－4 所示。

现收1—借：库存现金　80
　　贷：其他应收款　80

现付2—借：管理费用　813
　　贷：库存现金　813

银付2—借：预付账款　6 000
　　贷：银行存款　6 000

银付4—借：在途物资　7 000
　　贷：银行存款　7 000

银付6—借：应收账款　2 400
　　贷：银行存款　2 400

转1—借：管理费用　1 420
　　贷：其他应收款　1 420

转3—借：原材料　83 200
　　贷：在途物资　83 200

转4—借：生产成本　3 000
　　贷：制造费用　3 000

现付1—借：应付职工薪酬　85 000
　　贷：库存现金　85 000

银付1—借：在途物资　73 000
　　应交税费　12 410
　　贷：银行存款　85 410

银付3—借：在建工程　120 000
　　贷：银行存款　120 000

银付5—借：库存现金　85 000
　　贷：银行存款　85 000

银付7—借：制造费用　3 000
　　管理费用　2 500
　　贷：银行存款　5 500

转2—借：在途物资　3 200
　　贷：应付账款　3 200

转5—借：生产成本　36 200
　　在建工程　10 000
　　贷：原材料　46 200

图 12－4　编制科目汇总表业务举例示

由于以上经济业务的记账凭证中涉及较多会计科目，在分别按借、贷方发生额进行汇总时，可预先编制科目汇总表工作底稿。科目汇总表工作底稿的格式以及本例的汇总情况见表12－1。

表12－1　　**科目汇总表工作底稿**

2018年9月

库存现金

现收1	80	现付1	85 000
银付5	85 000	现付2	813
合计	85 080	合计	85 813

在途物资

银付1	73 000	转3	83 200
银付4	7 000		
转2	3 200		
合计	83 200	合计	83 200

原　材　料

转3	83 200	转5	46 200
合计	83 200	合计	46 200

其他应收款

		现收1	80
		转1	1 420
合计	0	合计	1 500

管理费用

现付2	813		
银付7	2 500		
转1	1 420		
合计	4 733	合计	0

生产成本

转4	3 000		
转5	36 200		
合计	39 200	合计	0

应付账款

转2	3 200		
合计	3 200	合计	0

银行存款

		银付1	85 410
		银付2	6 000
		银付3	120 000
		银付4	7 000
		银付5	85 000
		银付6	2 400
		银付7	5 500
合计	0	合计	311 310

应收账款

银付6	2 400		
合计	2 400	合计	0

预付账款

银付2	6 000		
合计	6 000	合计	0

在建工程

银付3	120 000		
转5	10 000		
合计	130 000	合计	0

制造费用

银付7	3 000	转4	3 000
合计	3 000	合计	3 000

应交税费

银付1	12 410		
合计	12 410	合计	0

应付职工薪酬

现付1	85 000		
合计	85 000	合计	0

需要特别注意的是，科目汇总表工作底稿中采用的汇总形式，从表面上看酷似“T”形账户，但并不是“T”形账户。运用这种形式的目的是对各个会计科目的发生额（不包括余额）进行汇总，以便于编制科目汇总表。另外，科目汇总表可以每月编制一次，也可以根据会计核算的需要定期分次编制。本例中假定为月末一次编制。根据以上汇总表 12－1 的结果编制科目汇总表见表 12－2。

表 12－2 科目汇总表

2018 年 9 月

会计科目	本期发生额		总账页数
	借方	贷方	
库存现金	85 080	85 813	
银行存款	0	311 310	
在途物资	83 200	83 200	
原材料	83 200	46 200	
应收账款	2 400	0	
其他应收款	0	1 500	
预付账款	6 000	0	
在建工程	130 000	0	
管理费用	4 733	0	
生产成本	39 200	0	
制造费用	3 000	3 000	
应交税费	12 410	0	
应付账款	0	3 200	
应付职工薪酬	85 000	0	
合　计	534 223	534 223	

编制科目汇总表的作用是可以对总分类账进行汇总登记。可以大大简化登记总分类账的工作量，提高账簿登记的准确性。采用登记总账所依据科目汇总表凭证的编号，应以“科汇字第×号”字样按月连续编号。

（四）科目汇总表核算组织程序下账务处理的基本步骤

在科目汇总表核算组织程序下，对经济业务进行账务处理的程序大体有以下 7 个步骤：

（1）经济业务发生以后，根据有关的原始凭证或原始凭证汇总表填制各种专用记账凭证（收款凭证、付款凭证和转账凭证）；

（2）根据收款凭证和付款凭证逐笔登记库存现金日记账和银行存款日记账；

（3）根据记账凭证及所附的原始凭证或原始凭证汇总表，逐笔登记各种明细分类账；

（4）根据各种记账凭证汇总编制科目汇总表；

（5）根据科目汇总表汇总登记总分类账；

(6) 月末，将日记账、明细分类账的余额与总分类账中相应账户的余额进行核对；
(7) 月末，根据总分类账和明细账的记录编制会计报表。
汇总记账凭证核算组织程序的账务处理基本程序如图 12－5 所示。

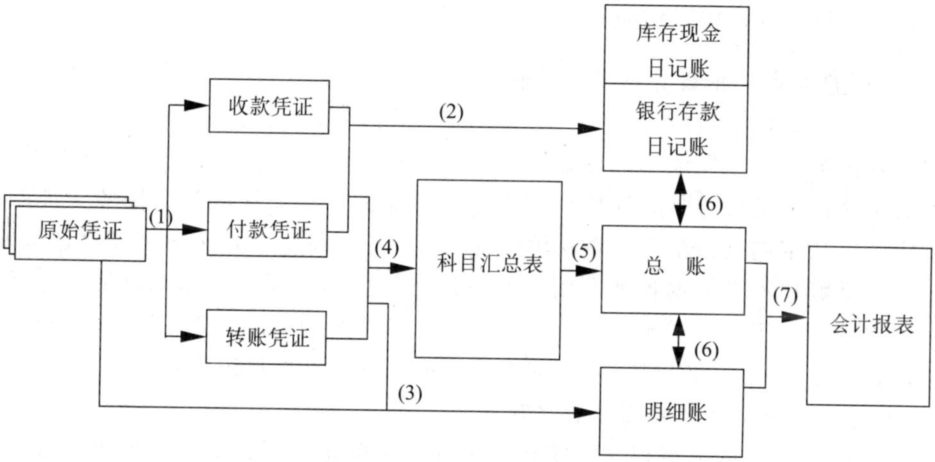

图 12－5　科目汇总表核算组织程序账务处理步骤示意图

(五) 科目汇总表核算组织程序的优点、缺点及适用范围

1. 科目汇总表核算组织程序的优点

(1) 可以利用该表的汇总结果进行账户发生额的试算平衡。科目汇总表的汇总结果体现了一定会计期间内所有账户的借方发生额和贷方发生额之间的相等关系，利用这种发生额的相等关系，可以进行全部账户记录的试算平衡。

(2) 在试算平衡的基础上记账能保证总分类账登记的正确性。在科目汇总表核算组织程序下，总分类账根据科目汇总表登记，由于在登记总分类账之前，能够通过科目汇总表的汇总结果检验所填制的记账凭证是否正确，相当于在记账前进行了一次试算平衡，对汇总过程中可能存在的错误也容易发现。在所有账户借、贷发生额相等的基础上再记账，能基本保证总分类账登记的正确性。

(3) 可以大大减轻登记总账的工作量。在科目汇总表核算组织程序下，可根据科目汇总表的有关账户的汇总发生额，在月中定期的或月末一次性的登记总分类账，大大减轻登记总分类账的工作量。

(4) 适用性较强。相比记账凭证核算组织程序和汇总记账凭证核算组织程序，科目汇总表核算组织程序优点明显，任何规模的会计主体都可以采用。

2. 科目汇总表核算组织程序的缺点

(1) 编制科目汇总表的工作量较大。在科目汇总表核算组织程序下，对发生的经济业务首先要填制各种专用记账凭证，然后定期对记账凭证进行汇总编制科目汇总表，增加了工作量。

(2) 科目汇总表不能够清晰反映账户之间的对应关系。科目汇总表按会计科目归类汇总其发生额，表中不能清楚反映各账户之间的对应关系，不能够清晰反映经济业务的来龙去脉。

3. 科目汇总表核算组织程序的适用范围

由于科目汇总表核算组织程序账务处理程序清楚，又能够对账户发生额进行试算平衡，减轻总分类账登记的工作量等优点，因此，不论规模大小的会计主体都可以采用。

四、汇总记账凭证核算组织程序

（一）汇总记账凭证核算组织程序的定义

汇总记账凭证核算组织程序是指根据各种专用记账凭证定期汇总编制汇总记账凭证，然后根据汇总记账凭证登记总分类账，并定期编制会计报表的一种账务处理程序。

汇总记账凭证是对日常会计核算过程中所填制的专用记账凭证，按照凭证的种类，采用一定的方法定期进行汇总而重新填制的一种记账凭证。采用汇总记账凭证核算组织程序，总分类账户不必根据各种专用记账凭证逐笔登记，而是根据汇总记账凭证登记，因此，可以减少登记总分类账户的工作量。由此可见，汇总记账凭证核算组织程序是在记账凭证核算组织程序的基础上发展演变而来的一种会计核算组织程序。

（二）汇总记账凭证核算组织程序的特点

汇总记账凭证核算组织程序的特点是定期将全部记账凭证分别编制汇总收款凭证、汇总付款凭证和汇总转账凭证，根据各种汇总记账凭证登记总分类账。

（三）汇总记账凭证的编制方法

汇总记账凭证是在填制的各种专用记账凭证基础上，按照一定的方法进行汇总编制而成。汇总记账凭证的种类不同，汇总编制方法也有所不同。

1. 汇总收款凭证的编制方法

（1）编制汇总收款凭证的基本方法。汇总收款凭证按日常核算工作中所填制的收款凭证上的借方科目（“库存现金”或“银行存款”）设置，按对应的贷方科目定期进行汇总，计算出每一个贷方科目发生额合计数，填入汇总收款凭证的相应栏次。

经过汇总得到的各贷方科目发生额的合计数，就是这些账户在一定会计期间发生额总和。可以根据各次的汇总数分次登记有关账户；也可以在月末时对各次汇总数字相加，求得该账户的全月发生额合计，一次性登记有关账户。对以上各账户的发生额合计数进行合计，也就是所汇总的主体科目“库存现金”或“银行存款”在该会计期间的借方发生额总额，可据其分次或月末一次登记“现金”账户或“银行存款”账户。

（2）汇总收款凭证的编制举例。

[例 12－2] 某企业 2018 年 11 月 1～10 日发生如下库存现金收款业务。其中收回其他应收款业务有 2 笔（见现收 1、现收 4）；实现其他业务收入业务有 3 笔（见现收 2、现收 3 和现收 6）；收回应收账款业务有 1 笔（见现收 5）。在收款凭证上编制的会计分录如图 12－6 所示。

在以上现金收款业务的记账凭证中，借方科目均为“库存现金”；贷方科目涉及“其他应收款”的有两份凭证，涉及“其他业务收入”的有 3 份凭证，涉及“应收账款”的有 1 份凭证。

按借方科目“库存现金”设置汇总收款凭证，按贷方科目“其他应收款”“其他业务收入”和“应收账款”进行汇总，可以计算出该企业 1～10 日对应于“库存现金”科目的其他会计科目的发生额为：

现收 1—借：库存现金　300 贷：其他应收款　300	现收 2—借：库存现金　4 000 贷：其他业务收入　4 000
现收 3—借：库存现金　600 贷：其他业务收入　600	现收 4—借：库存现金　60 贷：其他应收款　60
现收 5—借：库存现金　400 贷：应收账款　400	现收 6—借：库存现金　800 贷：其他业务收入　800

图 12－6　编制汇总收款凭证业务举例示意图

“其他应收款”科目发生额为：300＋60＝360（元）；

“其他业务收入”科目发生额为：4 000＋600＋800＝5 400（元）；

“应收账款”科目发生额为：400（元）。

根据 1～10 日汇总结果，填入该企业本月汇总收款凭证的相应栏次，如图 12－7 所示（11～20 日、21～30 日为另外两次汇总结果的假定数）。

按借方科目设置

汇总收款凭证

借方科目：库存现金

贷方科目	金额				总账页数	
	1~10日凭证 1号~6号	11~20日凭证 7号~10号	21~30日凭证 11号~15号	合　计	借方	贷方
其他应收款	360	640	400	1 400		
其他业务收入	5 400	1 250	500	7 150		
应收账款	400	600	800	1 800		
合　计	6 160	2 490	1 700	10 350		

按贷方科目汇总填列

月终合计，记入有关总分类账户贷方

记入“现金”总分类账户借方

图 12－7　汇总收款凭证编制方法示意图

为了便于编制汇总收款凭证，在日常编制收款凭证最好是一借一贷、一借多贷，不宜多借一贷或多借多贷。

2. 汇总付款凭证的编制方法

（1）编制汇总付款凭证的基本方法。汇总付款凭证按日常核算工作中所填制的付款凭证上的贷方科目（“库存现金”或“银行存款”等）设置汇总收款凭证，按相应的借方科目定期（如每 5 天或 10 天等）进行汇总计算出每一个借方科目发生额合计数，填入汇总付款凭证的相应栏次。

（2）汇总付款凭证的编制举例。

［例 12－3］ 某企业 2018 年 11 月 1～10 日发生如下银行存款付款业务。其中偿还应付账款业务有 2 笔（见银付 1、银付 5），交纳税费业务有 1 笔（见银付 2）；购置固定

资产业务有 2 笔（见银付 3、银付 6）；归还短期借款业务有 1 笔（见业务 4）。在付款凭证上编制的会计分录如图 12－8 所示（11～20 日、21～30 日为另外两次汇总结果的假定数）。

银付 1—借：应付账款　1 500
　　　　贷：银行存款　1 500

银付 2—借：应交税费　4 000
　　　　贷：银行存款　4 000

银付 3—借：固定资产　50 000
　　　　贷：银行存款　50 000

银付 4—借：短期借款　3 000
　　　　贷：银行存款　3 000

银付 5—借：应付账款　10 000
　　　　贷：银行存款　10 000

银付 6—借：固定资产　3 200
　　　　贷：银行存款　3 200

图 12－8　编制汇总付款凭证业务举例

在以上银行存款付款业务的记账凭证中，会计分录的贷方科目均为“银行存款”；涉及的借方科目“应交税费”科目的有 1 份凭证，“固定资产”科目的有 2 份凭证，“短期借款”科目的有 1 份凭证，“应付账款”科目的有 2 份凭证。

按贷方科目“银行存款”设置汇总付款凭证，按借方科目“应付账款”、“应交税费”“固定资产”和“短期借款”进行汇总，可以计算出该企业 1～10 日对应于“银行存款”科目的其他会计科目的发生额为：

“应付账款”科目发生额为：1 500＋10 000＝11 500（元）；

“应交税费”科目发生额为：4 000（元）；

“固定资产”科目发生额为：50 000＋3 200＝53 200（元）；

“短期借款”科目发生额为：3 000（元）。

根据 1～10 日汇总结果，填入该企业本月汇总付款凭证的相应栏次，如图 12－9 所示（11～20 日、21～30 日为另外两次汇总结果的假定数）。

按贷方科目设置

汇总付款凭证

贷方科目：银行存款

借方科目	金额				总账页数	
	1~10 日凭证 1号~6号	11~20 日凭证 7号~9号	21~30 日凭证 10号~14号	合 计	借方	贷方
应付账款	11 500	2 500	6 000	20 000		
应交税费	4 000			4 000		
固定资产	53 200			53 200		
短期借款	3 000			3 000		
合　计	71 700	2 500	6 000	80 200		

按借方科目汇总填列

月终合计，记入有关总分类账户的借方

记入“银行存款”总分类账户的贷方

图 12－9　汇总付款凭证编制方法示意图

为了便于编制汇总付款凭证，日常编制付款凭证最好是一借一贷、多借一贷，不宜一借多贷或多借多贷。这是由于汇总付款凭证是按贷方科目设置的，一借多贷或多借多贷的会计分录都会给编制汇总收款凭证带来一定的不便。

3. 汇总转账凭证的编制方法

（1）编制汇总转账凭证的基本方法。汇总转账凭证按日常核算工作中所填制的转账凭证的贷方科目（如原材料、固定资产等）设置汇总转账凭证，按它们相应的借方科目定期计算出每一个借方科目发生额合计数，填入汇总转账凭证的相应栏次。

（2）汇总转账凭证的编制举例。

［**例 12－4**］现以某企业 2018 年 11 月 1～10 日发生的发出材料的转账业务为例，说明汇总转账凭证的编制方法。假定该企业发出材料业务共 6 笔，其中用于生产产品业务有 2 笔（见转 1、转 4）；制造部门一般耗用业务有 2 笔（见转 2、转 6）；与产品的销售有关的耗用业务有 1 笔（见转 3）；企业管理部门耗用业务有 1 笔（见转 5）。在转账凭证上编制的会计分录如图 12－10 所示。

转 1—借：生产成本　2 500 　　　贷：原材料　　2 500	转 2—借：制造费用　1 000 　　　贷：原材料　　1 000
转 3—借：销售费用　200 　　　贷：原材料　　200	转 4—借：生产成本　3 000 　　　贷：原材料　　3 000
转 5—借：管理费用　400 　　　贷：原材料　　400	转 6—借：制造费用　200 　　　贷：原材料　　200

图 12－10　编制汇总转账凭证业务举例

在以上转账业务的记账凭证中，会计分录的贷方科目均为“原材料”；涉及的借方科目有“生产成本”科目的有 2 份凭证，“制造费用”科目的有 2 份凭证，“销售费用”科目的有 1 份凭证，涉及“管理费用”科目的有 1 份凭证。

按贷方科目“原材料”设置汇总转账凭证，按借方科目“生产成本”“制造费用”“销售费用”和“管理费用”进行汇总，可以计算出该企业 1～10 日对应于“原材料”科目的其他会计科目的发生额为：

“生产成本”科目发生额为：2 500＋3 000＝5 500（元）；

“制造费用”科目发生额为：1 000＋200＝1 200（元）；

“销售费用”科目发生额为：200（元）；

“管理费用”科目发生额为：400（元）。

根据 1～10 日汇总结果，填入该企业本月以“原材料”科目为汇总科目的汇总付款凭证的相应栏次，如图 12－11 所示（11～20 日、21～30 日为另外两次汇总结果的假定数）。

（3）编制汇总转账凭证的注意事项。为便于进行汇总转账凭证的编制，在日常编制转账凭证时，会计分录的形式最好是一借一贷、一贷多借，不宜一借多贷或多借多贷。

按贷方科目设置

汇总转账凭证

贷方科目：原材料

借方科目	金额				总账页数	
	1~10日凭证 1号~6号	11~20日凭证 7号~10号	21~30日凭证 11号~16号	合计	借方	贷方
生产成本	5 500	4 500	6 000	16 000		
制造费用	1 200			1 200		
销售费用	200			200		
管理费用	400			400		
合　计	7 300	4 500	6 000	17 800		

按借方科目汇总填列

月终合计，记入有关总分类账户的借方

记入“原材料”总分类账户的贷方

图 12－11　汇总转账凭证编制方法示意图

各种汇总记账凭证编制需要特别注意，虽然各种汇总记账凭证的编制方法不尽相同，但每一种汇总记账凭证都是依据同类专用记账凭证汇总编制而成。即专用记账凭证有收款凭证、付款凭证和转账凭证三种，经汇总以后形成的汇总记账凭证相应的也有汇总收款凭证、汇总付款凭证和汇总转账凭证三种。采用汇总记账凭证时，凭证的编号应在汇总记账凭证种类前加“汇”字。如“汇现收字第×号”“汇现付字第×号”“汇银收字第×号”“汇银付字第×号”和“汇转字第×号”等。

（四）汇总记账凭证核算组织程序下账务处理的基本步骤

在汇总记账凭证核算组织程序下，对经济业务进行账务处理的程序大体有以下 7 个步骤：

（1）经济业务发生以后，根据有关的原始凭证或原始凭证汇总表填制各种专用记账凭证（收款凭证、付款凭证和转账凭证）；

（2）根据收款凭证和付款凭证逐笔登记库存现金日记账和银行存款日记账；

（3）根据记账凭证并参考原始凭证或原始凭证汇总表，逐笔登记各种明细分类账；

（4）根据各种记账凭证分别编制汇总收款凭证、汇总付款凭证和汇总转账凭证；

（5）根据各种汇总记账凭证汇总登记总分类账；

（6）月末，将日记账、明细分类账的余额与总分类账中相应账户的余额进行核对；

（7）月末，根据总分类账和明细分类账的记录编制会计报表。

汇总记账凭证核算组织程序的账务处理基本程序如图 12－12 所示。

（五）汇总记账凭证核算组织程序的优点、缺点及适用范围

1. 汇总记账凭证核算组织程序的优点

（1）汇总记账凭证能够清晰反映账户之间的对应关系。在汇总记账凭证核算组织程序下，所采用的是专用记账凭证和汇总记账凭证。汇总记账凭证按会计科目对应关系进行分类汇总，能够清晰反映出有关会计账户之间的对应关系。

（2）可以大大减少登记总分类账的工作量。在汇总记账凭证核算组织程序下，可以根据汇总记账凭证上有关账户的汇总发生额，在月份当中定期或月末一次性登记总分类账，可以大大减轻登记总分类账的工作量。

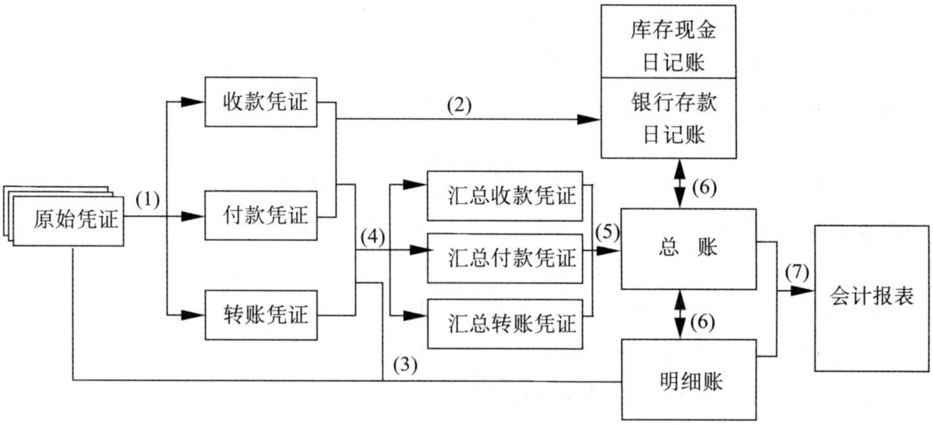

图 12－12　汇总记账凭证核算组织程序账务处理步骤示意图

2. 汇总记账凭证核算组织程序的缺点

（1）定期编制汇总记账凭证的工作量比较大。对发生的经济业务首先要填制专用记账凭证，还需定期分类地对专用记账凭证进行汇总，编制作为登记总分类账依据的汇总记账凭证，增加了工作量。

（2）对汇总过程中可能存在的错误难以发现。编制汇总记账凭证是一项比较复杂的工作，容易产生汇总错误。并且由于汇总记账凭证本身不能体现出有关数字之间的平衡关系，即使存在汇总错误也很难发现。

3. 汇总记账凭证核算组织程序的适用范围

由于汇总记账凭证核算组织程序能清晰反映账户之间的对应关系，并且能够减轻登记总分类账的工作量等优点，它一般只适用于规模较大、经济业务量比较多、专用记账凭证比较多的会计主体。

习题与案例

一、单项选择题

1. 记账凭证核算组织程序下登记总分类账的根据是（　　）。

A. 记账凭证　　B. 汇总记账凭证

C. 科目汇总表　　D. 原始凭证

2. 在下列核算组织程序中，被称为最基本的会计核算组织程序的是（　　）。

A. 记账凭证核算组织程序　　B. 汇总记账凭证核算组织程序

C. 科目汇总表核算组织程序　　D. 日记总账核算组织程序

3. 科目汇总表的基本的编制方法是（　　）。

A. 按照不同会计科目进行归类定期汇总

B. 按照相同会计科目进行归类定期汇总

C. 按照借方会计科目进行归类定期汇总

D. 按照贷方会计科目进行归类定期汇总

4. 汇总收款凭证是按（　　）。

A. 收款凭证上的借方科目设置的　　B. 收款凭证上的贷方科目设置的

C. 付款凭证上的借方科目设置的　　D. 付款凭证上的贷方科目设置的

5. 汇总付款凭证是按（　　）。

A. 收款凭证上的借方科目定期汇总　　B. 收款凭证上的贷方科目定期汇总

C. 付款凭证上的借方科目定期汇总　　D. 付款凭证上的贷方科目定期汇总

6. 汇总转账凭证是按（　　）。

A. 收款凭证上的贷方科目设置的　　B. 付款凭证上的贷方科目设置的

C. 转账凭证上的贷方科目设置的　　D. 转账凭证上的借方科目设置的

7. 汇总记账凭证核算组织程序的特点是（　　）。

A. 根据各种汇总记账凭证直接登记明细分类账

B. 根据各种汇总记账凭证直接登记总分类账

C. 根据各种汇总记账凭证直接登记日记账

D. 根据各种记账凭证上直接登记总分类账

二、多项选择题

1. 会计循环的主要环节有（　　）。

A. 设置账户　　B. 填制会计凭证

C. 成本计算　　D. 登记账簿

E. 编制会计报表

2. 在会计循环中，属于会计主体日常会计核算工作内容的有（　　）。

A. 根据原始凭证填制记账凭证　　B. 根据编制的会计分录登记分类账

C. 编制调整分录并予以过账　　D. 根据分类账记录编制结账前试算表

E. 编制结账分录并登记入账

3. 科目汇总表核算组织程序的优点有（　　）。

A. 可以进行账户发生额的试算平衡　　B. 可减轻登记总账的工作量

C. 能够保证总分类账登记的正确性　　D. 适用性比较强

E. 可清晰的反映账户之间的对应关系

4. 汇总记账凭证核算组织程序的缺点主要有（　　）。

A. 在汇总记账凭证上不能清晰地反映账户之间的对应关系

B. 需要填制大量的各种专用记账凭证

C. 不能够大大减少登记总分类账的工作量

D. 定期编制汇总记账凭证的工作量比较大

E. 对汇总过程中存在的错误难以及时发现

5. 为便于编制汇总收款凭证，日常编制收款凭证时，分录形式最好采用（　　）。

A. 一借一贷　　B. 一借多贷

C. 多借一贷　　D. 多借多贷

E. 多借两贷

6. 在以下各项中，所有核算组织程序在做法上的相同点有（　　）。

A. 根据各种记账凭证直接逐笔登记总分类账

B. 根据各种记账凭证直接逐笔登记库存现金日记账

C. 根据各种记账凭证直接逐笔登记各种明细分类账

D. 根据各种分类账簿的记录资料编制会计报表

E. 根据各种记账凭证直接逐笔登记银行存款日记账

三、案例分析题

资料：学过“会计核算组织程序”的内容以后，小董基本掌握了记账凭证核算组织程序、汇总记账凭证核算组织程序和科目汇总表核算组织程序的内容。但将几种会计核算组织程序进行对比后，小董觉得最容易操作的还是第一种程序。在这种程序下，是依据填制好的记账凭证直接登记有关账户。而在另外两种程序下，都需要先对填制好的记账凭证进行汇总，之后才能根据汇总的数字登记有关总账账户，而编制汇总记账凭证和科目汇总表又比较烦琐，处理起来会增加不少工作量。

于是，小董产生了这样的想法：第一种核算组织程序既简便又适用，若我毕业后从事会计工作的话，一定要选用这种会计核算组织程序。

要求：请你利用所学的会计知识分析：小董的想法有道理吗？你认为一家企业应当怎样选择恰当的会计核算组织程序？

第十三章

会计规范与会计工作组织

【学习目标】

了解会计规范的基本含义、会计规范体系的内容与特征，熟悉在实际工作中科学进行会计工作组织的方法，了解会计工作组织的基本内容，会计机构和会计人员的设置，会计职业道德和会计档案管理等基本内容。

第一节

会计规范

会计规范是一种标准，内容包括法规、准则等。会计是信息的生产者，信息是一种产品和资源，任何信息使用者都期望自己所得到的是对自己决策有用的信息，不论在何种经济条件下，会计主要是为信息使用者提供信息的，而提供会计信息就必须要规范信息提供者的行为。因此，会计规范的主要作用是实现会计信息生产的标准化。

一、会计规范体系的作用

会计规范的内容繁杂多样，将所有属于会计规范的内容综合在一起，构成一个会计规范体系。建立健全会计规范体系，是做好会计工作的前提条件，也是解决目前会计信息失真问题的措施之一，会计规范体系主要有以下几个方面的作用：

1. 会计规范体系是会计人员从事会计工作、提供会计信息的基本依据

会计规范体系既包括采用法律形式的具有强制性特征的会计规范，也包括采取自律

形式的具有自主性特征的会计规范。会计信息的生产不能是随意的和无规则的，否则，会计信息就毫无意义，甚至会起误导作用。因此，会计规范体系为设计合理有效的会计工作与行为模式、会计人员对外提供会计信息提供了依据。

2. 会计规范体系为评价会计行为确定了客观标准

会计规范体系是会计信息使用者评价会计工作和应用会计信息质量的基本依据。由于会计信息的生产与各相关方的经济利益密切相关，会计信息使用者必然关注会计工作的质量。对特定会计行为及其行为结果持肯定还是否定态度，都要求在全社会范围内有一个基本一致的标准，对会计工作的质量作出评价。

3. 会计规范体系是维护社会经济秩序的重要工作

统一的会计规范体系是市场经济运行规则的一个组成部分，它是社会各方从事与企业有关的经济活动和从事相应经济决策的重要基础，对于国家维护和保证财政利益、进行宏观经济调控、管理国有资产都具有十分重要的作用。

二、我国会计规范体系的内容

我国会计规范体系的构成如图 13－1 所示。

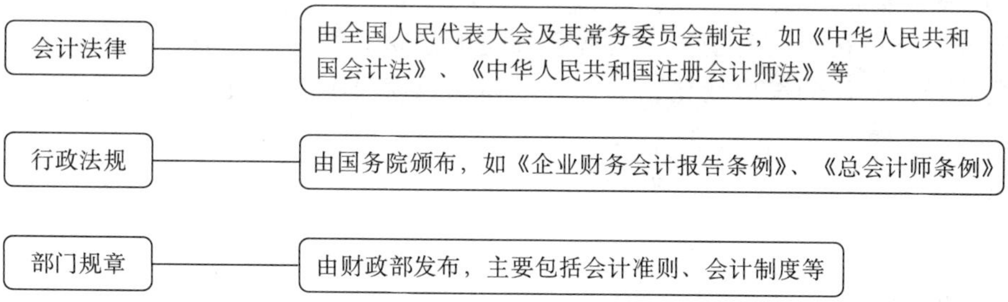

图 13－1　我国会计法规体系示意图

从图 13－1 来可知，按照规范的强制力排列，我国会计规范体系由三个层次构成。

1. 会计法律

法律由国家最高权力机关——全国人民代表大会及其常务委员会制定。我国的会计规范体系中，属于法律层次的规范主要指《中华人民共和国会计法》（以下简称《会计法》）、《中华人民共和国注册会计师法》（以下简称《注册会计师法》）。它是会计规范体系中权威性最高、最具法律效力的规范，是制定其他各层次会计规范的依据。

2. 行政法规

行政法规由国家最高行政机关——国务院制定。会计行政法规是根据会计法律制定的对会计法律的具体化或对某个方面的补充，一般称为条例。我国的会计规范体系中，属于会计行政法规的有《企业财务会计报告条例》、《总会计师条例》等。

3. 部门规章

部门规章由国家主管会计工作的行政部门——财政部以及其他部委制定。制定会计部门规章必须依据会计法律和会计行政法规的规定。

现行企业会计准则体系，基本确立了以基本准则为主导、具体准则和应用指南为具体规范的企业会计标准体系。

三、会计规范体系的特征

（一）权威性

会计规范作为评价会计行为合理、合法的有效标准，必然具有充分的影响力和权威性。权威性可以来自于会计规范的制定机关，如国家立法机关和行政机关；也可以来自社会的广泛支持。

（二）统一性

会计规范体系在一定范围内是统一的，适用对象并非针对具体和特定的某单位，而是广泛适用于全国范围内；并非针对某一具体和特定的业务，而是适用于任何会计行为。当然，会计规范的适用也有一定的范围限制，如地方性会计法规只能适用于本地区。

（三）科学性

会计是一门科学，会计规范体系需要科学合理。科学性是指会计规范体系能够体现会计工作的内在规律和内在要求。毋庸置疑，会计规律与会计所处的客观环境、条件要实现有机结合，充分体现高度科学性。

（四）相对稳定性

会计规范体系在一定时期、一定客观环境下是相对稳定的。但其并非一成不变，随着社会政治经济条件的发展变化，会计规范体系也需要不断演进。

第二节 会计工作组织

会计工作是指运用一系列会计专门方法，对会计事项进行处理的活动。各单位所发生的各项经济业务，都要通过会计反映和监督，会计工作与其他经营管理工作有着密切的联系。会计工作是一项政策性很强的工作，必须按照有关的财经政策、法规、制度的要求办理业务。会计工作是一项严密细致的工作，会计所产生的数据信息要经过一连串的记录、计算、分类、汇总和分析等处理程序。因此，要做好会计工作，就必须建立专门的会计机构，要有专职的办事人员，并按照规定的会计制度开展日常的会计工作。

一、组织会计工作应符合的要求

组织会计工作应符合的要求是指组织好会计工作、提高会计工作质量和效率应遵循的基本规律。它是组织好会计工作的基本保证，要保证科学、有效地组织会计工作，必须遵循以下要求：

（一）统一性要求

统一性要求是指组织会计工作必须按照会计法和企业会计准则以及其他相关会计法规制度对会计工作的统一要求，贯彻执行国家规定的法令制度，进行会计核算，实行会计监督，以便更好地发挥会计工作在维护社会主义市场经济秩序、加强经济管理和提高经济效益中应有的作用。

（二）适应性要求

适应性要求是指组织会计工作必须适应本单位经营管理的特点。各单位应在遵守国家法规和准则的前提下，根据自身管理特点及规模大小等，制定相应的具体办法，采用不同的账簿组织、记账方法和程序处理相应的经济业务，以适应企业自身发展的需要。

（三）效益性要求

效益性要求是指组织会计工作时，在保证会计工作质量的前提下，应讲究效益。会计工作十分繁杂，若组织不好会造成重复劳动，浪费人力和物力。因此对会计管理程序的规定，会计凭证、账簿、报表的设计，会计机构的设置以及会计人员的配备等，都应避免繁琐，力求精简，引入会计电算化，从工艺上改进会计操作技术，提高工作效率。

（四）内部控制及责任制要求

内部控制及责任制要求是指组织会计工作时，要遵循内部控制的原则，在保证贯彻整个单位责任制的同时，建立和完善会计工作自身的责任制，从现金出纳、财产物资进出以及各项费用的开支等内容形成彼此相互牵制机制，防止出现失误和舞弊行为。对会计工作进行合理分工，不同岗位的会计人员各司其职，使会计处理手续和会计工作程序达到规范化、条理化。

综上所述，组织会计工作，应在保证会计工作质量的前提下，尽量节约耗用在会计工作上的时间和费用。会计账、证、表的设计，各种核算程序的选择、有关措施的确定，会计机构的设置和会计人员的配备等，应做到成本与效益相结合，符合精简节约的原则，既要组织好会计工作，又要减少人、财、物的消耗。

二、会计工作组织形式

为了科学地组织会计工作，必须根据企业规模的大小、业务的繁简以及企业内部其他各组织机构的设置情况等，来确定企业会计工作组织形式。会计工作组织形式一般包括集中核算和非集中核算两种。

（一）集中核算

集中核算是指在厂部一级设置专业的会计机构，企业的主要会计核算工作都集中在单位的会计部门，单位内各部门一般不单独核算，只是对发生的经济业务进行原始记录，编制原始凭证并进行适当汇总，定期将原始凭证和汇总原始凭证送会计部门进行总分类核算和明细分类核算。采用集中核算形式，由于核算工作集中在会计部门进行，便于会计人员进行合理的分工，采用科学的凭证整理程序，在核算过程中运用现代化手段，可以简化和加速核算工作，提高核算效率，节约核算费用，并可根据会计部门的记录，随时了解企业内部各部门的生产经营活动情况。其最大缺点是各部门难以随时利用核算资料检查和控制本部门的工作。

（二）非集中核算

非集中核算又称分散核算，是指企业内部各部门核算本身发生的经济业务，包括凭证的整理、明细账的登记、成本的核算、有关会计报表特别是内部报表的编制和分析等工作，会计部门仅根据企业内部各部门报来的资料进行总分类核算、编报全厂综合性会计报表，并负责指导、检查和监督企业内部各部门的核算工作。采用非集中核算形式，企业内部各部门可以随时利用有关核算资料检查本部门工作，随时发现问题，解决问题。但该核算组织形式，不便于采用最合理的凭证整理办法，会计人员的合理分工会受到一定的限制，站在企业角度看，会计核算工作总量有所增加，人员编制加大，对应的核算费用也会增多。

对于一家企业而言，采用集中核算组织形式还是非集中核算组织形式并不是绝对的，可以单一地选用集中核算或非集中核算形式，也可以二者兼而有之，即对某些业务采用集中核算而对另外的业务采用非集中核算。但无论采取哪一种组织形式，企业采购材料物资、销售商品、结算债权债务、现金往来等对外业务都应由厂部会计部门办理。企业单位在确定应采用的会计工作组织形式时，既要考虑能正确、及时地反映企业单位的经济活动情况，又要注意简化核算手续，提高工作效率。

三、会计机构

会计机构是指各单位内部直接从事和组织领导会计工作的职能部门。

各会计机构的设置，必须符合社会经济对会计工作所提出的各项要求，并与国家的会计管理体制相适应。同时，根据设置的会计机构，制定出符合国家管理规定，适合本单位具体情况的内部会计管理制度，以最大限度地发挥会计机构以及每个会计人员在经济管理过程中应有的作用。

《中华人民共和国会计法》第七条规定："国务院财政部门主管全国的会计工作。县级以上地方各级人民政府的财政部门管理本行政区域内的会计工作。"为此，国家财政部设立会计司，主管全国的会计工作。其主要职责是在财政部领导下，拟定全国性的会计法令，研究、制定改进会计工作的措施和总体规划，颁布会计工作的各项规章制度，管理报批外国会计公司在我国设立常驻代表机构，会同有关部门制定并实施全国会计人员专业技术职称考评制度等。

地方财政部门、企业主管部门一般设会计处、科、股，主管本地区或本系统所属企业的会计工作。其主要职责是根据财政部的统一规定，制定适合本地区、本系统的会计规章制度；负责组织、领导和监督所属企业的会计工作；审核、分析、批复所属企业的财务会计报告，并编制本地区、本系统的汇总会计报表；了解和检查所属企业的会计工作情况；负责本地区、本系统会计人员的业务培训，以及会同有关部门评聘会计人员技术职称等。同时，基层企、事业单位的主管部门在会计业务上受同级财政部门的指导和监督。

由上可见，我国基层企、事业单位的会计工作，受财政部门和单位主管部门的双重领导。在每个基层单位内部，一般都需要设置从事会计工作的职能部门，以完成本单位的会计工作。《中华人民共和国会计法》第三十六条规定："各单位应当根据会计业务的需要，设置会计机构，或者在有关机构中配备会计人员并指定会计主管人员；不具备设置条件的，可以委托经批准设立从事会计代理记账业务的中介机构代理记账"。

四、会计人员

设置了会计机构，还必须配备相应的会计人员。会计人员通常是指在国家机关、社会团体、公司、企业、事业单位和其他组织中从事财务会计工作的人员，包括会计机构负责人（会计主管人员）以及具体从事会计工作的会计师、会计员和出纳员等。合理配备会计人员，提高会计人员的综合素质是每个单位做好会计工作的决定性因素，对会计核算管理系统的运行起着关键的作用。

（一）会计人员的任职资格

《中华人民共和国会计法》第三十八条规定："会计人员应当具备从事会计工作所需要的专业能力。担任单位会计机构负责人（会计主管人员）的，应当具备会计师以上专业技术职务资格或者从事会计工作3年以上经历。"

（二）会计人员的主要职责

1. 进行会计核算

会计人员应按照会计法律法规等的相关规定，切实做好记账、算账、报账工作。各单位必须根据实际发生的经济业务事项进行会计核算，认真填制和审核原始凭证，编制记账凭证，登记会计账簿，正确计算各项收入、支出、成本、费用、财务成果。按期结算、核对账目，进行财产清查，在保证账证相符、账账相符、账实相符的基础上，按照手续完备、数字真实、内容完整的要求编制和报出财务会计报告。

《中华人民共和国会计法》第十条规定"下列经济业务事项，应当办理会计手续，进行会计核算：（一）款项和有价证券的收付；（二）财物的收发、增减和使用；（三）债权债务的发生和结算；（四）资本、基金的增减；（五）收入、支出、费用、成本的计算；（六）财务成果的计算和处理；（七）需要办理会计手续、进行会计核算的其他事项。"

2. 实行会计监督

实行会计监督，即通过会计工作，对本单位的各项经济业务和会计手续的合法性、合理性进行监督。对不真实、不合法的原始凭证不予受理，对账簿记录与实物、款项不符的问题，应按有关规定进行处理或及时向本单位领导人报告；对违反国家统一的财政制度，财务规定的收支不予受理。此外，各单位必须依照法律和国家有关规定，接受财政、审计、税务机关的监督，如实提供会计凭证、会计账簿、会计报表和其他会计资料以及有关情况。

《中华人民共和国会计法》第二十七条规定："单位内部会计监督制度应当符合下列要求：（一）记账人员与经济业务事项和会计事项的审批人员、经办人员、财物保管人员的职责权限应当明确，并相互分离、相互制约；（二）重大对外投资、资产处置、资金调度和其他重要经济业务事项的决策和执行的相互监督、相互制约程序应当明确；（三）财产清查的范围、期限和组织程序应当明确；（四）对会计资料定期进行内部审计的办法和程序应当明确。"

3. 编制业务计划及财务预算，并考核、分析其执行情况

会计人员应根据会计资料并结合其他资料，按照国家各项政策和制度规定，认真编制并严格执行财务计划、预算，遵照经济核算原则定期检查和分析财务计划、预算的执行情况。遵守各项收支制度、费用开支范围和开支标准，合理使用资金，考核资金使用效果等。

4. 制定本单位办理会计事项的具体办法

会计主管人员应根据国家的有关会计法规、准则及其他相关规定结合本单位具体情况，制定本单位办理会计事项的具体办法，包括会计人员岗位责任制度、钱账分管制

度、内部稽核制度、财产清查制度、成本计算办法、会计政策的选择以及会计档案的保管制度等。

（三）会计人员的主要权限

为了保障会计人员更好地履行其职责，《中华人民共和国会计法》及其他相关法规在明确了会计人员职责的同时，也赋予了会计人员相应的权限，具体有以下三个方面的权限：

（1）会计人员有权要求本单位各有关部门及相关人员认真执行国家、上级主管部门等批准的计划和预算，严格遵守国家财经纪律、会计准则和相应会计制度。若发现有违反上述规定的，会计人员有权拒绝付款、拒绝报销或拒绝执行，对于属于会计人员职权范围内的违规行为，在自己的职权范围内予以纠正，超出其职权范围的应及时向有关部门及领导汇报，请求依法处理。

（2）会计人员有权履行其管理职能，也即有权参与本单位编制计划、制定定额、签订合同、参加有关的生产、经营管理会议和业务会议，并以会计人员特有的专业地位就有关事项提出自己的建议和意见。

（3）会计人员有权监督、检查本单位内部各部门的财务收支、资金使用和财产保管、收发、计量、检验等情况，各部门应该大力支持和协助会计人员工作。

会计人员正常工作过程中的权限受法律保护，《中华人民共和国会计法》第四十六条规定："单位负责人对依法履行职责、抵制违反本法规定行为的会计人员以降级、撤职、调离工作岗位、解聘或者开除等方式实行打击报复，构成犯罪的，依法追究刑事责任；尚不构成犯罪的，由其所在单位或者有关单位依法给予行政处分。对受打击报复的会计人员，应当恢复其名誉和原有职务、级别。"由此可见，任何干扰、阻碍会计人员依法行使其正当权利的行为，都会受到法律的追究甚至制裁。

（四）会计人员的任免

会计工作者既要为本单位经营管理服务，维护本单位的合法经济利益，又要执行国家的财政、财务制度和财经纪律，维护国家的整体利益，同各种本位主义行为、违法乱纪行为作斗争。针对会计的这一工作特点，国家对会计人员，特别是对会计机构负责人和会计主管人员的任免，在《会计法》和其他相关法规中作了若干特殊的规定，其主要内容包括：

（1）在我国，国有经济占主导地位，为了保证国有经济顺利、健康有序发展，在国有企、事业单位中任用会计人员应实行回避制度，《会计基础工作规范》规定："单位领导人的直系亲属不得在本单位担任会计机构负责人，同时，会计机构负责人的直系亲属也不得在本单位的会计机构中担任出纳工作。"

（2）企业单位的会计机构负责人、会计主管人员的任免，应当经过上级主管单位同意，不得任意调动或撤换。即：各单位应该按照干部管理权限任命会计机构负责人和会计主管人员，在任命这些人员时应先由本单位行政领导人提名报主管单位，上级主管单位的人事和会计部门对提名进行协商、考核，并经行政领导人同意后，即可通知上报单位按规定程序任免。

（3）会计人员在工作过程中忠于职守、坚持原则，若受到错误处理的，上级主管单位应当责成所在单位予以纠正。会计人员在工作过程中玩忽职守、丧失原则，不宜担任会计工作的，上级主管单位应责成所在单位予以撤换。对于认真执行《会计法》以及其他相关会计法规，忠于职守，做出显著成绩的会计人员，应给予精神或物质的奖励。

五、会计岗位责任制

会计岗位责任制是指在财务会计机构内部按照会计工作的内容和会计人员的配备情况，进行合理的分工，使每项会计工作都有专人负责，每位会计人员都能明确自己的职责的一种管理制度。《会计基础工作规范》规定："各单位应当建立会计人员岗位责任制度。主要内容包括：会计人员的岗位设置；各会计工作岗位的职责和标准；各会计工作岗位的人员和具体分工；会计工作岗位轮换办法；对各会计工作岗位的考核办法。"不同的企业单位，可以根据自身管理的需要，业务的内容以及会计人员配备情况，确定各自的岗位分布。《会计基础工作规范》还规定："会计工作岗位可以分为：会计机构负责人，出纳，财产物资核算，工资核算，成本费用核算，财务成果核算，资金核算，往来核算，总账报表，稽核，档案管理等。"

（一）会计机构负责人工作岗位

负责组织领导本单位的财务会计工作，完成各项工作任务，对本单位的财务会计工作负全面责任；组织学习和贯彻党的经济工作的方针、政策、法令和制度，并根据本单位的具体情况，制定本单位的各项财务会计制度、办法，组织实施；组织编制本单位的财务成本计划、单位预算，并检查其执行情况；组织编制财务会计报表和有关报告：负责财会人员的政治思想工作；组织财会人员学习政治理论和业务知识；负责对财会人员的工作考核等。

（二）出纳工作岗位

出纳工作岗位的具体职责是负责办理现金收付和银行结算业务；登记库存现金、银行存款日记账；保管库存现金和各种有价证券；保管有关印章、空白收据和空白支票。

（三）财产物资核算工作岗位

根据有关会计法规要求，会同有关部门制定本企业材料物资核算与管理办法；负责审查材料物供应计划和供货合同，并监督其执行情况。会同有关部门制订和落实储备资金定额，办理材料物资的请款和报销业务，计算确定材料物资采购成本。严格审查核对材料物资入库、出库凭证，进行材料物资明细核算，参与库存材料、物资的清查盘点工作。负责审核、办理有关固定资产的购建、调拨、内部转移、盘盈、盘亏、报废等会计手续，配合固定资产的管理部门和使用部门建立固定资产管理制度。进行固定资产的明细核算，参与固定资产清查，按规定正确计算提取固定资产折旧，以真实地体现固定资产价值。制定固定资产重置、修理计划，指导和监督有关部门管好用好固定资产。

（四）工资核算工作岗位

负责计算职工的各种工资、奖金、津贴、补贴等，办理职工薪酬结算，并进行有关的明细核算，分析职工薪酬计划的执行情况，控制职工薪酬总额支出，参与制定职工薪酬总额计划。在由各车间、部门分散计算和发放职工薪酬的组织方式下，还应协助企业劳动工资部门负责指导和监督各车间、部门的职工薪酬计算和发放工作。

（五）成本费用核算工作岗位

负责编制成本、费用计划，并将其指标分解落实到有关责任单位和个人。会同有关部门拟定成本费用管理与核算办法，建立、健全各项原始记录和定额资料，遵守国家的成本开支范围和开支标准，正确归集和分配费用，计算产品成本，登记费用成本明细账，并编制有关会计报表，分析成本计划的执行情况。

（六）财务成果核算工作岗位

负责编制收入、利润计划并组织实施。随时掌握销售状况，预测销售前景，及时督促销售部门完成销售计划，组织好销售货款的回收工作，正确计算并及时解缴有关税费和利润。负责收入和利润的明细核算，编制有关收入、利润方面的会计报表，并对其进行分析和利用。

（七）资金工作岗位

负责资金的筹集、使用和调度。资金岗位的人员应随时了解、掌握资金市场的动态，为企业筹集生产经营所需资金并满足需要，同时应合理安排调度使用资金，本着节约的原则，运用好资金，以尽可能低的资金耗费取得尽可能好的效果。

（八）往来结算工作岗位

负责办理其他应收、应付款项的往来结算业务，对于各种应收、应付、暂收、暂付等往来款项，要随时清理结算，应收的抓紧催收，应付的及时偿付，暂收暂付款项要督促清算；负责备用金的管理和核算，负责其他应收款（含“备用金”）和其他应付款的明细核算；管理其他应收应付款项的凭证、账册和资料等。

（九）总账报表工作岗位

负责总账的登记与核对，并与有关日记账和明细账相核对，依据账簿记录编制有关会计报表和报表附注等相关内容，负责财务状况和经营成果的综合分析，收集、整理各方面经济信息以便进行财务预测，制定或参与制定财务计划，参与企业的生产经营决策等。

（十）档案管理工作岗位

负责制定会计档案的立卷、归档、保管、查阅和销毁等管理制度，保证会计档案的妥善保管、有序存放、方便查阅，严防毁损、散失和泄密。

（十一）稽核工作岗位

负责确立稽核工作的组织形式和具体分工，明确稽核工作的职责、权限，审核会计凭证和复核会计账簿、报表。

上述会计工作岗位的设置并非是固定模式，企业单位可以根据自身的需要合并或重新分设。总而言之，会计工作岗位的设置应尽力做到各项会计工作有岗有责，各司其职。必要时可以将各岗位人员进行适当地轮换，以便于提高会计人员的综合能力，也有利于各岗位之间的相互协调与配合。开展会计电算化和管理会计的单位，可以根据需要设置相应的工作岗位，也可以与其他工作岗位相结合。

第三节

会计职业道德

会计行业作为市场经济活动的一个重要领域，主要为社会提供会计信息或鉴证服务，其服务质量的好坏直接影响经营者、投资人和社会公众的利益，进而影响整个社会的经济秩序。会计工作者在提供信息或鉴证服务的过程中，除了必须将本职工作置于法律、法规的约束和规范之下外，还必须具备与其职能相适应的职业道德水准。市场经济越发展，对会计工作的职业道德水准要求越高。正确认识和分析我国会计职业道德现状，建立健全会计职业道德规范体系，广泛开展会计职业道德宣传教育，全面提高会计职业素养和执业质量，是新时代以德治国、建立和谐社会和会计工作发展的需要。

一、会计职业道德的含义

道德是一定社会调节人际关系的行为规范的总和。职业道德是指人们在职业生活中应遵循的基本道德，即一般社会道德在职业生活中的具体体现，是职业品德、职业纪律、专业胜任能力以及职业责任等的总称，属于自律范畴，它通过公约、守则等对职业生活中的某些方面加以规范。职业道德既是本行业人员在职业活动中的行为规范，又是行业对社会所负的道德责任和义务。

社会的经济发展水平，决定着人们的行为方式、生产方式和消费方式，也影响着人们的职业道德观念。社会生产力的不断发展，丰富了会计职业活动的内容，使会计职业关系日趋复杂，人们对会计职业行为的要求也不断更新，从而推动着会计职业道德的不断发展和完善。国外一些经济发达国家和国际组织先后对会计职业道德提出了明确要求，如 1980 年 7 月，国际会计师联合会职业道德委员会拟订并经国际会计师联合会理事会批准，公布了《国际会计职业道德准则》，规定了正直、客观、独立、保密、技术标准、业务能力、道德自律等 7 个方面的职业道德内容。会计职业道德规范来源不同，其约束机制也必然有所差别。职业主义特色较浓的国家，职业道德准则的制订和颁布机构就是会计职业团体，其制约能力很大程度上也来源于职业团体，属于行业自律性。这样的制约机制在问题的处理过程中灵活、独立性强，很少受其他组织的影响，便于适应不同情况的发生。但是，在约束力、惩治力方面略显不足。法律控制特色较浓的国家，职业道德起源于法律规定，其制约力也会在很大程度上依靠法律，属于政府管理型。这样的制约机构惩罚力度大，约束力比较强，只是不利于职业团体发挥其职能和作用。我国的《会计法》、《会计基础工作规范》、中国注册会计师协会颁布的《中国注册会计师职业道德基本准则》、《中国注册会计师职业道德规范指导意见》等都对会计职业道德提出了若干明确要求。

会计职业作为社会经济活动中的一种特殊职业，其职业道德与其他职业道德相比具有自身的特征：一是具有一定的强制性。若为了强化会计职业道德的调整职能，我国会计职业道德中的许多内容都直接纳入了会计法律制度之中；二是较多关注公众利益。会计职业的社会公众利益性，要求会计人员客观公正，在会计职业活动中，发生道德冲突时要坚持准则，把社会公众利益放在第一位。

二、会计职业道德的基本内容

会计职业道德规范是指一定的社会经济条件下，对会计职业行为及职业活动的系统要求或明文规定，它是社会道德体系的一个重要组成部分，是职业道德在会计职业行为和会计职业活动中的具体体现。尽管不同的国家因经济发展程度不同，社会制度和经济体制各异，其会计职业道德有一定的差异，但也有许多共同点，只是实施和管理方式不同而已。根据我国会计工作和会计人员的实际情况，结合国际上对会计职业道德的一般要求，我国会计人员职业道德的内容可以概括为：爱岗敬业、诚实守信、廉洁自律、客观公正、坚持准则、提高技能、参与管理和强化服务。

（一）爱岗敬业

爱岗敬业包含“爱岗”和“敬业”两方面的要求。爱岗就是热爱自己的工作岗位，热爱本职工作。爱岗是对人们工作态度的一种普遍要求。敬业要求从事会计职业的人员充分认识到会计工作在国民经济中的地位和作用，以从事会计工作为荣，敬重会计工作，具有献身于会计工作的决心。

爱岗敬业是会计人员干好本职工作的基础和条件，是其应具备的基本道德素质。爱岗敬业需要有具体的行动来体现，即要有安心会计工作、献身会计事业的工作热情，严肃认真的工作态度、勤学苦练的钻研精神、忠于职守的工作作风。爱岗敬业要求会计人员热爱会计工作，安心本职岗位，忠于职守，尽心尽力，尽职尽责。

（二）诚实守信

诚实守信就是忠诚老实，信守诺言，是为人处事的一种美德。所谓诚实，就是忠诚老实，不讲假话。所谓守信，就是信守诺言，说话算数，讲信誉，重信用，履行自己应承担的义务。诚实和守信两者意思是相通的，是互相联系在一起的。诚实是守信的基础，守信是诚实的具体表现，不诚实很难做到守信，不守信也很难说是真正的诚实。诚实侧重于对客观事实的反映是真实的，对自己内心的思想、情感的表达是真实的。守信侧重于对自己应承担，履行的责任和义务的忠实，毫无保留地实现自己的诺言。

市场经济越发达，道德信誉就越重要。市场经济是“信用经济”“契约经济”，应特别注重“诚实守信”。可以说，信用是维护市场经济步入良性发展轨道的前提和基础，是市场经济社会赖以生存的基石。

诚实守信可以概括为以下几个方面的基本要求。首先是做老实人，说老实话，办老实事，不弄虚作假。做老实人，要求会计人员言行一致，表里如一，光明正大。说老实话，要求会计人员说话诚实，如实反映和披露单位经济业务事项。办老实事，要求会计人员工作踏踏实实，不弄虚作假，不欺上瞒下。其次是执业谨慎，信誉至上。要求注册会计师在执业中始终保持应有的谨慎态度，维护职业信誉及客户和社会公众的合法权益。再次是保密守信，不为利益所诱惑。在市场经济中，秘密可以带来经济利益，而会计人员因职业特点经常接触到单位和客户的一些秘密，因此，会计人员依法保守单位秘密也是诚实守信的具体体现。

（三）廉洁自律

廉洁自律是中华民族的一种传统美德，也是会计职业道德规范的重要内容之一。在会计职业中，廉洁要求会计从业人员公私分明、不贪不占、遵纪守法，经得起金钱、权利和美色等的考验，不贪污挪用、不监守自盗。保持廉洁主要靠会计人员的觉悟、良知和道德水准，而不是受制于外在的力量；所谓自律是指会计人员按照一定的具体标准作为具体行为或言行的参照物，进行自我约束、自我控制，使具体的行为或言论趋向完美的过程。自律包括两层含义，一是会计行业自律，是会计职业组织对整个会计职业的会计行为进行自我约束、自我控制的过程；二是会计从业人员的自我约束，会计从业人员的自我约束是靠其科学的价值观和正确的人生观来实现的，每个会计从业人员的自律性强，则整个会计行业的自律性也强。

廉洁自律的基本要求可以概述以下三点：第一，公私分明，不贪不占；第二，遵纪守法，抵制行业不正之风；第三，重视会计职业声望。

（四）客观公正

客观是指按事物的本来面目去反映，不掺杂个人的主观意愿；也不为他人意见所左右，既不夸大，也不缩小；公正就是公平正直，没有偏失，但不是中庸。在会计职业中，客观公正是会计人员必须具备的行为品德，是会计职业道德规范的灵魂。客观要求会计人员在处理经济业务时必须以实际发生的交易或事项为依据，如实反映企业的财务状况、经营成果和现金流量情况；公正要求会计准则不偏不倚、一视同仁；会计人员在履行会计职能时，摒弃单位、个人私利，不偏倚对待有关利益各方。客观公正，不只是一种工作态度，更是会计人员追求的一种境界。

客观公正的基本要求可以概述以下三点：第一，端正态度。做好会计工作，不仅要有过硬的技术和本领，也需要有实事求是的精神和客观公正的态度；第二，依法办事。会计人员有了端正的态度和知识技能基础后，在工作过程中必须遵守各种法律、法规、准则和制度，依照法律规定进行核算，并做出客观的会计职业判断；第三，实事求是，不偏不倚，保持独立。要求会计人员保持从业的独立性和客观公正的从业心态。

（五）坚持准则

坚持准则要求会计人员在处理业务过程中，严格按照会计法律制度办事，不为主观或他人意志左右。本处所指的“准则”不仅指会计准则，还包括会计法律、会计行政法规、国家统一的会计制度以及与会计工作相关的法律制度。会计法律主要是指《会计法》；会计行政法规是指由国务院发布的《企业财务会计报告条例》、《总会计师条例》，以及经国务院批准，财政部发布的《企业会计准则》等；国家统一的会计制度是指国务院财政部门根据《会计法》制定的关于会计核算、会计监督、会计机构和会计人员以及会计工作管理的制度，包括规章和规范性文件，如《财政部门实施会计监督办法》、《会计基础工作规范》、《会计档案管理办法》等。会计人员应当熟悉和掌握准则的具体内容，并在会计核算中认真执行，对经济业务事项进行确认、计量、记录和报告的全过程应符合会计准则的要求，为政府、企业、单位和其他相关当事人提供真实、完整的会计信息。

坚持准则的基本要求可以概述以下两个方面。第一，熟悉准则。会计工作不单纯是记账、算账和报账，在此过程中会涉及政策界限、利益关系的处理，需要遵守准则、执行准则和坚持准则。只有熟悉准则，才能按准则办事，才能保证会计信息的真实性和完整性。第二，坚持准则。在企业的经营活动中，国家利益、集体利益与单位、部门以及个人利益有时会发生冲突，《会计法》规定，单位负责人对本单位会计信息的真实性和完整性负责。也就是说，单位的会计责任主体是单位负责人。会计人员坚持准则，不仅是对法律负责，对国家、社会公众负责，也是对单位负责人负责。

（六）提高技能

提高技能是指会计人员通过学习、培训等手段提高职业技能，以达到足够的专业胜任能力的活动。

会计是一门不断发展变化、专业性很强的学科，它与经济发展有密切联系。近年来，随着市场经济体制的日益完善和经济全球化进程的加快，需要会计人员提供会计服务的领域越来越广泛，专业化、国际化服务的要求越来越高，会计专业性和技术性日趋复杂，对会计人员所应具备的职业技能要求也越来越高。会计职业技能的内容主要包括会计专业基础知识、会计理论与专业操作的创新能力、组织协调能力、主动更新知识的能力以及提供会计信息的能力等。

提高技能的基本要求主要包括以下两个方面。首先是增强提高专业技能的自觉性和紧迫感。会计人员要适应时代发展的步伐，就要有危机感、紧迫感，要有不断提高专业技能的自觉性。只有具备专业胜任能力，才能适应会计工作以及会计职业道德的要求；其次是勤学苦练、刻苦钻研。现代会计是集高科技、高知识于一体的事业，会计理论不断创新，新的会计学科分支不断出现，如跨国公司会计、国际税收会计、金融工具及衍生工具会计、知识产权会计以及会计电算化和网络化的发展，都要求会计人员去不断地学习与探索。

（七）参与管理

参与管理是指为管理者当参谋，为管理活动服务。会计工作或会计人员与管理决策者在管理活动中分别扮演着参谋人员和决策者的角色，承担着不同的职责和义务。会计人员参与管理的过程，并不直接从事管理活动，只是尽职尽责地履行会计职责，间接地从事管理活动或者说参与管理活动。

会计人员要树立参与管理的意识，积极主动做好参谋。具体说，应做好以下几方面的工作：

第一，在做好本职工作的同时，努力钻研相关业务。做好本职工作，要求会计人员要有扎实的基本功，使自己的知识和技能适应所从事工作的要求，从而做好会计核算的各项基础工作，确保会计信息真实、完整。

第二，全面熟悉本单位经营活动和业务流程，主动提出合理化建议，协助领导决策，积极参与管理。会计人员要充分利用掌握的大量会计信息去分析单位的管理，从财务会计的角度渗透到单位的各项管理中，找出经营管理中的问题和薄弱环节，将管理结合在日常工作之中，从而使会计的事后反映变为事前的预测分析，真正起到当家理财的作用，成为决策层的参谋助手，为改善单位内部管理、提高经济效益服务。

（八）强化服务

强化服务是现代经济社会对劳动者所从事职业的更高层次的要求，它表现为人们在参与对外工作交往和组织内部协调运作过程中，人际关系的融洽程度和与之相对应的工作态度。强化服务要求会计人员树立服务意识，提高服务质量，努力维护和提升会计职业的良好社会形象。

强化服务的基本要求主要包括以下三个方面。第一是树立服务意识。会计人员要树立服务意识，不论是为经济主体服务，还是为社会公众服务，都要摆正自己的工作位置。第二是提高服务质量。提高服务质量，并非无原则地满足服务主体的需要，而是在坚持原则、坚持会计准则的基础上尽量满足用户或服务主体的需要。第三是努力维护和提升会计职业的良好社会形象。会计人员服务的态度直接关系到会计行业的声誉和全行业运作的效率，会计人员服务态度好、质量高，做到讲文明、讲礼貌、讲诚信、讲质量，坚持准则，严格执法，服务周到，就能提高会计职业的信誉，维护和提升会计职业的良好社会形象，增强会计职业的生命力；反之，就会影响会计职业的声誉，甚至直接影响到全行业的生存和发展。

第四节

会计档案管理与会计交接制度

一、会计档案管理

（一）会计档案的概念

会计档案是指会计凭证、会计账簿和财务报告等会计核算专业资料，是记录和反映单位经济业务的重要史料和证据。由此可见，会计档案是机关团体和企、事业单位在其日常经营活动的会计处理过程中形成的、并按照规定保存备查的会计信息载体，以及其他有关财务会计工作应予集中保管的财务成本计划、重要的经济合同等文件资料。

会计档案是国家经济档案的重要组成部分，是各单位日常发生的各项经济活动的历史记录，是总结经营管理经验、进行决策所需的主要资料，也是检查各种责任事故的重要依据。各单位的会计部门对会计档案必须高度重视，严加保管。大、中型企业应建立会计档案室，小型企业应有会计档案柜并指定专人负责。对会计档案应建立严密的保管制度，妥善管理，不得丢失、损坏、抽换或任意销毁。

（二）会计档案包括的具体内容

按照新修订的《会计档案管理办法》规定，企业单位的会计档案包括以下的具体内容：

（1）会计凭证类：原始凭证、记账凭证。

（2）会计账簿类：总账、明细账、日记账、固定资产卡片和其他辅助性账簿。

（3）财务报告类：月度、季度、半年度、年度财务会计报告。

（4）其他类：银行存款余额调节表、纳税申报表、银行对账单、其他具有保存价值的会计资料、会计档案移交清册、会计档案保管清册和会计档案销毁清册等。

（三）会计档案管理的基本内容

为了加强会计档案的科学管理，统一全国会计档案管理制度，做好会计档案的管理工作，国家财政部、国家档案局于2016年1月1日起施行新修订的《会计档案管理办法》，统一规定了会计档案的立卷、归档、保管、调阅和销毁等具体内容。

各单位往年形成的会计档案，都应由企业会计部门按照归档的要求整理、立卷并装订成册；当年的会计档案，要在会计年度终了后，由本单位财会部门保管1年，期满后移交单位档案管理部门。

会计档案应分类保存，并建立相应的分类目录或卡片，随时进行登记。按照《会计档案管理办法》的规定，会计档案的保管期限分为永久保管和定期保管两类，其中定期保管期限又分为10年、30年，时间是从会计年度终了后第一天算起。企业单位的会计档案的具体保管期限见表13－1：

表13－1 企业和其他组织会计档案保管期限表

序号	档案名称	保管期限	备注
一、	会计凭证		
1	原始凭证	30年	
2	记账凭证	30年	
二、	会计账簿		
3	总账	30年	
4	明细账	30年	
5	日记账	30年	
6	固定资产卡片		固定资产报废清理后保管5年
7	其他辅助性账簿	30年	
三、	财务会计报告		
8	月、季度、半年度财务报告	10年	
9	年度财务报告	永久	
四、	其他会计资料		
10	银行余额调节表	10年	
11	银行对账单	10年	
12	纳税申报表	10年	
13	会计档案移交清册	30年	
14	会计档案保管清册	永久	
15	会计档案销毁清册	永久	
16	会计档案鉴定意见书	永久	

会计档案归档保管之后，需要调阅会计档案的，应办理档案调阅手续方可调阅。应设置“会计档案调阅登记簿”，详细登记调阅日期、调阅人、调阅理由、归还日期等内容。本单位人员调阅会计档案，需经会计主管人员同意，外单位人员调阅本单位会计档案，要有正式介绍信，经单位领导批准。对借出的会计档案要及时督促归还。未经批准，调阅人员不得将会计档案携带外出，不得擅自摘录有关数据。遇特殊情况需要影印复制会计档案的，必须经过本单位领导批准，并在“会计档案调阅登记簿”内详细记录会计档案影印复制的情况。

凭证、账簿和会计报表等会计档案超过规定的保管期限予以销毁时，应经过认真鉴定，填写“会计档案销毁清册”，详细列明欲销毁会计档案的类别、名称、册（张）数及所属年月等。然后由会计主管人员和单位领导审查签字，报经上级主管部门批准后办理销毁。在销毁时，要由会计主管人员或稽核人员负责监销，并在“会计档案销毁报告单”上签字。“会计档案销毁清册”要长期保存。

采用电子计算机进行会计核算的单位，应当保存打印出的纸质会计档案。具备采用磁带、磁盘、光盘、微缩胶片等磁性介质保存会计档案条件的，由国务院业务主管部门统一规定，并报财政部、国家档案局备案。

关、停、并、转单位的会计档案，要根据会计档案登记簿编造移交清册，移交给上级主管部门或指定的接收单位接收保管。

会计档案保管人员调动工作，应按照规定，办理正式的交接手续。

二、会计工作交接

会计工作交接，是会计工作中的一项重要内容，办好会计工作交接，有利于保持会计工作的连续性，有利于明确各自的责任。

会计人员调动工作或者离职时，与接替人员办清交接手续，可以使会计工作前后紧密衔接，保证会计工作连续进行，防止因会计人员的更换而出现会计核算混乱的现象，同时可以正确划分移交人员和接替人员的责任。关于会计工作交接问题，有关的会计法规都作了明确的规定。《会计法》第四十一条规定：“会计人员调动工作或者离职，必须与接管人员办清交接手续。”《会计基础工作规范》也有相关的规定。

（一）会计工作交接的要求

《会计基础工作规范》对会计工作交接作了比较具体的规定，其内容包括：

（1）会计人员工作调动或因故离职，必须与接替人员办理交接手续，并将本人所经管的会计工作，在规定期限内移交清楚。会计人员临时离职或因事、因病不能到职工作的，会计机构负责人、会计主管人员或单位领导必须指定人员接替或代理。没有办清交接手续的，不得调动或者离职。

（2）接替人员应认真接管移交的工作，并继续办理移交的未了事项。移交后，若发现原经管的会计业务有违反财会制度和财经纪律等问题，仍由原移交人负责。接替的会计人员应继续使用移交的账簿，不得自行另立新账，以保持会计记录的连续性。

（3）交接完毕后，交接双方和监交人要在移交清册上签名或者盖章，并应在移交清册上注明单位名称、交接日期、交接双方以及监交人的职务和姓名，移交清册页数，以及需要说明的问题和意见等。移交清册一般应填制一式三份，交接双方各执一份，存档一份。

（4）单位撤销时，必须留有必要的会计人员，会同有关人员办理清理工作，编制决算，未移交前，不得离职。接收单位和移交日期由主管部门确定。

（二）会计工作交接的程序

1. 移交前的准备工作

会计人员办理移交手续前，必须做好以下各项准备工作：

（1）对已经受理的经济业务，应全部填制会计凭证。

（2）尚未登记的账目，应登记完毕，并在最后一笔余额后加盖经办人员印章。

（3）整理应移交的各项资料，对未了事项写出书面材料。

（4）编制移交清册，列明移交的凭证、账表、公章、现金、有价证券、支票簿、发票、文件、其他会计资料和物品等内容。

2. 移交

移交人员按移交清册逐项移交，接替人员逐项核对点收，具体内容包括：

（1）现金、有价证券等要根据账簿余额进行点交。库存现金、有价证券必须与账簿余额一致，不一致时，移交人应在规定期限内负责查清处理。

（2）会计凭证、账簿、报表和其他会计资料必须完整无缺，不得遗漏；若有短缺，要查明原因，并在移交清册中注明，由移交人负责。银行存款账户余额要与银行对账单核对相符；各种财产和债权、债务的明细账余额，要与总账有关账户的余额核对相符；必要时，可抽查个别账户余额，与实物核对相符或与往来单位、个人核对清楚。

（3）移交人经管的公章和其他实物，也必须交接清楚。

（4）会计机构负责人、会计主管人员移交时，除按移交清册逐项移交外，还应将全部财务会计工作、重大的财务收支和会计人员的情况等向接管人员详细介绍，并对需要移交的遗留问题写出书面材料。

3. 监交

会计人员办理交接手续，必须有监交人负责监交。其中一般会计人员办理交接手续，由会计机构负责人（会计主管人员）监交；会计机构负责人（会计主管人员）办理交接手续，由单位负责人监交，必要时主管单位可以派人会同监交。通过监交，保证双方都按照国家有关规定认真办理交接手续，防止流于形式，保证会计工作不因人员变动而受影响，保证交接双方处在平等的法律地位上享有权利和承担义务，不允许任何一方以大压小、以强凌弱，或采取不正当乃至非法手段进行威胁。移交清册应当经过监交人员审查和签名、盖章，作为交接双方明确责任的证据。

交接工作完成后，移交人员应当对所移交的会计资料的真实性、完整性负责。

习题与案例

一、单项选择题

1. 核算工作集中在会计部门进行，便于会计人员进行合理分工的会计工作组织形式是（　　）。

A. 集中核算形式　　B. 分散核算形式
C. 非集中核算形式　　D. 会计委派形式

2. 主管全国的会计工作的部门是（　　）

A. 会计协会　　B. 人事部
C. 国务院　　D. 财政部

3. 负责办理现金收付和银行结算业务，登记现金、银行存款日记账属于（　　）岗位职责。

A. 财产物资核算工作岗位　　B. 出纳工作岗位
C. 工资核算工作岗位　　D. 资金工作岗位

4. 当年的会计档案，要在会计年度终了后，由本单位财会部门保管（　　）。

A. 5 年　　B. 10 年

C. 1 年　　D. 永久

5. 企业的银行对账单和银行存款余额调节表应保存（　　）。

A. 10 年　　B. 5 年

C. 3 年　　D. 15 年

二、多项选择题

1. 会计规范体系的作用主要体现在以下几个方面（　　）。

A. 会计规范体系是会计人员从事会计工作、提供会计信息的基本依据

B. 会计规范体系为评价会计行为确定了客观标准

C. 会计规范体系是维护社会经济秩序的一种重要工作

D. 会计规范体系有利于会计人员进行责任分工

E. 会计规范体系主要是指会计准则

2. 我国会计规范体系由下列层次构成（　　）。

A. 会计准则　　B. 会计法律

C. 部门规章　　D. 行政法规

E. 企业会计制度

3. 下列属于会计规范体系的特征的有（　　）。

A. 权威性　　B. 统一性

C. 科学性　　D. 相对稳定性

E. 国际趋同性

4. 要保证科学、有效地组织和管理会计工作，必须遵循以下几项要求（　　）。

A. 统一性要求　　B. 适应性要求

C. 效益性要求　　D. 内部控制及责任制要求

E. 成本与效益要求

5. 会计档案的保管期限分为永久保管和定期保管两类，其中定期保管期限分（　　）。

A. 5 年　　B. 10 年

C. 15 年　　D. 30 年

E. 3 年

三、案例分析题

资料：晓东电子公司会计赵丽因工作努力，钻研业务，积极提出合理化建议，多次被公司评为先进会计工作者。赵丽的丈夫在一家私有电子企业任总经理，在其丈夫的多次请求下，赵丽将在工作中接触到的公司新产品研发计划及相关会计资料复印件提供给其丈夫，给公司带来一定的损失。公司认为赵丽不宜继续担任会计工作。

要求：试分析回答下列问题：

（1）赵丽违反了哪些会计职业道德要求？

（2）哪些单位或部门可以对赵丽违反会计职业道德行为进行处理？并说明理由。

主要参考文献

[1]《企业会计准则——基本准则（2014 年版）》

[2] 蒋苏娅，徐宏峰．基础会计理论与实务［M］．北京：中国社会科学出版社，2011

[3] 怀尔德等．会计学原理［M］．北京：中国人民大学出版社，2012

[4] 陈艳秋，张虹．财务会计学［M］．北京：经济管理出版社，2017

[5] 谢万建，邹香，时钰．会计规范专题（第 2 版）［M］．北京：北京大学出版社，2014